MUNDO) REAL
Second Edition

Student Edition

4

© Editorial Edinumen, 2020

Student Edition Authors:
Cecilia Bembibre, María Carmen Cabeza, Noemí Cámara, Lourdes Delgado, Francisca Fernández, Emilio José Marín, Celia Meana, Ana Molina, Liliana Pereyra, Francisco Fidel Riva, equipo Prisma, equipo nuevo Prisma (Sandra García, David Isa, Susana Molina and Ana María de Vargas) and Donna Slater

Teacher's Edition Authors:
María Carmen Cabeza, Francisca Fernández, Luisa Galán, Amelia Guerrero, Debra L. King, Emilio José Marín, Celia Meana, Liliana Pereyra, Francisco Fidel Riva, Amanda Robustelli-Price and Ken Stewart

Coordination Team: David Isa, Celia Meana and Carlos Oliva

U.S.A. Coordinator: Sharon Sargent, Senior Program Manager

Series Consultant: Linda Villadóniga

ISBN - Student Edition - Plus one year online access: 978-84-9179-266-6
ISBN - Student Edition - Plus six year online access: 978-84-9179-265-9
9 8 7 6 5 4 3 2 1 MUR 20
First published 2020
Prind date: 0820
Depósito Legal: M-1448-2020
Printed in Spain

ISBN - Teacher's Edition: 978-84-9179-268-0
10 9 8 7 6 5 4 3 2 AKO 20
First published 2020
Print date: 0520
Depósito Legal: M-14397-2020
Printed in Spain

Editorial Coordination:
Mar Menéndez

Cover Design:
Juanjo López

Design and Layout:
Juanjo López, Carlos Casado, Ana María Gil, Dionisio Martín and Lucila Bembibre

Illustrations:
Carlos Casado

Photos:
See page 277

Editorial Edinumen
José Celestino Mutis, 4. 28028 Madrid. España
Telephone: (34) 91 308 51 42
e-mail: edinumen@edinumen.es
www.edinumen.es

Edinumen USA Office
1001 Brickell Bay Drive Suite 2700
Miami 33131, Florida
Telephone: 7863630261
contact@edinumenusa.com

WHY USE *MUNDO REAL SECOND EDITION?*

I. APPROVED BY THE UNIVERSITY OF SALAMANCA

The University of Salamanca reviewed and gave their seal of approval to *Mundo real Second Edition*. This endorsement certifies *Mundo real Second Edition* employs sound pedagogical methods through a rigorous, authentic Spanish curriculum. Founded in 1218, the University of Salamanca is the oldest university in the Hispanic world and the third oldest university still in operation in the entire world. Additionally, the University of Salamanca was the first institution to focus on Spanish language teaching. Today the university is a top-ranked center for study and research and is particularly known for its Spanish language studies. Along with its dedication to the teaching of Spanish, the University of Salamanca is at the forefront of language assessment, teacher training, and materials writing, cementing its status as a pioneering force in the field of Spanish language instruction. The University of Salamanca's seal of approval verifies that *Mundo real Second Edition* reflects the latest research and is one of the most effective instructional materials available.

II. CREATED BY EDINUMEN USA

Under the direction of the editorial team at Edinumen USA, a prestigious group of very experienced authors and instructional curriculum designers developed *Mundo real Second Edition*. Edinumen USA is part of Editorial Edinumen, a company with more than 30 years of experience creating high-quality Spanish language instructional materials. Millions of students and hundreds of schools throughout the world, including many schools and districts in the United States, have praised Edinumen's pedagogical methods and seen vast improvement in their students' Spanish proficiency after implementing their curriculum materials.

III. MADE TO EXCEED STANDARDS

Mundo real Second Edition exceeds the new World Language Standards established in the United States for world languages by the four-level, communicative course focuses on performance and proficiency to help students develop the language they need to interact confidently in Spanish, while meeting the ACTFL recommendation of conducting at least 90% of world language instruction in the target language.

 Pair icon: indicates that the activity is designed to be done by students working in pairs.

 Group icon: indicates that the activity is designed to be done by students working in small groups or as a whole class.

 Audio icon: indicates recorded material either as part of an activity or a reading text.

 From the corpus icon: All of the regional linguistic variations that appear with this icon are based on Real Academia Española (Royal Spanish Language Academy) reference materials (Corpus CREA).

 Language icon: provides additional language and grammar support in presentations and for activities.

 Recycling icon: provides a reminder of previously taught material that students will need to use in an activity.

 Strategy Box Icon: This last icon shows students how "to learn to learn" (metacognition) by providing helpful strategies and suggestions. The strategy box provides students with a step-by-step process to correctly perform the activity.

SCOPE AND SEQUENCE

Queridos estudiantes de español:

Tengo el enorme placer de presentarles esta nueva edición de **Mundo real Second Edition**, creada exclusivamente para ustedes, estudiantes de español IV. Hemos preparado un atractivo e interesante material que, con toda seguridad, les va a animar a seguir estudiando para perfeccionar sus conocimientos. Nuestra meta es que se conviertan en ejemplo de lo que se puede lograr cuando se tiene la motivación necesaria para aprender otro idioma.

Están ustedes estudiando la segunda lengua más hablada del mundo, la lengua de más de 577 millones de personas. Ser estudiantes de español les convierte en uno de los 20 millones de personas que actualmente están aprendiendo este idioma. No olviden lo más importante: saber otras lenguas abre muchas puertas. ¡Imagínense cómo será su futuro cuando puedan demostrar su habilidad lingüística con el Sello de Alfabetización Bilingüe! En *Mundo real Second Edition* les damos las herramientas adecuadas para conseguirlo.

Además de las secciones de **vocabulario** y **gramática**, *Mundo real Second Edition* incorpora otras interesantes secciones:

- *Sesión de cine*, para trabajar fragmentos de filmes hispanos.
- *Taller de literatura*, para mejorar su la compresión lectora con fragmentos de cuentos, poemas y novelas hispanas.
- *APrende haciendo*, sección con la que se irán preparando a lo largo del curso para superar con éxito el *AP Spanish Language & Culture examination*®. En esta sección, se entrenarán para hacer presentaciones orales de carácter formal, interpretar gráficos y estadísticas, y escribir ensayos y textos formales.
- *Cultura en vivo*, cuyo objetivo es profundizar en la inmensa riqueza cultural del mundo hispanohablante.
- *Nuestro Proyecto*, donde tendrán la oportunidad de aplicar los conocimientos adquiridos a nuevas situaciones para alcanzar diferentes objetivos trabajando en equipo y compartiendo experiencias.

Todas estas secciones diferencian *Mundo real Second Edition* de otros libros de texto porque, trabajándolas, podrán afrontar con éxito esta nueva etapa de su educación y aspirar a un futuro profesional mejor.

Esperamos que logren alcanzar todas las metas que se propongan y, sobretodo, que sientan tanta pasión por el español como la que sentimos quienes preparamos este libro.

¡Bienvenidos a la aventura!

Linda Villadóniga

Mundo real Second Edition
Series Consultant

Linda Villadóniga has taught Spanish for over 40 years. She taught at the Defense Language Institute in Monterey, California, and at the middle school, high school, and university level in Florida. She is past president of Florida chapter of AATSP and the Florida foreign language Association. Linda is the Series Consultant for *Mundo real Second Edition*.

LEARNING STRATEGIES

Learning strategies reinforce learning as students understand the processes and methods that work best for them. Working smarter with self-developed strategies can have a profound influence on learning outcomes. Students who have developed these skills better exploit classroom-learning opportunities and can more easily expand their language learning outside the classroom.

AL FINAL DE LA UNIDAD PUEDO...

	☆	☆☆	☆☆☆
a. I can talk about likes and dislikes using infinitive and subjunctive.	☐	☐	☐
b. I can discuss fashions and alternative types of vacations.	☐	☐	☐
c. I can describe the person or object you are talking about using relative clauses with indicative and subjunctive.	☐	☐	☐
d. Express feelings and emotions using verbs of emotions with infinitive and subjunctive.	☐	☐	☐
e. I can ask about the existence of something or someone using indefinite pronouns and adjectives.	☐	☐	☐
f. I can read and understand a poem of *Campos de Castilla*, Antonio Machado.	☐	☐	☐

📖 **MORE IN ELEteca** | EXTRA ONLINE PRACTICE

126

Metacognitive strategies include self-assessment, monitoring, and evaluation, helping students to coordinate their efforts to plan, organize, and evaluate their language performance.

SOCIAL AND EMOTIONAL RELEVANCE

Social and emotional relevance increases students' motivation to learn a language, boosting acquisition and retention. Research shows that engaging students increases their attention and focus, motivating them to practice higher-level critical thinking skills, and promotes meaningful learning experiences. *Mundo real Second Edition* does this by tapping into their interests while embedding speaking, listening, reading, and writing skills to achieve learning objectives and bring the Spanish language to life.

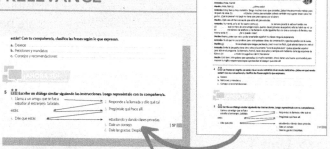

Mundo real Second Edition taps into the relevancy to students' lives to not only motivate them to communicate and learn but to provide a framework for better language learning.

CULTURAL AND INTERCULTURAL LEARNING

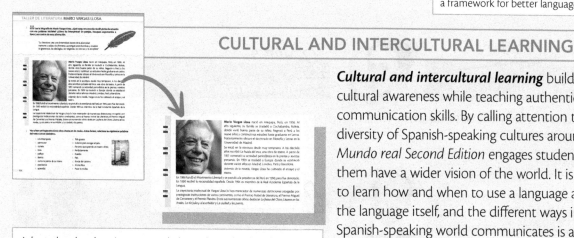

Cultural and intercultural learning builds cultural awareness while teaching authentic, global communication skills. By calling attention to the rich diversity of Spanish-speaking cultures around the world, *Mundo real Second Edition* engages students by helping them have a wider vision of the world. It is as important to learn how and when to use a language as it is to learn the language itself, and the different ways in which the Spanish-speaking world communicates is a focus of *Mundo real Second Edition*.

Adapted and authentic resources help students develop their perceptions of the world by raising awareness of different cultures and the inseparability of language and culture.

ESSENTIAL FEATURES

SESIÓN DE CINE

Excerpts from Spanish-language feature films from throughout Spain and Latin America help students learn more about real-world culture and themes. Students can engage with these authentic resources while building their cultural literacy skills.

TALLER DE LITERATURA

Introduces students to short excerpts from classic Latin American and Spanish literature. These excerpts are heavily scaffolded with support activities and information for the student, and again help build essential AP® skills.

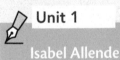

Unit 1
Isabel Allende
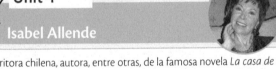

Escritora chilena, autora, entre otras, de la famosa novela *La casa de los espíritus*.

Unit 2
Pablo Neruda
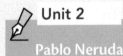

Poeta chileno, Premio Nobel de Literatura en 1971, autor, entre otros, del libro de poemas *Veinte poemas de amor y una canción desesperada*.

Unit 3
Antonio Machado

Famoso poeta español de la Generación del 98, autor, entre otros, del libro de poemas *Campos de Castilla*.

Unit 4
Mario Vargas Llosa

Novelista peruano, Premio Nobel de Literatura en 2010, autor, entre otras, de la famosa novela *La ciudad y los perros*.

Unit 5
Pío Baroja

Novelista y dramaturgo español de la Generación del 98, autor, entre otras, de la famosa novela *La busca*.

Unit 6
Juan Rulfo

Escritor, guionista y fotógrafo de la Generación del 56, es conocido sobre todo por su magistral novela *Pedro Páramo*.

This pre-AP® skills section helps students build essential skills for the AP® exam, including giving formal oral presentations, working with charts and graphs, and writing essays. Every AP® theme is practiced over the course of the book.

In **APrende haciendo**, students practice the two presentational tasks of the free-response section on the *AP Spanish Language & Culture examination*. AP® themes and recommended contexts are carefully interwoven into the thematic unit being studied in the course

- Beauty and Aesthetics: Language and Literature, Visual and Performing Arts
- Contemporary Life: Education and Careers, Volunteerism
- Families and Communities: Education Communities, Customs and Values
- Global Challenges: Social Conscience, Economic Issues
- Personal and Public Identities: Self Image, Personal Beliefs
- Science and Technology: Health Care and Medicine, Effects of Technology on Self and Society

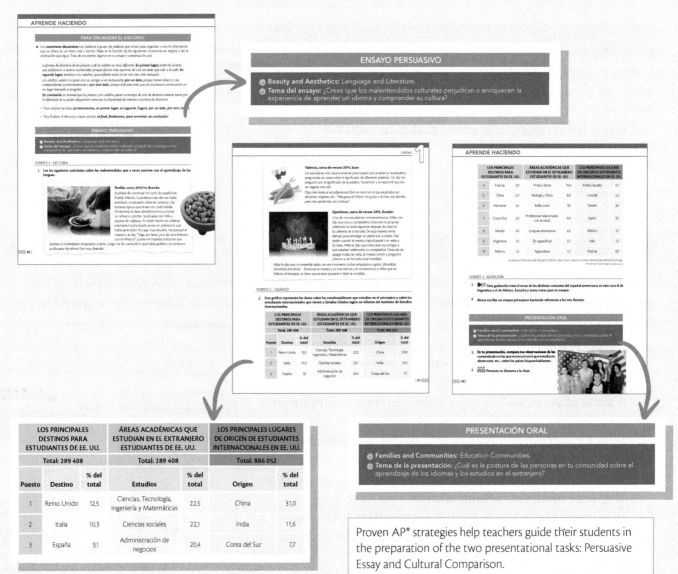

LOS PRINCIPALES DESTINOS PARA ESTUDIANTES DE EE. UU.			ÁREAS ACADÉMICAS QUE ESTUDIAN EN EL EXTRANJERO ESTUDIANTES DE EE. UU.		LOS PRINCIPALES LUGARES DE ORIGEN DE ESTUDIANTES INTERNACIONALES EN EE. UU.	
Total: 289 408			Total: 289 408		Total: 886 052	
Puesto	Destino	% del total	Estudios	% del total	Origen	% del total
1	Reino Unido	12,5	Ciencias, Tecnología, Ingeniería y Matemáticas	22,5	China	31,0
2	Italia	10,3	Ciencias sociales	22,1	India	11,6
3	España	9,1	Administración de negocios	20,4	Corea del Sur	7,7

Proven AP® strategies help teachers guide their students in the preparation of the two presentational tasks: Persuasive Essay and Cultural Comparison.

ESSENTIAL FEATURES

AUTHENTIC LANGUAGE, AUTHENTIC LEARNING

In the creation of *Mundo real Second Edition*, Edinumen has made extensive use of its access to the largest Spanish language corpus in the world, *CREA (Corpus de Referencia del Español Actual)*, created by *RAE (Real Academia Española)*. This corpus is a pan-Hispanic project: 70% of its contents come from the Americas (plus Philippines and Equatorial Guinea) and 30% from Spain. The corpus consists of thousands of texts including novels, plays, film scripts, press releases, newspapers, essays, plus transcriptions of radio and television news, conversations, and speeches.

Use of this corpus ensures that **Mundo real Second Edition** teaches Spanish as it is actually used naturally. In addition, corpus-based language teaching helps prioritize what to teach by providing real-life information about the frequency of usage of various linguistic features. Lastly, the corpus provides intercultural insight on how words and phrases are used throughout the Spanish-speaking world.

> An emphasis on Spanish multiculturalism helps students appreciate and better understand cultural and linguistic identities.

 En este contexto, son muy frecuentes estas combinaciones:

- En México y Centroamérica, **ganar / reprobar un examen, una materia, un curso**...: *Terminó la escuela secundaria, pero no sacó su diploma por haber **reprobado el examen** escrito en inglés.*
- En España se usa **aprobar / suspender un examen, una asignatura, un curso**...: *Tenía que estar prácticamente todo el día con ella y, además, arreglármelas para sacar tiempo para estudiar si quería **aprobar el curso**.*

PROGRESS TOWARDS THE SEAL OF BILITERACY

Fluency in more than one language has always been an admirable skill and biliteracy is increasingly important for employment in an international and global context. *Mundo real Second Edition* supports students' goals as they journey towards language proficiency.

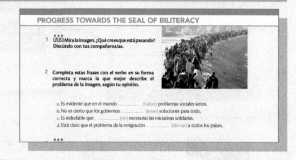

NUESTRO PROYECTO

In *Mundo real Second Edition*, students show mastery of the previous units through project-based learning. These projects blend critical thinking, problem solving, and personal connection to create powerful learning experiences. During each project students experience

- **Deeper learning:** Project-based learning leads to greater retention through deeper understanding. Students are better able to apply what they know to new situations.
- **A sense of purpose:** Seeing the real-world impact of their work gives students a sense of agency and purpose.
- **Skills for success:** In these projects, students take initiative, work responsibly, solve problems, collaborate in teams, and communicate ideas to each other and to the larger community.
- **The three modes of communication:** By emphasizing interpretive, interpersonal, and presentational communication, students chart their course towards language and intercultural proficiency.

STUDENT EDITION AND ONLINE RESOURCES

Every Student Edition can be complemented with ELEteca, *Mundo real Second Edition's* digital hub. ELEteca features a wealth of resources designed to supplement and enhance the Student Edition. This includes extensive online practice and fully interactive eBooks for the Student Edition.

WORKBOOK

Available in print and online, this resource provides additional practice and extension activities for each lesson in the Student Edition.

TEACHER RESOURCES

Instructional Strategies for every lesson guide teachers with best practices for presenting the material.

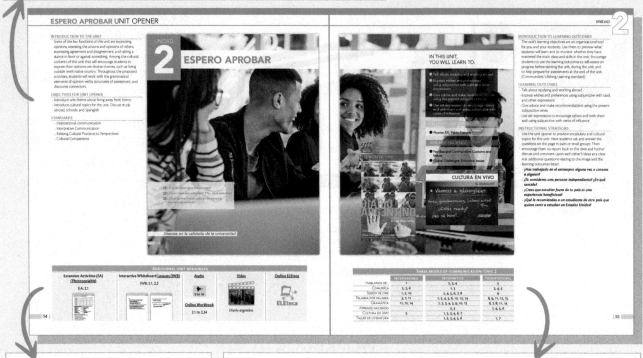

Unit Resources at a glance help teachers organize the materials for the unit.

A correlation to the **ACTFL Three Modes of Communication** lists the activities in each section to their corresponding mode.

Point-of-use notes throughout the Annotated Teacher's Edition help differentiate instruction to effectively meet the needs of all learners in the classroom.

ONLINE TEACHER RESOURCES

- **Lesson Plans:** Pre-set 50- and 90-minute lessons to help save time
- **Assessments:** Ready-made and editable tests and unit test
- **eBooks:** Access to all student and teacher text for projection in class
- **Video Scripts:** Support for the *Sesión de cine* videos
- **Audio Scripts:** Full Student Edition audio organized by unit and available for download
- **Grammar and Vocabulary:** Reference documents including downloadable word lists
- **Extension Activities:** End-of-unit activities to continue the learning
- **Workbook:** Includes Answer Key, Audio Files, and Audio Scripts

AMÉRICA LATINA DATOS DE INTERÉS

Según *National Geographic*, el glaciar Perito Moreno, dentro del Parque Natural Los Glaciares en Argentina, es el cuarto paraje natural más bello del mundo, y el Parque Nacional Canaima, en Venezuela, ocupa el lugar número 15.

México es el el séptimo país del mundo con más lugares declarados Patrimonio de la Humanidad por la Unesco.

UNESCO

¡Hola!

La mayoría de hablantes de español se encuentran en América Latina:

375 millones de hablantes nativos

Bolivia, además del español, tiene 34 lenguas oficiales. Todas ellas son lenguas precolombinas.

Países más visitados de Hispanoamérica

México	≃ 40 000 000
Argentina	≃ 7 000 000
Chile	≃ 6 500 000
República Dominicana	≃ 6 000 000

Principales culturas precolombinas

Azteca (Sur de México, siglos XIV-XVI)

Maya (México y Guatemala, siglos I-XVII)

Inca (Ecuador, Perú, Bolivia, norte de Argentina y Chile, siglos XV-XVI)

En Guatemala hay 37 volcanes, 8 de ellos aún activos.

El Canal de Panamá mide 82 km.

Chile es el país más largo del mundo: 4200 km (2700 millas).

Argentina es el país latinoamericano de mayor extensión: 2 780 400 km².

MÉXICO · CUBA · HAITÍ · REP. DOMINICANA · JAMAICA · PUERTO RICO · BELIZE · HONDURAS · GUATEMALA · EL SALVADOR · NICARAGUA · COSTA RICA · PANAMÁ · VENEZUELA · GUYANA · GUYANA FRANCESA · SURINAM · COLOMBIA · ECUADOR · PERÚ · BRASIL · BOLIVIA · PARAGUAY · CHILE · ARGENTINA · URUGUAY

Número de habitantes

46,5 millones de habitantes

España es el tercer país más visitado del mundo, superado únicamente por Francia y Estados Unidos.

La mayor reserva ecológica de Europa está en España: el Parque Nacional de Doñana.

España
China
Italia

Es el tercer país con más sitios Patrimonio de la Humanidad, por detrás de Italia y China.

Italia (51)
China (50)
España (45)

Ranking de monumentos más visitados en España:

La Alhambra (Granada)
La Sagrada Familia (Barcelona)
La Mezquita (Córdoba)
La catedral de Santiago de Compostela (La Coruña)
La catedral de Burgos (Burgos)

LA CORUÑA
GIJÓN
SANTANDER
SANTIAGO
OVIEDO
SAN SEBASTIÁN
LUGO
BILBAO
VITORIA
PAMPLONA
LEÓN
ORENSE
BURGOS
LOGROÑO
VIGO
PALENCIA
HUESCA
SORIA
GERONA
VALLADOLID
ZARAGOZA
LÉRIDA
ZAMORA
BARCELONA
TARRAGONA
SALAMANCA
SEGOVIA
ÁVILA
GUADALAJARA
TERUEL
MADRID
ISLAS BALEARES
Menorca
CUENCA
CASTELLÓN DE LA PLANA
PALMA
TOLEDO
Mallorca
CÁCERES
VALENCIA
Cabrera
Ibiza
BADAJOZ
CIUDAD REAL
ALBACETE
Formentera
MÉRIDA
ALICANTE
CÓRDOBA
JAÉN
MURCIA
SEVILLA
CARTAGENA
HUELVA
GRANADA
MÁLAGA
ALMERÍA
CÁDIZ

Líder mundial en donación de órganos

ISLAS CANARIAS
Lanzarote
SANTA CRUZ DE TENERIFE
ALGECIRAS
La Palma
Fuerteventura
CEUTA
La Gomera
Tenerife
LAS PALMAS DE GRAN CANARIA
El Hierro
Gran Canaria

Las cuevas de Altamira albergan el arte paleolítico más antiguo de Europa.

MELILLA

Más de 577 millones de personas hablan español en el mundo. De ellos, 480,2 millones son nativos.

El español es la **segunda lengua materna del mundo** por número de hablantes, después del chino mandarín.

La contribución del conjunto de los países hispanohablantes al PIB mundial es del 6,9 %.

6,9 %

Es la cuarta lengua más estudiada del mundo después del inglés, el francés y el chino mandarín: actualmente hay 21,8 millones de estudiantes de español en el mundo.

Inglés

Francés

Chino mandarín

Español

El español es la tercera lengua más utilizada en la red.

El 8,1 % de los usuarios de Internet se comunica en español.

El español es la segunda lengua más utilizada en Wikipedia, Facebook y Twitter.

El español es la segunda lengua más importante en el ámbito internacional.

El español ocupa la cuarta posición en el ámbito institucional de la Unión Europea.

Es la tercera lengua en el sistema de trabajo de la ONU: es una de sus seis lenguas oficiales.

España es el tercer país exportador de libros del mundo.

España, Argentina y México se encuentran entre los quince principales países productores de filmes del mundo.

Datos extraídos del informe *El español: una lengua viva*, elaborado y redactado por David Fernández Vítores, y dirigido y coordinado por la Dirección Académica del Instituto Cervantes (2018).

1

EXPERIENCIAS EN ESPAÑOL

>> ¿Qué están haciendo estas personas?

>> ¿Piensas que están de vacaciones o viven allí?

>> ¿Por qué lo piensas?

>> ¿Te gustaría visitar este lugar?

Unos jóvenes en La Habana, Cuba

IN THIS UNIT, YOU WILL LEARN TO:

◎ Talk about your experiences learning Spanish

◎ Share stories about the past using the past tenses (review)

◎ React to what others tell you they did

◎ Talk about cultural misunderstandings in the past

◎ Describe what had already happened using the pluperfect tense

◎ Talk about characteristics that are inherent to or not of the subject being described using *ser* and *estar*

SESIÓN DE CINE

Jordi
MOLLA

Ernesto
ALTERIO

Hedy
BURRESS

Allison
SMITH

y

Juan
ECHANOVE

Los años bárbaros

Una película de Fernando Colomo

Un viaje hacia la libertad

TALLER DE LITERATURA

◉ *La casa de los espíritus*, Isabel Allende

APRENDE HACIENDO

◎ Beauty and Aesthetics: Language and Literature

◎ Families and Communities: Education Communities

CULTURA EN VIVO

FAMOSOS HISPANOS

Juan José Nieto Gil se convirtió en 1861 en el primer presidente afrodescendiente de Colombia.

19

1 Es el primer día del semestre. Jaime y Carol se saludan y hablan un rato. Lee estas frases extraídas de su conversación. ¿De qué crees que están hablando? Coméntalo con tu compañero/a.

- Era la primera vez que viajaba a Europa.
- Le presenté a mis amigos.
- ¡No entendía nada!
- En España es muy habitual dar dos besos.
- Nos contó que ¡había sido abuelo!
- Dejó el paquete a su lado sin abrirlo.
- ¡Qué cosas tiene la cultura!

2 Lee y escucha la conversación. Después, comprueba con tu compañero/a si acertaron en sus suposiciones anteriores.

Jaime: Seguramente tienes muchas anécdotas de tu verano en Europa, hay tantas diferencias culturales...

Carol: Sí, Jaime, pero la experiencia más divertida **fue** con mi hermana en España.

Jaime: ¿Con tu hermana? ¿Qué **pasó**?

Carol: Cuando yo **vivía** y **estudiaba** español en Madrid, mi hermana **vino** a visitarme. **Era** la primera vez que viajaba a Europa y decidí ir a buscarla al aeropuerto con mi amiga francesa, Claire, y su novio español, Luis. **Resulta** que el avión **llegó** con retraso y mi hermana estaba prácticamente dormida. Cuando le presenté a mis amigos, Luis le **dio** dos besos a mi hermana y creo que no **se dio cuenta**. Después, llegamos a casa. Luis nos ayudó con las maletas y cuando fue a darle dos besos de despedida, mi hermana se apartó. ¡No entendía nada! **Total que** le pregunté y me dijo que Luis la quiso besar, ja, ja, ja.

Jaime: ¿Cómo reaccionó el pobre Luis?

Carol: Fatal, creo que no se había puesto tan rojo nunca antes. Fue difícil explicar a mi hermana que en España es muy habitual dar dos besos en situaciones informales, incluso entre desconocidos.

Jaime: ¿Y qué tal en clase? ¿Ocurrió algún otro malentendido entre los estudiantes?

Carol: Sí, sí, con Yuki. **Era** japonés y **tenía** sesenta años. **Además**, era muy trabajador. Si nos ponían una tarea por la mañana, esa misma tarde ya la había hecho.

Jaime: Entonces, ¿qué pasó?

Carol: Bueno, pues resulta que **un día** llegó a clase con una sonrisa de oreja a oreja y con la tarea sin hacer; ¡a todos nos pareció tan raro! Y entonces nos contó que había sido abuelo. Le compramos un regalito para su nieto y, al día siguiente, cuando se lo dimos en clase sonrió y dejó el paquete a su lado sin abrirlo. **Al final** le preguntamos por qué no lo **abría** y, claro, nos explicó que en Japón no se abren los regalos delante de la persona que te lo **ha dado**.

Jaime: ¡Qué cosas tiene la cultura!

3 **Observa los conectores en negrita** *(bold)* **y usa los que creas necesarios para responder a las siguientes preguntas.**

a. ¿En qué momento de la vida de Carol sucedió la anécdota de su hermana?

b. ¿Por qué la hermana de Carol estaba tan desconcertada?

c. ¿En qué situación se extrañaron los compañeros de Yuki?

d. ¿Qué hicieron finalmente los compañeros ante la actitud de Yuki?

4 ◯◯ 🙮🙮 **Vuelve a leer la conversación. Con un compañero/a, clasifiquen las formas verbales resaltadas en el diálogo anterior en la siguiente tabla. Después, relacionen cada pasado con su uso principal.**

Pretérito	Imperfecto	Presente perfecto

Usos

a. Acción pasada en un periodo de tiempo no terminado.

➡ ....

b. Descripción de personas, acciones habituales, circunstancias.

➡ ....

c. Acción pasada en un periodo de tiempo terminado.

➡ ....

¡AHORA TÚ!

5 ◯◯ 🙮🙮 **Escribe un diálogo similar siguiendo las instrucciones. Después, represéntalo con tu compañero/a.**

1. Introduce una anécdota divertida a un amigo/a. → 2. Muestra interés: quieres saber más detalles.

3. Comienza a contar la anécdota, pero no la termines. → 4. Pregunta cómo termina la historia.

5. Comenta lo divertido que es. → 6. Pregunta si tiene experiencias similares.

COMUNICA

SHARING STORIES ABOUT THE PAST

- Para preguntar por una anécdota en el pasado:
  - **¿Qué te pasa / pasó?**
  - **Cuenta, cuenta…**

- Para empezar a contar el relato:
  - **(Pues) Resulta que…**

- Para ubicarla en el tiempo:
  - **El otro día…**
  - **Un día…**
  - **Una vez…**
  - **Hace unos meses**…
  - **Cuando…**

- Para introducir el tema:
  - **¿Sabes qué ha pasado?**
  - **¿Sabes qué pasó ayer?**
  - **(Oye), tengo que contarte una cosa.**
  - **Oye, tengo que contarte una cosa, ¿tienes tiempo?**

- Para reaccionar solicitando el comienzo del relato:
  - **No, ¿qué pasa / pasó?**
  - **¿Qué pasó ayer?**
  - **¡Dime, dime!**
  - **Ah, ¿sí?**

1 **Lee las siguientes anécdotas y elige la opción correcta. Después, comprueba tus respuestas con tu compañero/a.**

DIÁLOGO 1

» ¿Qué te pasó? ¿Por qué no llamaste ayer?

» ¡No te lo vas a creer!

» ¡Dime, dime!, que estuvimos una hora esperando tu llamada…

» Pues resulta que ayer, después de comer, fui al baño y se me cayó el celular en el inodoro y…

1. *¿Qué te pasó?* se usa para:
   a. empezar la anécdota.
   b. preguntar.
   c. introducir el tema.

2. *¡Dime, dime!* se usa para:
   a. reaccionar solicitando el comienzo del relato.
   b. preguntar.
   c. empezar a contar el relato.

3. *Pues resulta que* indica:
   a. el fin de la anécdota.
   b. la reacción ante la anécdota.
   c. el inicio del relato.

DIÁLOGO 2

» ¿Sabes qué me pasó el lunes?

» No, cuenta, cuenta.

» Fui a la playa con mi hermana y me quedé dormida una hora bajo el sol. Me puse crema, pero en lugar de protector me apliqué *aftersun*… Total que mira mi espalda.

» ¡Ay! ¡Pareces un tomate!

4. *¿Sabes qué me pasó?* se usa para:
   a. reaccionar solicitando el comienzo.
   b. introducir el tema.
   c. preguntar.

5. *Total que* indica:
   a. el comienzo de la anécdota.
   b. el final de la anécdota.
   c. la introducción del tema.

DIÁLOGO 3

» Oye, tengo que contarte una cosa.

» ¿Qué te pasó?

» **El otro día** te llamé por teléfono y cuando contestaste, te dije "te quiero".

» ¿Qué? No entiendo nada, Javier.

» En ese momento, una mujer empezó a reír y me dijo que no estabas. **En fin que** te confundí con tu madre.

» Ja, ja, ja, mi madre no me dijo nada…

6. *Oye, tengo que contarte una cosa* se usa para:

    a. introducir el tema.   **b.** empezar a contar el relato.   **c.** reaccionar ante la anécdota.

7. *El otro día* sirve para:

    a. ubicar la anécdota en el tiempo.   **b.** reaccionar.   **c.** empezar a contar el relato.

8. *En fin que* indica que:

    a. el relato va a terminar.   **b.** el relato es corto.   **c.** se ubica en el tiempo.

2 **Observa las imágenes y escribe un diálogo con los recursos comunicativos que aprendiste. Después, represéntalo con tu compañero/a. ¿Quién presentó el más original?**

DIÁLOGO 1

Sandra: ¿Sabes qué me pasó ayer?

Amigo/a: …

DIÁLOGO 2

Samuel: Tengo que contarte una cosa.

Amigo/a: …

DIÁLOGO 3

Mónica: Oye, tengo que contarte una cosa, ¿tienes tiempo?

Amigo/a: …

REACTING TO WHAT OTHERS TELL YOU THEY DID

3 Observen a estas personas y describan cómo creen que se sienten al escuchar la anécdota que les están contando.

a.

c.

b.

d.

4 Clasifica las expresiones del recuadro en función de su intención. Ten en cuenta que una misma expresión puede indicar diferentes reacciones.

> ¡No me digas! o ¡Híjole! o ¿De verdad? o ¡Madre mía!
> o ¡Qué bueno! o ¡Qué padre! o ¡No me lo puedo creer! o
> ¡Qué curioso! o ¡No te olvides de nada! o ¿En serio? o ¡Genial!
> o ¡Nunca había oído nada parecido! o ¡Qué divertido!
> o ¡Quiero saberlo con todo lujo de detalles! o ¡Bárbaro!

FROM THE corpus

En México y Centroamérica es muy frecuente exclamar **¡Qué padre!** o **¡Está padre!** cuando se quiere expresar una sorpresa positiva: *Miren, aquí hay muchas cosas para pasarlo bien. ¡Qué padre!*

■ Para **reaccionar a una anécdota:**

• Para expresar sorpresa positiva:

a. ....

• Para expresar interés y curiosidad:

b. ....

• Para expresar que les gusta la información:

c. ....

• Para expresar escepticismo:

d. ....

5 Lee las siguientes situaciones y decide cuál de las expresiones anteriores podrías usar y cuál sería ofensiva.

Un mexicano te invita a comer a su casa y, de entrante, te saca una ensalada de lechuga con aguacate y chapulines espolvoreados. Te dice que es un plato exquisito en México y que lo tienes que probar.

Es tu cumpleaños y un español te pregunta cuántos años cumples. A continuación te empieza a tirar de las orejas.

6 Crea una situación parecida en la que una persona de otra cultura podría sentirse incómoda según las costumbres de tu comunidad o país. Después, compártela con tu compañero/a. ¿Cómo reaccionó?

7 Eres un/a chismoso/a y quieres enterarte de la vida de tu compañero/a. Es un personaje famoso (cantante, actor/actriz, etc.) que oculta un oscuro pasado. Esta es tu oportunidad. Pregúntale todo aquello que quieras saber y toma notas. Sorpréndete con las historias y las anécdotas que te cuenta. Mantén la conversación y reacciona de manera adecuada con las expresiones auténticas que aprendiste.

MORE IN ELEteca | EXTRA ONLINE PRACTICE

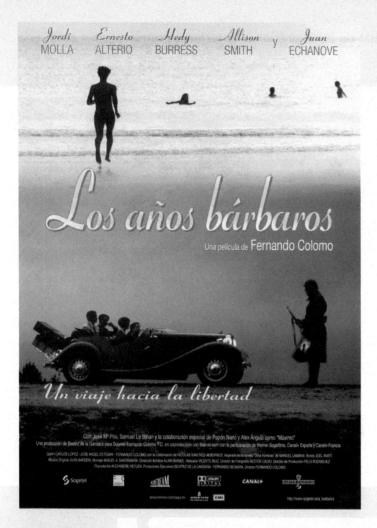

00:38:30 - 00:41:20

Título: Los años bárbaros.

Año: 1998.

País: España y Francia.

Género: Drama.

Director: Fernando Colomo.

Intérpretes:

Jordi Mollà,
Ernesto Alterio,
Hedy Burress,
Allison Smith,
Juan Echanove,
José María Pou,
Samuel Le Bihan,
Álex Angulo,
Pepón Nieto,
Ana Rayo Ruano.

SINOPSIS

Durante la posguerra española, en el año 1947, dos jóvenes universitarios, miembros de asociaciones de estudiantes contrarias al régimen, son condenados a ocho años y enviados al campo de trabajo del Valle de los Caídos. Una vez allí, consiguen escaparse gracias a la ayuda de un francés especialista en fugas (*jailbreaks*) a través de un plan organizado. Empiezan entonces un viaje por España con unas supuestas viajeras norteamericanas que conocen durante su fuga y que simpatizan con sus ideas democráticas de libertad.

¿SABÍAS QUE...?

- El filme está basado en una novela autobiográfica de Manuel Lamana titulada *Otros hombres*.

- El filme, a diferencia de la novela, crea personajes de ficción inspirándose en la huida (*flight*) real del escritor de la novela y un compañero, que lograron escapar de un campo de concentración del régimen franquista y huir a Francia a pie en 1948.

- La comedia desdramatiza la terrible situación que miles de españoles vivieron durante la dictadura de Franco y que les llevó a cruzar las fronteras para salvar sus vidas y vivir en libertad.

- Obtuvo cinco nominaciones a los Premios Goya.

ANTES DE VER LA SECUENCIA

1 **Vuelve a leer la sinopsis del filme *Los años bárbaros* y relaciona estas imágenes con los textos de abajo.**

1. ☐ Tomás y Jaime fueron trasladados al Valle de los Caídos, un campo de trabajo en la sierra de Madrid donde los presos políticos del franquismo cumplían sus condenas con trabajos forzosos.

2. ☐ Una noche, Tomás, Jaime y otros universitarios contrarios al régimen quedaron para hacer pintadas de protesta en los muros de la universidad.

3. ☐ Los dos estudiantes fueron arrestados y encarcelados antes de su juicio. Posteriormente, los condenaron a ocho años de prisión y a trabajos forzosos en el Valle de los Caídos.

4. ☐ Esa misma noche, mientras el resto de los compañeros regresaban de hacer las pintadas, Tomás y Jaime fueron sorprendidos casi en el acto y detenidos.

SESIÓN DE CINE LOS AÑOS BÁRBAROS

2 ⎯⎯⊙▶ Tomás y Jaime, después de escapar del campo de trabajo, inician su viaje hacia la frontera con
00:09 - 03:37 Francia y cuentan con la ayuda de dos jóvenes norteamericanas con las que vivirán diferentes
aventuras y anécdotas. Observa la secuencia y responde a las siguientes preguntas.

1. El guardia civil...

 a. ☐ sospecha de las parejas.

 b. ☐ hace un control rutinario de carretera.

 c. ☐ para al vehículo por velocidad.

2. Los guardias civiles no entienden la nacionalidad de la muchacha porque ella lo dice...

 a. ☐ en español con acento extranjero.

 b. ☐ en su lengua y los guardias no entienden inglés.

 c. ☐ mal a propósito.

3. La Guardia Civil se relaja y olvida su obligación...

 a. ☐ porque acepta el regalo de una de las muchachas.

 b. ☐ porque le parece muy divertido el juego de palabras entre la marca de la bebida y la documentación exigida.

 c. ☐ porque una de las muchachas sí encuentra su pasaporte.

3 Cuenta con tus propias palabras las anécdotas lingüísticas o culturales de la secuencia. Describe detalladamente las reacciones de los personajes. Después escribe tú una anécdota y cuéntasela a tus compañeros/as de grupo.

DESPUÉS DE LA SECUENCIA

4 **Decide si estas afirmaciones sobre la secuencia son verdaderas (V) o falsas (F).**

	V	F
a. El beso de la secuencia significa que la muchacha está locamente enamorada.	☐	☐
b. Los dos protagonistas hablan inglés y se comunican perfectamente con ellas.	☐	☐
c. La muchacha que maneja tiene una idea muy romántica e idealizada de la resistencia antifranquista.	☐	☐
d. Van a pasar por Toledo y Sevilla.	☐	☐
e. Los personajes deciden cambiarse el nombre.	☐	☐
f. La Guardia Civil da una imagen seria, moderna y fiable de la policía del régimen franquista.	☐	☐
g. La actitud de la Guardia Civil con ellas es machista e irrespetuosa.	☐	☐
h. Tomás y Jaime conocen muy bien a las muchachas y saben cómo les van a ayudar.	☐	☐
i. Finalmente, los muchachos les cuentan con detalle su larga experiencia como activistas políticos en clandestinidad.	☐	☐

5 **Responde a estas preguntas sobre aspectos históricos mencionados en el filme. Puedes consultar en Internet.**

a. ¿Sabes a qué personas se refiere la muchacha que maneja cuando menciona a los *fugados* y a los *maquis*?

b. La misma muchacha dice que su padre fue un brigada internacional. ¿Sabes quiénes fueron los brigadas internacionales?

c. ¿Sabes dónde está y para qué fue finalmente destinado el Valle de los Caídos, el campo de trabajo de los personajes?

1 Observa la siguiente lista de verbos que se confunden con facilidad. Trabaja con tu compañero/a y describan la diferencia entre ellos. Pueden usar un diccionario.

> **a.** parecer / aparecer   **d.** apagar / encender   **g.** conseguir / seguir
>
> **b.** sonreír / reír   **e.** caer bien / caerse   **h.** darse cuenta de algo / sin darse cuenta
>
> **c.** olvidar / recordar   **f.** sentarse / ponerse de pie   **i.** reconocer / conocer

2 Completa estas tres anécdotas con las formas verbales del recuadro.

> parecía o apareció o eliminé o buscaba o encontraba o se cayó o paraba o he olvidado o
> recuerdo o apagó o encendía o nos sentamos o me puse de pie o conseguí o seguía
> o me di cuenta o conocía o me acerqué o empecé o reconocí

¿Una anécdota divertida? Estaba en la biblioteca estudiando y me quité los lentes para descansar un minuto. Entonces vi a una muchacha que me miraba, que no (a)...................... de sonreír y que me hacía gestos de invitación. Yo no la (b)......................, pero era muy guapa. Entonces, como no llevaba lentes, (c)...................... para verla mejor, (d)...................... y como (e)...................... haciendo los gestos le pregunté: "¿Qué me estás diciendo?". En ese momento miré hacia atrás y vi a otra persona que también miraba a la muchacha de los gestos...

1. Samuel

Los primeros días de universidad conocí a un muchacho que (a)...................... simpático y, después de unos meses, (b)...................... hablar con él porque (c)...................... juntos el último día antes de las vacaciones de Navidad. Finalmente, nos dimos los números de celular para vernos, pero (d)...................... el suyo por error. Durante todas las vacaciones (e)...................... todos los días el celular y (f)...................... un mensaje suyo... Un día mi hermana (g)...................... su celular muy enfadada y me dijo que estaba harta de los mensajes de un número desconocido que la llamaba...

2. Sandra

(a) .... un día en el que un hombre (b) .... por las escaleras del centro comercial. Me acerqué a ayudarlo y cuando se levantó (c) .... de que era el marido de una prima mía al que solo había visto el día de su boda hace muchos años. Al principio no lo (d) .... De puros nervios yo (e) .... a reír porque no (f) .... las palabras para decirle: "(g) .... tu nombre". Lo peor es que sin darme cuenta le dije: "¿Qué tal está Ana?". En ese momento (h) .... una mujer que no era mi prima Ana…

3. Mónica

3 ◉ 2 **¿Cómo crees que terminan las anécdotas? Escucha a Samuel, Sandra y Mónica y comprueba tus hipótesis.**

4 **Estos verbos son sinónimos de algunos de los verbos anteriores. Relaciónalos.**

a. notar	**d.** levantarse	**g.** tener aspecto de	**j.** aproximarse
b. continuar	**e.** conectar	**h.** tomar asiento	**k.** borrar
c. hallar	**f.** lograr	**i.** ir al piso	

5 **Escribe una anécdota que te haya pasado durante este año. No cuentes el final. Tu compañero/a tendrá que adivinarlo.**

6 👥 **Lee la anécdota de tu compañero/a y escribe su final. Después, comprueba el verdadero desenlace. ¿Acertaste?**

7 🔊 3 ¿Sabes qué significa el adjetivo *insólito*? Escucha la siguiente entrevista e identifica información detallada relacionando las palabras o expresiones con el número del entrevistado o entrevistada al que pertenecen.

	Entrevistado/a		Entrevistado/a
a. payaso	☐	**f.** mascota	☐
b. tirarse en paracaídas	☐	**g.** carrera	☐
c. tanque	☐	**h.** luna de miel	☐
d. susto	☐	**i.** probador	☐
e. funeraria	☐	**j.** disfrazarse	☐

8 🔊 3 Vuelve a escuchar la entrevista y relaciona las palabras anteriores con estas imágenes. Luego, explica el significado a tu compañero/a.

9 Escribe en un papel la experiencia más insólita que hayas vivido. Después, dale el papel a tu profesor/a para que los reparta por la clase. Solo tienes tres minutos.

10 👥👥👥 Discutan y decidan a quién pertenece cada una de las experiencias anteriores, argumentando sus opiniones.

Dice: "Una vez comí carne de serpiente".

O de Andrea, que hizo un curso de cocina.

Esa es de Peter, que le gusta ir de *camping*.

Yo creo que es de Katie, porque es muy atrevida.

11 El amor puede ser una experiencia extraordinaria en la vida. Lee este fragmento de la novela *Amor, curiosidad, prozac y dudas* de Lucía Etxebarría y verás cuántas cosas insólitas hicieron algunas personas por amor.

Apuntes para mi tesis: (…) Marco Antonio **perdió** un imperio por Cleopatra. Robin Hood raptó a Lady Marian. Beatriz **rescató** a Dante del Purgatorio. (…) Julieta bebió una copa de veneno cuando vio muerto a Romeo. Melibea **se arrojó** por la ventana a la muerte de Calisto. Ofelia **se tiró** al río porque pensó que Hamlet no la amaba. (…)

Juana de Castilla veló *(held a vigil)* a Felipe el Hermoso durante meses, día y noche, sin dejar de llorar, y después **se retiró** a un convento. Don Quijote **dedicó** todas sus aventuras a Dulcinea. Doña Inés se suicidó por don Juan y regresó más tarde desde el Paraíso para salvarlo del infierno. Rimbaud, que había escrito obras maestras a los dieciséis años, no escribió una sola línea desde el momento en que **acabó** su relación con Verlaine. (…) Verlaine **intentó** asesinar a Rimbaud, luego se convirtió al catolicismo y escribió las *Confesiones*; nunca volvió a ser el mismo. Anna Karenina **abandonó** a su hijo por amor al teniente Vronski y se dejó arrollar por un tren cuando **creyó** que había perdido aquel amor. Y yo le dejo a Iain mensajes diarios en el contestador, pero si me lo pide lo dejaré de hacer y nunca más volveré a llamarle. Y no se me ocurre mayor prueba de amor, porque pienso en él constantemente.

Adaptado de *Amor, curiosidad, prozac y dudas*, Lucía Etxebarría

LUCÍA **ETXEBARRIA**

Amor, curiosidad, prozac y dudas

Lucía Etxebarría, nacida en 1966 en España, escritora a la que le gusta la polémica, publicó su primera novela en 1997, *Amor, curiosidad, prozac y dudas*. Ganó el Premio Nadal de novela (1998) y el Premio Planeta (2004) por otras dos novelas suyas.

12 👥 **Haz una lista con los infinitivos de los verbos en negrita y defínelos. Hay dos verbos que son sinónimos. ¿Sabes cuáles son? Incluye otros sinónimos que conozcas. Trabaja con tu compañero/a.**

Infinitivo	Definición	Sinónimos

13 **Lee las siguientes frases con el verbo *dejar* extraídas del texto. Relaciona las frases con su significado.**

1. Juana de Castilla veló a Felipe el Hermoso durante meses, día y noche, sin **dejar de** llorar.

2. Anna Karenina abandonó a su hijo por amor al teniente Vronski y **se dejó** arrollar por un tren.

3. Y yo le **dejo** a Iain mensajes diarios en el contestador.

a. Depositar algo en algún lugar.

b. No continuar, cesar de hacer algo.

c. Permitir, consentir; sin fuerza para parar la acción.

14 **Las imágenes representan a algunos de los personajes del fragmento de la novela anterior. Identifícalos según la información que tienes.**

d.

e.

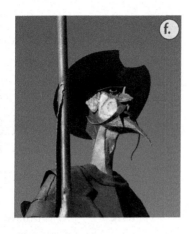

f.

[ ]

[ ]

[ ]

15 ¿A cuál de los personajes atribuyes estas frases? Después, investiga la historia sobre uno que no conozcas y cuéntasela a la clase.

a. Cuando lo vi muerto, me volví loca de dolor y decidí acabar con mi vida.

b. Todo lo que hice fue para ganarme el amor y la admiración de ella.

c. Mi amado esposo, el rey, ha muerto.

d. Dejé a mi hijo por amor y cuando él me abandonó, no pude continuar.

16 De todos los personajes que hay en el texto, ¿cuál te resulta más atractivo y por qué? ¿Puedes añadir algún otro personaje que hizo algo insólito por amor? Cuéntaselo a tus compañeros/as.

17 Ahora, escribe en este blog dedicado al amor lo más insólito que hiciste tú por amor y lo que otra persona hizo por ti. No es necesario decir la verdad, lo importante es que uses bien los pasados.

Mi blog

Usuario   Contraseña

AMOR. AMOR. AMOR

MORE IN ELEteca | EXTRA ONLINE PRACTICE

GRAMÁTICA

■ You have already learned that in Spanish, there are three tenses to express actions in the past: the preterite, the imperfect, and the present perfect. Refer to *Resumen gramatical* in the appendix for more information about these verb forms.

PRETÉRITO

VERBOS REGULARES

VIAJAR	ENTENDER	VIVIR
viajé	entendí	viví
viajaste	entendiste	viviste
viajó	entendió	vivió
viajamos	entendimos	vivimos
viajasteis	entendisteis	vivisteis
viajaron	entendieron	vivieron

VERBOS IRREGULARES

- Verbos con formas irregulares en la **tercera persona:**

  pedir ➡ pedí, pediste, pidió, pedimos, pedisteis, pidieron

  dormir ➡ dormí, dormiste, durmió, dormimos, dormisteis, durmieron

  leer ➡ leí, leíste, leyó, leímos, leísteis, leyeron

- Verbos irregulares en la **raíz verbal:**

  ser/ir ➡ **fui, fuiste, fue, fuimos, fuisteis, fueron**

  estar ➡ **estuve, estuviste, estuvo, estuvimos, estuvisteis, estuvieron**

  venir ➡ **vine, viniste, vino, vinimos, vinisteis, vinieron**

  hacer ➡ **hice, hiciste, hizo, hicimos, hicisteis, hicieron**

  decir ➡ **dije, dijiste, dijo, dijimos, dijisteis, dijeron**

IMPERFECTO

VERBOS REGULARES

VIAJAR	ENTENDER	VIVIR
viajaba	entendía	vivía
viajabas	entendías	vivías
viajaba	entendía	vivía
viajábamos	entendíamos	vivíamos
viajabais	entendíais	vivíais
viajaban	entendían	vivían

VERBOS IRREGULARES

SER	IR	VER
era	iba	veía
eras	ibas	veías
era	iba	veía
éramos	íbamos	veíamos
erais	ibais	veíais
eran	iban	veían

PRESENTE PERFECTO

VERBOS REGULARES

	VIAJAR	ENTENDER	VIVIR
he			
has			
ha			
hemos	viajado	entendido	vivido
habéis			
han			

PARTICIPIOS IRREGULARES

abrir ➡ **abierto**		decir ➡ **dicho**
escribir ➡ **escrito**		hacer ➡ **hecho**
morir ➡ **muerto**		poner ➡ **puesto**
ver ➡ **visto**		volver ➡ **vuelto**

FROM THE corpus

Tanto en América Latina como en algunas zonas de España (Galicia, Asturias, parte de León y Canarias), es más frecuente el uso del pretérito en lugar del presente perfecto para hablar de acciones terminadas en un tiempo no terminado.

1 Jayla escribió una entrada en su blog sobre una experiencia que tuvo. Completa la entrada con las formas correctas de los verbos. Comprueba las respuestas con tu compañero/a y contesten a las preguntas.

EXPERIENCIAS

Bienvenidos

Usuario   Contraseña

El blog de Jayla

Hola, me llamo Jayla. Soy norteamericana, de Chicago. Estudio español desde hace dos años. Me encanta este idioma porque puedo usarlo en varios países, suena muy bien y no me cuesta mucho pronunciarlo. Mi primer contacto con el español (a) .... (ser, pretérito) en Chicago, mi ciudad natal. Me inscribí en un curso del Instituto Cervantes y allí conocí a Emiliano, mi profesor de español, que me enseñó muchas cosas de la lengua y la cultura hispanas.

Aprovechando que (b) .... (tener, imperfecto) tres meses libres después de terminar la universidad, (c) .... (decidir, pretérito) hacer un curso de español en Cuernavaca, México. Recuerdo que aquellas clases (d) .... (ser, imperfecto) muy amenas y que yo tenía mucha ilusión por aprender. Empezábamos las lecciones a las nueve de la mañana y terminábamos a las doce. (e) .... (Haber, imperfecto) muy buen ambiente en clase y cada día, cuando (f) .... (llegar, imperfecto) yo, tomábamos juntos un café. La clase era muy agradable y cómoda. (g) .... (Sentarnos, imperfecto) alrededor de una mesa que había en el centro de la sala. De las paredes colgaban carteles con fotografías de bellos parajes de México y de América Latina y, asimismo, frases coloquiales del español. Algunos fines de semana visitamos en grupo varias ciudades de México: Taxco, la Ciudad de México, Puebla, Toluca… Después (h) .... (volver, pretérito) a Chicago y (i) .... (tener, pretérito) que organizar mi vida porque (j) .... (conseguir, pretérito) un trabajo en Houston y debía mudarme allí.

Ahora estoy muy contenta porque mi empresa me (k) .... (pedir, presente perfecto) viajar de nuevo a México para perfeccionar mi español. Estudiaré en Monterrey durante tres meses. (l) .... (Vivir, presente perfecto) varias veces con familias mexicanas de acogida y, esta vez, me gustaría pasar más tiempo con ellos, por eso he decidido compaginar mis estudios de español con las actividades diarias de la familia. Ya me (m) .... (adaptar, presente perfecto) a su estilo de comida y a su forma cariñosa de hablar.

Creo que al final de mi curso de intermedio sabré muchas cosas más sobre la vida y la cultura hispanas. Conoceré a muchas personas.

En el futuro me gustaría conocer España, pero todavía no (n) .... (ahorrar, presente perfecto) lo suficiente para viajar allí. Además, no dispongo de mucho tiempo para hacerlo. Pero lo haré, seguro, estoy impaciente…

a. ¿Cuándo se tomaban juntos un café?

b. ¿Por qué volvió a Chicago?

c. ¿Qué cosas ha hecho ya para adaptarse a su vida con una familia mexicana?

d. ¿Por qué no ha viajado a España?

2 Observen las frases destacadas en azul de la actividad anterior y completen con ellas los ejemplos que faltan en el siguiente cuadro.

■ **El presente perfecto** se usa para hablar de una acción pasada en un periodo de tiempo no terminado o relacionado con el presente:

(a)..

• Con este tiempo también se habla de experiencias vividas o no hasta el momento presente:

(b)..

(c)..

■ **El pretérito** se usa para hablar de acciones terminadas ocurridas en un periodo de tiempo terminado y delimitado del pasado:

(d)..

• Se usa también para hablar del número de veces que ocurrió una acción en un pasado terminado:
El año pasado fui tres veces a Bogotá para visitar a mis abuelos.

■ **El imperfecto** presenta la acción como un proceso, sin indicar su final. Por esta razón se usa principalmente para describir personas, cosas, lugares o evocar situaciones en el pasado:

(e)..

• Además, se usa para hablar del contexto en el que sucede la acción principal en pasado y para expresar acciones habituales también en pasado:

(f)..

(g)..

3 Yoko, una muchacha japonesa, ha contestado con un comentario en el blog de Jayla sobre su experiencia con el aprendizaje de español. Léelo y después, escribe tu propio comentario.

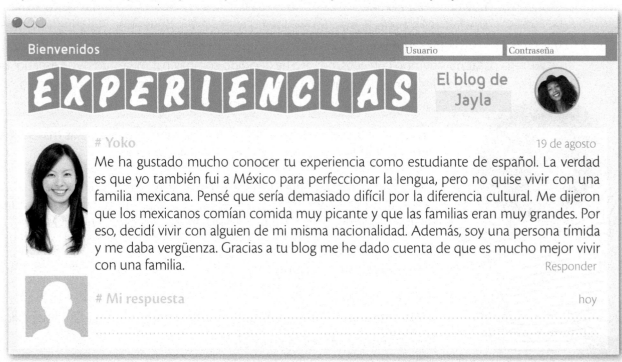

Bienvenidos · Usuario · Contraseña

EXPERIENCIAS — El blog de Jayla

 # Yoko · 19 de agosto

Me ha gustado mucho conocer tu experiencia como estudiante de español. La verdad es que yo también fui a México para perfeccionar la lengua, pero no quise vivir con una familia mexicana. Pensé que sería demasiado difícil por la diferencia cultural. Me dijeron que los mexicanos comían comida muy picante y que las familias eran muy grandes. Por eso, decidí vivir con alguien de mi misma nacionalidad. Además, soy una persona tímida y me daba vergüenza. Gracias a tu blog me he dado cuenta de que es mucho mejor vivir con una familia.

Responder

 # Mi respuesta · hoy

....

4 Elabora un cuestionario de cinco preguntas para conocer la experiencia con el aprendizaje de español de tu compañero/a. Después, entrevístalo/a y toma nota de sus respuestas.

5 Después de conocer las experiencias de tus compañeros/as, ¿cómo valoras tu propia experiencia con el idioma? ¿Ha sido positiva hasta ahora? ¿Has descubierto otra forma de aprender la lengua?

Cuestionario

1. ¿Cómo y dónde empezaste a estudiar español?
2.
3.
4.
5.

2. PLUPERFECT

- The pluperfect or past perfect in Spanish, as in English, describes what someone had done or what had occurred. Use the pluperfect to talk about a past action that occurred prior to another past action.

PLUSCUAMPERFECTO

- El **pluscuamperfecto** se forma con el imperfecto del verbo *haber* + participio.

	VIAJAR	ENTENDER	VIVIR
había			
habías			
había			
habíamos	viaj**ado**	entend**ido**	viv**ido**
habíais			
habían			

Recuerda:
La formación del participio regular y los participios irregulares son iguales a los del presente perfecto.

- Se usa para:

  • Expresar una acción pasada anterior a otra también pasada. Es su uso principal:

  (a)......................

  • Expresar una acción posterior a la del verbo principal, pero con la idea de inmediatez o rapidez en la realización de la acción:

  (b)......................

  • Contar algo que sucede por primera vez:

  (c)......................

6 Vuelve a leer la conversación entre Carol y Jaime de la sección *Hablamos de* y completa el cuadro anterior con las frases en pluscuamperfecto que hay en el texto.

7 **Relaciona las columnas para formar frases con sentido.**

1. Se encontraba fatal...

2. Le pedí mil pesos...

3. Estaba muy cansado...

4. Nunca había tenido...

5. Compré un lavaplatos a las diez...

6. Mi hermana sacó matrícula de honor...

a. y a los diez minutos me los había dado.

b. porque había estudiado mucho.

c. tanta suerte.

d. porque había comido demasiado.

e. ya que había trabajado mucho.

f. y a las doce ya me lo habían traído.

8 **Ahora di a qué uso del pluscuamperfecto corresponde cada una de las frases anteriores según el cuadro que estudiaste. Compara con tu compañero/a y justifiquen su respuesta si no están de acuerdo.**

9 **Inspirándote en las siguientes imágenes, crea frases como el modelo, usando el pluscuamperfecto. Después, compáralas con las de tu compañero/a. ¿Interpretaron las situaciones de la misma manera?**

a. Modelo: Cuando llegó a casa, ya le habían robado.

c. ....

b. ....

d. ....

10 🔊 4 **Escucha a Félix hablando de sus años de universidad y corrige la siguiente información.**

a. Cuando estaba en la universidad siempre tenía mucho que leer, pero por suerte pocos exámenes.

b. Los años que pasé allí fueron muy aburridos porque nunca pasaba nada.

c. Tardé mucho tiempo en encontrar trabajo después de terminar la carrera.

d. He cambiado de empresa varias veces.

e. Gertrudis y yo nos llevábamos muy mal, pero al final nos enamoramos.

f. Tuvimos un noviazgo muy largo.

g. Nuestra boda fue un acontecimiento familiar. La celebramos en Querétaro.

h. Siempre se me había considerado una persona poco formal.

3. *SER* AND *ESTAR*

■ In general, use **ser** and **estar** to talk about and to describe people, places, things, events… When the characteristics are inherent to or typical of the subject being described, use **ser**:
El cielo es azul.

However, when those characteristics are not inherent to or typical of the subject, use **estar** to describe them:
Parece que va a llover, el cielo está muy gris.

Compare the following uses:

SER	ESTAR
• Profesión o puesto en una empresa: *Laura **es** profesora,...*	• Profesión temporal o puesto en una empresa: *pero **está** de dependienta en verano para ganar un dinero extra.*
• Lugar de celebración de un evento: *La fiesta **es** en mi casa...*	• Ubicación de cosas y personas: *Mi casa **está** en la calle Ibiza.*
• Características que son propias de una persona, cosa, lugar, evento y forman parte de su naturaleza: *Patricia **es** una joven muy alegre,...*	• Características que no forman parte de la naturaleza del sujeto, sino que son ocasionales y pueden cambiar según el momento: *pero hoy **está** muy seria; seguro que tiene un problema.*

11 🔊 5 **Completa la conversación entre Violeta y Nuria con *ser* y *estar*. Después, escucha el audio para comprobar tus respuestas. ¿Qué relación hay entre ellas?**

(Ringggg)

Violeta: ¿Bueno?

Nuria: ¡Hola! Soy Nuria.

Violeta: ¡Qué milagro! Nuria, ¿cómo (a) .... ?

Nuria: Bien, bien. En la loquera, ya sabes…, como siempre. ¿Y tú?, ¿qué tal?

Violeta: Pues yo, ahora, (b) .... mucho más ocupada. ¡Ah, claro, no lo sabes!, pero ya (c) .... trabajando desde la casa y la verdad es que (d) .... más relajado. Me encanta.

Nuria: ¡Qué bueno!

(...)

Nuria: Oye, ¿ (e) .... Javier?

Violeta: No, no (f) .... Todavía no llega. Seguro que (g) .... aún en la oficina, ¿le digo algo?

Nuria: Dile que me llame alguna vez, que (h) .... su hermana.

Violeta: OK. Oye, no te olvides de que tenemos cena el sábado.

Nuria: Sí, pero no recuerdo, ¿(i) .... en tu casa o vamos a ese restaurante nuevo que (j) .... cerca?

Violeta: ¡En casa! Y ahora que lo digo, tu hermano me tiene que ayudar a limpiar la casa, pues no he tenido tiempo de ponerla en orden y (k) .... bastante sucia.

Nuria: ¡Uy! Mi hermano va a (l) .... de empleado doméstico. ¡Me encanta! Nos vemos el sábado.

12 Prepara una conversación parecida con tu compañero/a usando *ser* y *estar*. Preséntenla a la clase para ver quién usa más ejemplos con estos verbos.

13 Une las frases de las columnas de forma que tengan sentido y compáralas con las de tus compañeros/as.

1. Había comenzado a nevar...
2. Viajé hasta Guadalajara...
3. Conocí a Sandro...
4. Decidí hacer el doctorado...
5. Sonó el despertador...
6. Fuimos al parque...
7. Regresé a mi casa a las diez...

a. después de salir del trabajo.
b. pero ya estaba despierto.
c. cuando todavía era un niño.
d. después de terminar la carrera.
e. que estaba a 100 km de donde vivía.
f. pero no había anochecido.
g. por eso volvimos a casa.

14 Escoge una de las frases completas de la actividad anterior y, a partir de ella, inventa una pequeña historia. Trabaja con tu compañero/a. Usen los tiempos del pasado más los verbos *ser* y *estar*.

MORE IN ELEteca | EXTRA ONLINE PRACTICE

Las palabras agudas y llanas

1 **Lee las reglas generales de acentuación y clasifica estas palabras en el lugar que les corresponde.**

sillón	pensar	camiseta	útil	autobús	allí
comedor	jamás	pelo	escriben	trabajo	árbol
pared	reloj	ojo	celular	lápiz	Félix

Las palabras agudas y llanas

■ Una sílaba es un grupo fónico que se pronuncia en un único golpe de voz. Las sílabas pueden ser **tónicas** (las que reciben el mayor golpe de voz) y **átonas** (las que reciben una menor intensidad en su pronunciación).

■ En español, dependiendo de la posición de la sílaba tónica, tenemos diferentes tipos de palabras:

• Las palabras que tienen el acento en la última sílaba se llaman **agudas**. Estas palabras llevan tilde cuando terminan en vocal, en −*n* o en −*s*: so**fá**, come**dor**, _____

■ Las palabras que tienen el acento en la penúltima sílaba se llaman **llanas**. Estas palabras llevan tilde cuando terminan en consonante diferente de −*n* y −*s*: **cés**ped, impre**so**ra, _____

2 Lee el texto y pon la tilde en las palabras que lo necesiten según las reglas generales de acentuación anteriores. Trabaja con tu compañero/a.

El chofer de Einstein

Albert Einstein iba a las universidades para dar conferencias. Como no le gustaba manejar y sin embargo el carro le resultaba muy cómodo para sus desplazamientos, contrato los servicios de un chofer. Despues de varios viajes, Einstein le comento al chofer lo aburrido que era repetir lo mismo una y otra vez. El chofer le dijo: "Le puedo sustituir por una noche. Despues de escuchar su conferencia tantas veces, la puedo recitar palabra por palabra". Einstein le tomo la palabra. Llegaron a la sala y el chofer expuso la conferencia y ninguno de los académicos presentes descubrio el engaño. Al final, un profesor de la audiencia le hizo una pregunta. El chofer no tenia ni idea de cual era la respuesta, pero tuvo un golpe de inspiracion y le dijo: "La pregunta que me hace es tan sencilla que dejare que mi chofer, que se encuentra al final de la sala, la responda".

1 **Completa la información sobre esta autora con los verbos del recuadro.**

murió ○ llevó ○ se casó ○ nació ○ fue ○ estudió ○ fue
tuvo ○ abandonó ○ se exilió ○ recibió ○ se publicó

Es chilena, aunque (a) .... en Lima (Perú) en 1942. Su padre (b) .... diplomático y es sobrina del presidente chileno Salvador Allende. (c) .... Periodismo. En 1962 (d) .... y posteriormente (e) .... dos hijos. En 1973 (f) .... Chile tras el golpe de Estado y (g) .... a Caracas. En 1992 (h) .... su hija Paula, lo que la (i) .... a escribir el libro titulado *Paula* (1994). En 1985 (j) .... el premio a la mejor novela en México y en 1986 (k) .... premiada como la mejor autora del año en Alemania. En 1982 (l) .... su obra más conocida: *La casa de los espíritus*. Entre otras obras, caben destacar: *De amor y de sombra* (1984), *El plan infinito* (1991), *Cuentos de Eva Luna* (1989) e *Hija de la fortuna* (1998). Actualmente reside en California (EE. UU.).

2 **Relacionen el resumen de cada historia con su libro.**

☐   ☐   ☐   ☐   ☐

a. Veintitrés relatos de amor y violencia unidos por un fino hilo narrativo y un rico lenguaje.

b. La historia reciente de la vida de la autora y de su familia, una casa abierta, llena de gente y de personajes literarios, hijas perdidas, nietos, éxitos y dolores… También es la historia de amor entre un hombre y una mujer maduros.

c. Un libro conmovedor e íntimo. Su hija entró en estado de coma y, junto a su cama, Isabel Allende comenzó a redactar la historia de su familia y de sí misma para regalársela después.

d. Se narra la saga de una poderosa familia a lo largo de cuatro generaciones y sigue los movimientos sociales y políticos del periodo en el que vive Chile.

e. Narrada por una joven mujer, es una novela histórica situada a finales del siglo XIX en Chile y trata de una portentosa saga familiar.

3 🎧 6 **Aquí tienes un fragmento de la obra _La casa de los espíritus_. Antes de escucharlo y leerlo, observa algunas palabras que hay en el texto y busca en el diccionario aquellas que no conozcas.**

- evocar
- nítido/a
- daguerrotipo
- regocijo
- atocharse
- embalsamado/a
- bastar
- filibustero/a
- asomar
- tropezar
- bichos
- remoto/a

La casa de los espíritus

Hacía un par de años que Clara no veía a su tío Marcos, pero lo recordaba muy bien.
Era la única imagen perfectamente nítida de su infancia y para evocarla no necesitaba consultar
el daguerrotipo del salón, donde aparecía vestido de explorador, apoyado en una escopeta
de dos cañones de modelo antiguo, con el pie derecho sobre el cuello de un tigre de
5 Malasia. (…)
A Clara le bastaba cerrar los ojos para ver a su tío en carne y hueso, curtido por las
inclemencias de todos los climas del planeta, flaco, con unos bigotes de filibustero, entre los
cuales asomaba su extraña sonrisa de dientes de tiburón. Parecía imposible que estuviera
dentro de ese cajón negro en el centro del patio.
10 En cada visita que hizo Marcos al hogar de su hermana Nívea, se quedó por varios meses,
provocando el regocijo de los sobrinos, especialmente de Clara, y una tormenta en la
que el orden doméstico perdía su horizonte. La casa se atochaba de baúles, animales embalsamados,
lanzas de indios, bultos de marinero. Por todos lados la gente andaba tropezando con sus
bártulos inauditos, aparecían bichos nunca vistos, que habían hecho el viaje desde
15 tierras remotas, para terminar aplastados bajo la escoba implacable de la Nana en cualquier
rincón de la casa. (…)
Clara recordaba perfectamente, a pesar de que entonces era muy pequeña, la primera
vez que su tío Marcos llegó a la casa de regreso de uno de sus viajes. Se instaló como si fuera
a quedarse para siempre. (…)

(_La casa de los espíritus_, Isabel Allende)

4 **Ahora elige la opción correcta.**

1. La idea principal del fragmento…
   a. son los recuerdos de Clara de su tío Marcos.
   b. son las visitas del tío Marcos.

2. Nana era…
   a. la hermana de Marcos.
   b. la asistenta de la familia.

3. La profesión de Marcos era…
   a. vendedor de pieles.
   b. explorador.

4. Siempre que Marcos iba a casa…
   a. se quedaba unos días.
   b. llevaba grandes equipajes.

5. Cuando empieza el relato, Clara no había visto a su tío…
   a. desde hace tiempo.
   b. nunca.

6. Cuando se cuenta el relato…
   a. Marcos había muerto.
   b. Marcos había vuelto a visitarles.

APRENDE HACIENDO

PARA ORGANIZAR EL DISCURSO

■ Los **conectores discursivos** son palabras o grupo de palabras que sirven para organizar y unir la información que se ofrece en un texto oral o escrito. Fíjate en la función de los siguientes conectores en negrita y lee la explicación que sigue. Trata de incorporar algunos en tu ensayo y presentación oral.

*La forma de divertirse de los jóvenes y de los adultos es muy diferente. **En primer lugar**, están los jóvenes que prefieren ir a centros comerciales porque ofrecen más opciones de ocio sin tener que salir a la calle. **En segundo lugar**, tenemos a los adultos, que prefieren estar en un solo sitio más tranquilo.*

*Los adultos suelen ir a cenar con sus amigos a un restaurante, **por un lado**, porque tienen dinero y son independientes económicamente y, **por otro lado**, porque disfrutan más que de una buena conversación en un lugar tranquilo y acogedor.*

***En conclusión**, es normal que los jóvenes y los adultos pasen su tiempo de ocio de distinta manera, tanto por la diferencia de su poder adquisitivo como por la disparidad de intereses a la hora de divertirse.*

- Para ordenar las ideas: **primeramente, en primer lugar, en segundo (lugar), por un lado, por otro (lado)**.

- Para finalizar el discurso o texto escrito: **al final, finalmente, para terminar, en conclusión**.

ENSAYO PERSUASIVO

◎ **Beauty and Aesthetics:** Language and Literature.

◎ **Tema del ensayo:** ¿Crees que los malentendidos culturales perjudican o enriquecen la experiencia de aprender un idioma y comprender su cultura?

FUENTE 1 - LECTURA

1   **Lee las siguientes anécdotas sobre los malentendidos que a veces ocurren con el aprendizaje de las lenguas.**

Puebla, curso 2013/14, Brenda:

Acababa de comenzar mi curso de español en Puebla, México. La profesora ese día nos había enseñado vocabulario sobre las cantinas y las botanas típicas que sirven con cada bebida. Al terminar la clase, decidimos irnos a tomar un refresco y probar cacahuates con chile y pepitas de calabaza. Yo insistí mucho en ordenar, ¡me hacía mucha ilusión poner en práctica lo que había aprendido! Así que, muy resuelta, me acerqué al mesero y le dije: "Oiga, por favor, ¿nos da unos *botones* con el refresco?" y, ante mi sorpresa, todos los que estaban a mi alrededor empezaron a reírse. Luego me di cuenta de lo que había pedido y yo tampoco podía parar de reírme. Fue muy divertido.

Valencia, curso de verano 2014, Juan:

Un estudiante mío, excesivamente preocupado por ampliar su vocabulario, preguntaba sin cesar sobre el significado de diferentes palabras. Un día me preguntó por el significado de la palabra "zanahoria" y le respondí que era un vegetal, una raíz.

Días más tarde, el estudiante escribió un texto en el que explicaba sus aficiones, orígenes, etc.: "Me gusta el fútbol, me gusta ir al cine, soy alemán, pero mis zanahorias son polacas".

Querétaro, curso de verano 2015, Ramón:

Uno de mis estudiantes norteamericanos, Mike, me dijo que era su cumpleaños. Entonces le propuse celebrarlo la tarde siguiente después de clase en la cafetería de la escuela. De esta manera tenía tiempo para encargar un pastel a la cocinera. Esa tarde cuando la mesera trajo el pastel con velas a la mesa, Mike le dijo que todos eran sus amigos y que estaban celebrando su cumpleaños. Después de apagar todas las velas, la mesera sonrió y preguntó: ¿Vamos a ver la tradicional mordida?

Mike le dijo que no entendía nada y en ese momento todos empezaron a gritar: ¡Mordida! ¡Mordida! ¡Mordida!… Entonces la mesera y yo nos reímos y le comentamos a Mike que en México el festejado se tiene que acercar al pastel a darle la mordida.

FUENTE 2 - GRÁFICO

2 **Este gráfico representa los datos sobre los estadounidenses que estudian en el extranjero y sobre los estudiantes internacionales que vienen a Estados Unidos según un informe del Instituto de Estudios Internacionales.**

LOS PRINCIPALES DESTINOS PARA ESTUDIANTES DE EE. UU.			ÁREAS ACADÉMICAS QUE ESTUDIAN EN EL EXTRANJERO ESTUDIANTES DE EE. UU.		LOS PRINCIPALES LUGARES DE ORIGEN DE ESTUDIANTES INTERNACIONALES EN EE. UU.	
Total: 289 408			Total: 289 408		Total: 886 052	
Puesto	Destino	% del total	Estudios	% del total	Origen	% del total
1	Reino Unido	12,5	Ciencias, Tecnología, Ingeniería y Matemáticas	22,5	China	31,0
2	Italia	10,3	Ciencias sociales	22,1	India	11,6
3	España	9,1	Administración de negocios	20,4	Corea del Sur	7,7

LOS PRINCIPALES DESTINOS PARA ESTUDIANTES DE EE. UU.			ÁREAS ACADÉMICAS QUE ESTUDIAN EN EL EXTRANJERO ESTUDIANTES DE EE. UU.		LOS PRINCIPALES LUGARES DE ORIGEN DE ESTUDIANTES INTERNACIONALES EN EE. UU.	
4	Francia	5,9	Artes y letras	10,4	Arabia Saudita	6,1
5	China	5,0	Biología y Física	8,8	Canadá	3,2
6	Alemania	3,3	Bellas artes	7,8	Taiwán	2,4
7	Costa Rica	2,9	Profesiones relacionadas con la salud	6,4	Japón	2,2
8	Irlanda	2,8	Lenguas extranjeras	4,9	México	1,7
9	Argentina	1,6	Sin especificar	2,7	Irán	1,2
10	México	1,3	Agricultura	1,3	Francia	0,9

Institute of International Education (2014). *Open Doors Report on International Educational Exchange.*
Retrieved from *http://www.iie.org*

FUENTE 3 - AUDICIÓN

3 ⬛ 7 **Esta grabación trata el tema de las distintas variantes del español americano; en este caso el de Argentina y el de México. Escucha y toma notas para tu ensayo.**

4 **Ahora escribe un ensayo persuasivo haciendo referencia a las tres fuentes.**

PRESENTACIÓN ORAL

◎ **Families and Communities:** Education Communities.

◎ **Tema de la presentación:** ¿Cuál es la postura de las personas en tu comunidad sobre el aprendizaje de los idiomas y los estudios en el extranjero?

5 **En tu presentación, compara tus observaciones de las comunidades en las que viviste y/o en lo que estudiaste, observaste, etc., sobre los países hispanohablantes.**

6 **Presenta tu discurso a la clase.**

FAMOSOS HISPANOS

Miguel de Cervantes

2 **Lee esta breve biografía y comprueba tus respuestas.**

Miguel de Cervantes Saavedra nació en Alcalá de Henares (Madrid) en 1547. Durante cinco años fue soldado y sirvió a Felipe II en Italia. Perdió el movimiento de su mano izquierda en la batalla de Lepanto. A continuación, estuvo preso en Argel; después de cinco años, fue rescatado de la prisión y regresó a España, donde fue recaudador de impuestos. Se trasladó a Valladolid pero volvió a vivir en Madrid, dedicándose finalmente a la literatura. Escribió numerosas obras de teatro, poesía y novela, pero la más importante fue *El ingenioso hidalgo don Quijote de La Mancha*. Escrita en 1605, en ella dio vida a su personaje más famoso, don Quijote, un viejo hidalgo que se volvió loco por leer demasiados libros de caballerías y que, por este motivo, sintió la necesidad de salir como caballero andante por los campos de La Mancha en busca de aventuras. Con Cervantes y su obra cumbre se creó el concepto de "novela moderna". Murió el 23 de abril de 1616, fecha en la que, tradicionalmente, se celebra el Día del Libro. En la actualidad hay en la plaza de España de Madrid un conjunto escultórico dedicado a él y a los protagonistas de su gran obra: don Quijote y Sancho Panza.

¿Saben quién es?

1 **Observa las fotografías y responde, según tu opinión, si las siguientes afirmaciones son verdaderas o falsas.**

a. La escultura de la foto superior está en Barcelona y representa a varios escritores españoles. V ☐ F ☐

b. La escultura está dedicada a Cervantes y a los personajes de su obra más famosa. V ☐ F ☐

c. Cervantes fue famoso por sus novelas desde muy joven. V ☐ F ☐

d. Cervantes solo escribió novelas. V ☐ F ☐

e. El *Quijote* está considerada como la primera novela escrita en lengua española. V ☐ F ☐

3 🎵 8 **Lee las biografías de estos otros dos artistas hispanos y marca a cuál de ellos corresponde cada información.**

ESCULTURA

Fernando Botero

Fernando Botero, el 19 de abril de 1932 nació en Medellín, capital del Departamento de Antioquia, Colombia. Cursó estudios primarios en el Colegio Bolivariano. En 1948 dos de sus acuarelas se incluyeron en una muestra colectiva en el Instituto de Bellas Artes de Medellín. Financió sus estudios en el Liceo San José y la Normal de Marinilla con los dibujos que había realizado para el suplemento dominical de *El Colombiano*. En 1956 tuvo su primera exposición individual en la Galería Leo Matiz. Entre 1953 y 1954 viajó a París e Italia. Al año siguiente contrajo matrimonio con Gloria de Artei.
En 1956 estableció su residencia en México, en donde se interesó por el arte precolombino y el trabajo de los surrealistas mexicanos. En 1957 viajó por primera vez a Estados Unidos. Desde entonces se ha ganado el reconocimiento internacional.

Escultura *Hombre a caballo*, Plaza Botero, Medellín, Antioquia, Colombia

PINTURA

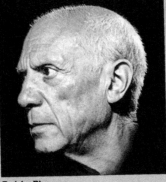

Pablo Picasso

Cuadro mural el *Guernica*, Museo Nacional Centro de Arte Reina Sofía, Madrid, España

Pablo Picasso nació en Málaga, España, en 1881. En 1895 se trasladó a Barcelona, donde ingresó en la Facultad de Bellas Artes. Cinco años más tarde fue por primera vez a París, donde organizó una exposición. Nueve años después volvió a vivir en París, donde conoció a Matisse. Al cabo de tres años, pintó *Las señoritas de Avignon*. Cuando en 1936 empezó la guerra civil española, volvió de nuevo a París, donde pintó el *Guernica*. Se casó varias veces y tuvo tres hijos. En 1955 se instaló en Cannes y, a los dos años, pintó *Las Meninas* inspirándose en el cuadro de Velázquez. En 1973 murió en su casa de Notre Dame de Vie, Francia.

(B) Botero ○ **(P)** Picasso ○ **(D)** los dos ○ **(N)** ninguno

a. Se interesó por el arte precolombino.   B☐ P☐ D☐ N☐

b. Vivió en París.   B☐ P☐ D☐ N☐

c. Conoció a Matisse.   B☐ P☐ D☐ N☐

d. Se casó varias veces.   B☐ P☐ D☐ N☐

e. Pagó parte de sus estudios con sus dibujos.   B☐ P☐ D☐ N☐

f. Tuvo tres hijos.   B☐ P☐ D☐ N☐

g. Conoció a Velázquez.   B☐ P☐ D☐ N☐

h. Nació en África.   B☐ P☐ D☐ N☐

CIENCIA

Arnaldo Tamayo Méndez fue cosmonauta del programa soviético Intercosmos.

Arnaldo Tamayo Méndez fue el primer latinoamericano y el primer cosmonauta de ascendencia africana en volar fuera de la atmósfera terrestre.

Nació en Guantánamo, Cuba, en una familia humilde, por lo que tuvo que trabajar de limpiabotas, ayudante de carpintero y vendedor de periódicos.

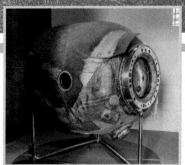

La nave Soyuz 38 en la que viajó Tamayo, Museo Provincial de Guantánamo (Foto: Matyas Rehak, 3 de febrero de 2016).

Se graduó como piloto de combate en las fuerzas aéreas cubanas. Fue seleccionado entre seiscientos candidatos y, tras dos años de preparación, despegó con la misión Soyuz 38 hacia el espacio en 1980, donde permaneció 7 días, 20 horas, 43 minutos y 24 segundos llevando a cabo experimentos científicos relacionados con la medicina, la biología, la física, la psicología y la geología, encargados por la Academia de las Ciencias de Cuba. En la actualidad es general de brigada y trabaja en el Ministerio de las Fuerzas Armadas de su país. Le otorgaron la medalla de la Unesco sobre Ciencia Espacial, además de otras condecoraciones como la de Héroe de la República de Cuba y Héroe de la Unión Soviética.

Fuentes: *Impacto Latino,* 12 de febrero de 2016; *Radio La Voz de Rusia,* Alexander Moiseiev, marzo de 2011; eldiario.es, José Cervera, septiembre de 2018; elespanol.com, José Pichel, octubre de 2017.

4 **Busca en Internet qué otros latinos viajaron al espacio y escribe una biografía siguiendo el ejemplo de la de Arnaldo Tamayo.**

POLÍTICA

Juan José Nieto Gil fue el primer y único afrodescendiente en llegar a ser presidente de Colombia (que en aquella época se la denominaba Estado Soberano de Bolívar).

Nació en 1804 en una familia dedicada a la fabricación de mechas de algodón para velas. Fue militar, estadista y novelista, además de fundar el periódico *La Democracia.*

Luchó por los derechos sociales y las libertades ciudadanas y, a causa de la defensa de sus ideales independentistas y federalistas, fue desterrado a Jamaica, donde escribió *Ingermina o la hija del calamar,* considerada la primera novela colombiana de la que se tiene registro. En 1851 decretó la abolición de la esclavitud en la costa norte de Colombia.

Sin embargo, no fue hasta 2018 que se reconoció oficialmente a la figura de Nieto como político, intelectual y presidente, después de haber estado 157 años relegado al olvido por sus ideas, su origen humilde y su ascendencia africana.

Juan José Nieto Gil

Fue el máximo mandatario de Colombia con apoyo popular y supo liderar en tiempo de guerras civiles.

Fuentes: *BBC News Mundo,* Boris Miranda, agosto de 2018; *Infobae,* Adriana Chica García, julio de 2018; El Heraldo, Barranquilla, Eduardo Verano, agosto de 2018; Banrepcultural, Red Cultural del Banco de la República en Colombia.

5 **¿En qué fecha y quién abolió la esclavitud en los Estados Unidos? ¿Qué estado fue el último en abolirla? Comenta el tema en clase.**

¿QUÉ HE APRENDIDO?

1 👥 **Habla con tu compañero/a comenzando de esta forma.**

a. Recuerdo un día en el que...

b. ¿Una anécdota divertida? Estaba...

c. Mi primer contacto con el español fue...

d. Cuando llegué a la clase...

2 **Completa la siguiente anécdota.**

» ¿Sabes qué me pasó...?

» No,...

» Pues resulta que... Total que...

» ¡Ah! ¡Nunca había oído nada parecido!

3 **Explica a tu compañero/a las siguientes palabras.**

insólito ○ caerse ○ payaso ○ mascota ○ luna de miel ○ paracaídas

4 **Completa las frases con el pluscuamperfecto.**

a. Nunca ....

b. Cuando llegué a casa, ...

c. Por la mañana le pedí .... y por la tarde ya ....

5 **Reacciona ante estas situaciones.**

a. Tu hermano conoció a una muchacha. Te va a contar cómo fue.

b. Una compañera te cuenta que estuvo de vacaciones en Argentina y que le gustó mucho.

c. Te dicen que en España casi nadie se echa la siesta los días de diario.

6 **Completa usando un conector.**

a. Llamaron a la puerta ....

b. Fuimos al cine ....

c. Regresé a mi casa ....

7 **Reflexiona y responde a estas preguntas.**

a. ¿Qué ha sido lo más difícil de aprender en esta unidad? ¿Y lo más fácil? ....

b. ¿Qué crees que es lo más importante? ¿Por qué? ....

c. ¿Qué epígrafe te parece más interesante? ....

AL FINAL DE LA UNIDAD PUEDO...

	☆	☆☆	☆☆☆
a. I can talk about my experiences learning Spanish.	☐	☐	☐
b. I can share stories about the past using the past tenses (review).	☐	☐	☐
c. I can react to what others tell you they did.	☐	☐	☐
d. I can talk about cultural misunderstandings in the past.	☐	☐	☐
e. I can describe what already happened using the pluperfect tense.	☐	☐	☐
f. I can talk about characteristics that are inherent to or not of the subject being described using *ser* and *estar*.	☐	☐	☐
g. I can read and understand a selection from *La casa de los espíritus*, Isabel Allende.	☐	☐	☐

💻 **MORE IN ELEteca** | EXTRA ONLINE PRACTICE

Verbos

acabar *to end, finish*
acercarse *to get close, approach*
ahorrar *to save*
apagar *to switch off*

aparecer *to appear, show up*
arrojar(se) *to hurl (yourself)*
buscar *to look for*
caerse *to fall*
conocer *to know, be familiar with*
conseguir *to get, obtain, achieve (goal)*
darse cuenta de algo *to realize*
dejar *to allow, leave behind, abandon*
dejar de (+ infinitivo) *to stop doing something*
disfrazarse *to put on a costume*
eliminar *to eliminate*
encender *to switch on*
hallar *to find*
olvidar *to forget*
parecer *to seem*
perder *to lose*
ponerse de pie *to stand up*
reconocer *to recognize*
recordar *to remember*
reír *to laugh*

rescatar *to rescue*
seguir *to follow*
sentarse *to sit*
sonreír *to smile*
tirar(se) *to throw (yourself)*

Descripciones

chismoso/a *gossipy*
incómodo/a *uncomfortable*
insólito/a *unbelievable, unusual*

placentero/a *pleasant*

Cultura y experiencias insólitas

la anécdota *story, anecdote*
la funeraria *funeral home*
la carrera *race, career*
los chapulines *grasshopper*
la luna de miel *honeymoon*
el malentendido *misunderstanding*
el paracaídas *parachute*
el payaso *clown*

el piropo *flirtatious remark*
el probador *fitting room*
el susto *fright, scare*

Conectores discursivos

en conclusión *in conclusion*
en segundo (lugar) *in the second place*
finalmente / al final *finally, in the end*
para terminar *in closing*
por otro (lado) *on the other (hand)*
por un lado *on the one hand*
primeramente / en primer lugar *in the first place*

Contar y reaccionar a las anécdotas

Ah, ¿sí? *Oh, really?*
Cuenta, cuenta. *Do tell.*

Cuando... *When*
¡Dime, dime! *Tell me!*
El otro día *The other day*
En fin que *In the end*
Hace unos meses *Some months ago*
¡No te olvides de nada! *Don't forget any part of it/anything*
¡Nunca había oído nada parecido! *I have never heard of such a thing!*
¿Qué te pasa / pasó? *What's wrong?/What happened to you?*
¡Quiero saberlo con todo lujo de detalles! *I want to know/hear every detail about it!*

(Pues) Resulta que *It turns out that*
¿Sabes qué pasó ayer? *Do you know what happened yesterday?*
Tengo que contarte una cosa. *I have something to tell you.*
Total que *In short*
Un día *One day*
Una vez *One time*

ESPERO APROBAR

⟫ ¿Son profesores o estudiantes?

⟫ ¿Qué crees que estudian? Y tú, ¿qué estudias?

⟫ ¿Qué quieres hacer cuando termines la escuela secundaria?

Jóvenes en la cafetería de la universidad

IN THIS UNIT,
YOU WILL LEARN TO:

- ◎ Talk about studying and working abroad
- ◎ Express wishes and preferences using subjunctive with *ojalá* and other expressions
- ◎ Give advice and make recommendations using the present subjunctive tense
- ◎ Use set expressions to encourage others and wish them well using subjunctive with verbs of influence

TALLER DE LITERATURA

- ◎ *Poema XX*, Pablo Neruda

APRENDE HACIENDO

- ◎ Families and Communities: Customs and Values
- ◎ Global Challenges: Economic Issues

SESIÓN DE CINE

Una producción de **Impossible Films** y **Rizoma**

DIARIO ARGENTINO

Una película documental
de Lupe Pérez García

MENCIÓN ESPECIAL DEL JURADO
VISIONS DU RÉEL 2006
PRIX DU JEUNE PUBLIC

www.diarioargentino.net

Una iniciativa del Máster en Documental de Creación de la Universitat Pompeu Fabra

CULTURA EN VIVO

EL SPANGLISH

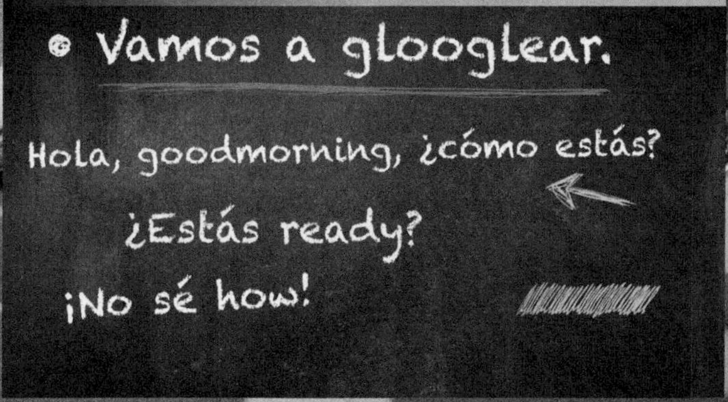

• Vamos a glooglear.

Hola, goodmorning, ¿cómo estás?

¿Estás ready?

¡No sé how!

1 ⚭ **Con un compañero/a, observen las siguientes imágenes y contesten a las preguntas.**

    a. ¿A qué hacen referencia todas ellas?

    b. ¿Cuáles usan más habitualmente? ¿Por qué?

    c. ¿Qué es más práctico para comunicarse entre familiares y amigos cuando no estamos con ellos?

    d. ¿Hay algún medio de comunicación que no les guste en absoluto?

2 ᴴᴵ⟩⟩⟩ 9 **Lee las preguntas y escucha atentamente la siguiente conversación que Antonio mantiene con su madre sobre lo que está haciendo en Estados Unidos. Después de escuchar, responde a las preguntas.**

    a. ¿Qué medio de comunicación utilizan?

    b. ¿Antonio extraña a su familia? ¿Por qué?

    c. ¿Qué hace Antonio después de clase?

    d. ¿Cómo reacciona su madre?

    e. ¿Piensas que Antonio debería dedicar su tiempo solo a los estudios?

    f. ¿Por qué acepta la oferta de trabajo?

    g. ¿Crees que estudiar en el extranjero es una buena oportunidad?

3 🎵 9 **Vuelve a escuchar la conversación y completa la información que falta.**

Skype

⬤◯◯

☆ **Mamá**   🏴 12:18 España   ✓ Online

⊗ Colgar   ◼ Videollamada   ◀)) ▮▮▮▮▮▮▮▮▮▮▮▮

....

Antonio: ¡Hola, mamá!

Madre: ¡Hola, hijo! (a) ...., ¿cómo estás?

Antonio: Estoy bien y muy contento. Tengo muchas cosas que contarles. ¿Sabes? He encontrado trabajo para después de clase. (b) .... a Estados Unidos para estudiar y ahora también voy a ganar dinero para mis gastos. ¿Qué te parece? Así papá no tiene que preocuparse por el dinero.

Madre: ¡Ojalá sea así! Pero recuerda que estás allí para estudiar.

Antonio: Ya, mamá, ya lo sé. Te cuento cómo (c) .... La semana pasada la señora Franklin me (d) .... que los hijos de unos amigos suyos querían clases privadas de español y ella les habló de mí. Le (e) .... mi número de teléfono y me llamaron. Al día siguiente fui a su casa a conocer a la familia y esa misma tarde (f) .... ¿Te lo puedes creer?

Madre: Bueno, ¿crees que vas a poder enseñarles español? No tienes ninguna experiencia.

Antonio: Ya sé que no soy profesor, pero solo **quieren** clases de conversación y **que les ayude con la tarea.**

Madre: (g) .... **Te aconsejo que tengas paciencia**, pues no es tan fácil. ¿Qué edades tienen los niños?

Antonio: Emily, la pequeña, tiene cinco años y le encanta "Dora la exploradora". Quiere aprender español para salir en el programa. Su hermano, Patrick, tiene doce años y siempre está hablando de la liga española de fútbol. ¡(h) .... a todos los jugadores del FC Barcelona!

Madre: Está bien. Solo **quiero que aprendas** tú mucho también. Ahora tienes una buena oportunidad para mejorar tu inglés y **espero que sepas aprovechar el tiempo** que estás allí.

---

4 👥 **Las frases en negrita no están ni en modo infinitivo ni en modo indicativo. ¿Sabes en qué modo están? Con tu compañero/a, clasifica las frases según lo que expresan.**

   a. Deseos: ....

   b. Peticiones y mandatos: ....

   c. Consejos y recomendaciones: ....

💬 **¡AHORA TÚ!**

5 👥 **Escribe un diálogo similar siguiendo las instrucciones. Luego represéntalo con tu compañero/a.**

   1. Llama a un amigo que se fue a estudiar al extranjero. Salúdalo.

   2. Responde a la llamada y dile qué tal estás.

   3. Pregúntale qué hace allí.

   4. Dile que estás estudiando y dando clases privadas.

   5. Dale un consejo.

   6. Dale las gracias. Despídete.

EXPRESSING WISHES AND PREFERENCES

■ Para expresar **deseos** y **preferencias**:

• *Querer / Desear / Esperar / Preferir* + infinitivo, si no cambia el sujeto:

Quiero *ayudarte* en todo lo posible.

• *Querer / Desear / Esperar / Preferir* + *que* + subjuntivo, si cambia el sujeto:

Esperan que *les llame* el domingo.

Deseo que *aproveches* la oportunidad.

Prefiero que *me paguen* en efectivo.

• *Querer / Desear / Esperar / Preferir* + nombre *(noun)*:

Quiero *un celular nuevo* para mi cumpleaños.

• *Ojalá (que)* + subjuntivo:

Ojalá que *no llueva*.

• *Que* + subjuntivo para expresar un deseo a otras personas. Estas expresiones son usadas en situaciones sociales como cuando…

– alguien está malo. ➡ **Que** *te mejores*.

– alguien va a hacer un viaje. ➡ **Que** *tengas* buen viaje.

– es el cumpleaños de alguien. ➡ **Que** *cumplas* muchos más.

1 **Relaciona la situación de cada imagen con el deseo más apropiado.**

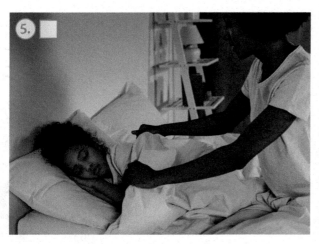

a. Que sean muy felices.
b. Que se diviertan.
c. Que todo salga bien.

d. Que cumplas muchos años más.
e. Que tengan buen provecho.
f. Que sueñes con los angelitos.

2 **En grupos de tres, cada uno escoge una tarjeta y explica la situación al grupo. Sus compañeros/as deberán reaccionar con un deseo. Anota la respuesta que te gusta más y, después, compártela con la clase.**

Modelo: E1: Ayer en una de las excursiones olvidé la cámara de mi hermano en algún sitio.
E2: Ojalá puedas encontrarla antes de regresar a casa.
E3: Espero que tu hermano comprenda que fue un accidente y que no se enfade.

Estudiante 1

• Suspendiste un examen muy importante y no quieres decírselo a tus padres porque no te dejarán ir a la fiesta de tu mejor amigo/a esta noche.

• Te vas de vacaciones a un país muy lejos de tu casa y con una cultura bastante diferente. Di el nombre del país y explica con qué dificultades te puedes encontrar.

Estudiante 2

• Mañana empiezas un nuevo trabajo y es algo que nunca has hecho. Di de qué trabajo se trata.

• Esta noche tienes la primera cita con una persona que te gusta mucho. Explica qué planes tienes.

Estudiante 3

• Ayer fuiste a una entrevista de trabajo muy importante y esta semana te dan la respuesta.

• Inventaste algo muy novedoso. Explica a tus compañeros/as qué es. Este fin de semana tienes la presentación en una feria profesional.

REACTING TO WISHES AND DESIRES

■ **Reaccionar** ante un deseo:

• Para **animar** a la persona que expresa…

– negación en el deseo:

  ≫ *¡Ojalá que **no** suspenda los exámenes finales!*

  ≫ **Tampoco es para tanto.**
  (It's not such a big deal.)

  ≫ **No te pongas así.**
  (Don´t get like that.)

  ≫ **No digas esas cosas.**

– un deseo en afirmativo:

  ≫ *¡Ojalá pase el examen!*

  ≫ **Ya verás que sí.**

  ≫ **(Que) sí, hombre, (que) sí.**

  ≫ **¡Pero cómo no vas a** + infinitivo!

• Para **acercar** a esa persona **a la realidad**:

  ≫ *¡Espero que el profesor nos pase a todos!*

  ≫ **Sí, sí, seguro** (irónico).

  ≫ **¡Sueñas!** (informal).

  ≫ **Pero… ¡cómo va a** + infinitivo!

≫ *¡Ojalá que lleguen pronto las vacaciones. ¡Estoy cansadísimo!*

≫ *Ya verás que sí, hombre, están a la vuelta de la esquina* (just around the corner).

3 ·|||⊪·10 ⏹⏹ **Escucha las siguientes reacciones ante un deseo y marca con un ✔ de qué tipo es. Después, vuelve a escuchar y escribe la expresión que usan en cada caso. ¿En qué tipo de situación crees que se usa la expresión nueva? Habla con tu compañero/a y compara tus respuestas.**

Animar a la persona	Acercar a esa persona a la realidad	Expresión
1.		
2.		
3.		
4.		
5.		
6.		

4 Lee las propuestas que presenta el nuevo director de la escuela al comienzo del año escolar. En grupos de tres, túrnense para hacer los papeles de director/a (presenta las reglas), de delegado/a de clase (representa a los/las compañeros/as de clase) y de profesor/a de español (representa a los profesores del departamento).

De ahora en adelante...

- La hora del almuerzo será de veinte minutos.
- Habrá clase de español solo una vez a la semana.
- No habrá más servicio de cafetería.
- Se eliminarán los exámenes de mitad de año.
- Cada estudiante tendrá la opción de elegir sus propios profesores.

Estudiante 1
(director/a)

La hora del almuerzo será de veinte minutos.

¡Sueñas! Es imposible comer en veinte minutos.

Tampoco es para tanto. Así los estudiantes no tienen tiempo para meterse en problemas.

Estudiante 3
(profesor/a)

Estudiante 2
(delegado/a de clase)

5 Escribe tres aspectos positivos y tres negativos sobre tu escuela.

POSITIVOS   NEGATIVOS

6 Compara y comenta tus respuestas con las de tus compañeros/as y expresa tus deseos para solucionar los aspectos negativos. Tus compañeros/as reaccionarán a tus deseos.

MORE IN **ELEteca** | EXTRA ONLINE PRACTICE

Una producción de **Impossible Films** y **Rizoma**

00:08:30 - 00:11:57

Título: Diario argentino.

Año: 2006.

País: Argentina y España.

Género: Documental.

Directora: Lupe Pérez García.

Intérpretes:
Lupe Pérez García,
María Teresa García Russier,
Ariana Spinelli.

LUPE

SINOPSIS

Lupe llega desde España para hacer unos trámites (*legal paperwork*) en Argentina. Allí se reencuentra con su madre, su padrastro y sus amigas. Durante su viaje a Mar del Plata, comparte recuerdos de su infancia, de su padre fallecido y de la evolución política de Argentina. Desde un punto de vista autobiográfico, el filme profundiza en las experiencias políticas de sus protagonistas y en el deseo de Lupe, como emigrante, de volver un día a su país.

 ¿SABÍAS QUE…?

VISIONS
DU RÉEL

- El filme está dirigido, escrito y protagonizado por la misma persona, Lupe Pérez García.

- Se trata de un filme autobiográfico con el que la directora pretende hacer una reflexión sobre la realidad política argentina para una persona nacida en los años setenta.

- Para dar más realismo al filme, Lupe Pérez contó con la participación en el reparto de sus propios familiares y amigos. No preparó a los actores y sus respuestas e intervenciones en el filme son espontáneas.

- El documental recibió el Prix du Jeune Public en el Festival Visions du Réel (Suiza) y la mención especial del jurado en el Festival Alcances 2006 (España).

ANTES DE VER LA SECUENCIA

1 Lupe se fue a vivir fuera de su país y regresa a Mar del Plata (Argentina) para pasar unos días de descanso. ¿Qué sabes de Argentina? Habla con tus compañeros/as.

2 ¿Quién de estas personas crees que recibirá a Lupe? Marca todas las posibles respuestas.

a. su padrastro

b. su madre

c. su amiga

d. su instructor de buceo

3 Imagina qué tipo de conversación puede mantener Lupe con sus seres queridos nada más llegar a Argentina después de cuatro años. ¿De qué temas crees que hablarán? Coméntalo con tus compañeros/as.

MIENTRAS VES LA SECUENCIA

4 ◁━━━━◉▷ **Lupe llega a Mar del Plata desde Buenos Aires y allí es recibida por sus familiares.**
00:00:09 - 00:03:36 **Observa la secuencia y decide si estas afirmaciones son verdaderas (V) o falsas (F).**

	V	F
a. Mario y su madre esperan a Lupe en el andén de la estación.	☐	☐
b. Mario dice que está más viejo desde que no ve a Lupe.	☐	☐
c. Desde que Lupe se marchó a España, lo han pasado muy bien.	☐	☐
d. Mario dice que extraña a los hijos de Lupe, en especial a Ciro.	☐	☐
e. El tren no llegó puntual.	☐	☐

5 **Lupe llama a su familia en Barcelona. Observa la conversación que mantiene con Carlos, su marido, y completa las palabras que faltan.**

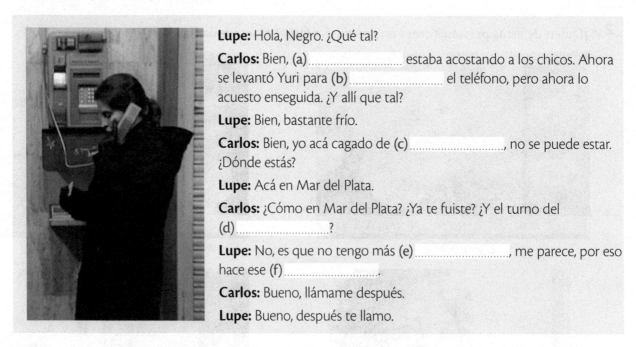

Lupe: Hola, Negro. ¿Qué tal?

Carlos: Bien, (a) _____ estaba acostando a los chicos. Ahora se levantó Yuri para (b) _____ el teléfono, pero ahora lo acuesto enseguida. ¿Y allí que tal?

Lupe: Bien, bastante frío.

Carlos: Bien, yo acá cagado de (c) _____, no se puede estar. ¿Dónde estás?

Lupe: Acá en Mar del Plata.

Carlos: ¿Cómo en Mar del Plata? ¿Ya te fuiste? ¿Y el turno del (d) _____?

Lupe: No, es que no tengo más (e) _____, me parece, por eso hace ese (f) _____.

Carlos: Bueno, llámame después.

Lupe: Bueno, después te llamo.

6 **Sobre los escenarios que se ven en la secuencia, marca la opción correcta.**

1. En la estación...

   a. hay mucha gente.

   b. está prácticamente vacía.

2. En el carro...

   a. Mario maneja.

   b. la madre de Lupe maneja.

3. En la cabina de teléfono...

   a. el hijo de Lupe atiende la llamada.

   b. el marido de Lupe atiende la llamada.

4. Mientras Lupe habla por teléfono...

   a. unos muchachos juegan al tenis.

   b. unos muchachos juegan al fútbol.

DESPUÉS DE LA SECUENCIA

7 **Responde a las siguientes preguntas sobre la secuencia que viste.**

    a. ¿En qué transporte llega Lupe a Mar del Plata? ....

    b. ¿Quién viaja con ella? ....

    c. ¿Cuánto tiempo hace que Lupe no ve a su padrastro? ....

    d. ¿Qué diferencia horaria existe entre Mar del Plata y Barcelona? ....

    e. ¿Sabrías decir en qué idioma habla el niño a la mamá? ....

    f. ¿Por qué se sorprende Carlos cuando Lupe le dice que está en Mar del Plata? ....

    ....

8 👥 **Durante la secuencia, Mario comenta a Lupe "la pasamos muy dura",** **en referencia a los incidentes ocurridos en Argentina en diciembre del** **2001 y meses posteriores. En parejas, busquen en Internet información** **sobre qué ocurrió exactamente en esa fecha.**

....

....

....

....

9 **Lupe tiene que emigrar desde Buenos Aires (Argentina) a Barcelona (España) en busca de una mejor** **situación económica. ¿Qué diferencias principales crees que habrá encontrado entre un lugar y otro?**

10 👥 **Si tuvieras que emigrar, ¿qué país crees que elegirías? ¿Por qué? Habla con tu compañero/a.**

📄 **MORE IN ELEteca** | EXTRA ONLINE PRACTICE

1 Lee cómo aprendieron español estos estudiantes y completa las frases con el vocabulario de los estudios. Después, comprueba las respuestas con tu compañero/a.

o escuela secundaria o curso virtual o escuela bilingüe o asignatura obligatoria o beca o asignatura optativa o curso de perfeccionamiento o estudios primarios o curso intensivo

Yo cursé mis (a) .... en una (b) .... , por lo que mi nivel de español siempre ha sido bastante bueno. Cuando cumplí dieciocho años me fui de *au pair* a España. Creo que esta es una manera barata de aprender otro idioma.

El año pasado hice un (g) .... de español. Hacer amigos latinos por Internet es lo que más me apasiona.

El año pasado obtuve una (c) .... para un (d) .... de tres semanas en Argentina y pude mejorar lo que había aprendido durante mis clases de español. Allí conocí a mucha gente.

Yo nunca había tomado clases de español en la (h) .... Un día me inscribí en un curso de español y me concedieron *(granted)* una beca de estudios que incluía un curso de español en México con estancia en una familia de allí.

Mi primer contacto con el español fue hace dos años, cuando lo elegí en el instituto. Empezó como una (e) .... y al año siguiente la elegí como (f) ....

Mis padres son colombianos y en casa hablamos español. Hice un (i) .... de español porque lo necesitaba para mejorar mi español escrito.

2 Relaciona las siguientes palabras con su definición.

1. escuela privada
2. escuela concertada
3. aula multimedia
4. curso intensivo
5. beca
6. asignatura optativa

a. Centro de estudios privado pero con subvenciones *(grants)* del gobierno.
b. Aquella que elige el estudiante voluntariamente.
c. Aquel que se realiza *(is carried out)* en un espacio corto de tiempo y con dedicación completa.
d. Centro de estudios que funciona como una empresa privada.
e. Subvención para realizar estudios.
f. Espacio equipado con computadoras.

3 ¿Y tú? ¿Qué tipo de cursos hiciste para aprender español? Habla con tu compañero/a.

4 Serena es una joven estadounidense que está buscando información en Internet sobre diferentes programas para estudiar español. Lee las páginas que visitó y busca el significado de las palabras en negrita definiéndolas en español.

Vive tus vacaciones en español

Español para familias en los bosques de Asturias. Convive, comparte y aprende español en un entorno natural. "Vive en español" es una empresa familiar especializada en la enseñanza y **aprendizaje** de español. Nuestro proyecto educativo está basado en el **enfoque comunicativo**: un método de estudio que te permitirá usar la lengua desde el primer momento. Un aprendizaje lingüístico enmarcado en el ecoturismo. "Vive en español" crea espacios de ocio y tiempo libre basados en el respeto a la naturaleza. Enseñamos español y educamos en valores: creemos en la igualdad, la cooperación y la solidaridad.

Inspirado en *http://www.green-spiral.com/es*

B. Imagina un año de aventuras

estudiando en un **instituto** colombiano, haciendo amigos de todo el mundo, viajando, formando parte de una familia anfitriona *(host)*, cuidando de sus niños y recibiendo un salario mensual. Estas son solo algunas ventajas que el **programa au pair** te ofrece.

Adaptado de *http://www.culturalcare.com.co*

C. Convive con el idioma, vívelo, apréndelo y comunícate. Escuela de idiomas "Comunícate".

La mejor forma de aprender una lengua es utilizarla en la vida diaria mientras estudias. Con "Comunícate" puedes elegir un destino y **realizar un curso** adaptado a tu edad y necesidades. Aprende el idioma sumergiéndote en su cultura.

Si tienes entre catorce y dieciocho años, haz tu **curso escolar** de **Secundaria** en la modalidad de **intercambio**. Estudia las materias del curso entre **nativos** y convive con una familia del país elegido. Aprenderás la lengua y vivirás una experiencia única.

5 **Relaciona las siguientes descripciones con el tipo de programa al que se refiere.**

	PROGRAMAS		
	A	B	C
1. Programa que ofrece la posibilidad de ganar dinero.	☐	☐	☐
2. Curso al que se puede asistir con los padres.	☐	☐	☐
3. Programa que se desarrolla en la naturaleza.	☐	☐	☐
4. Curso donde se estudia un año académico en un instituto.	☐	☐	☐
5. Opción que tiene en cuenta un aprendizaje integral, que incluye también educación en valores.	☐	☐	☐

6 **Busca correspondencia en los textos anteriores para cada una de las siguientes palabras.**

a. Adquisición de conocimiento: ....

b. Orientación pedagógica: ....

c. Escuela secundaria: ....

d. Curso académico en otro país: ....

e. Hablantes autóctonos: ....

7 ¿Qué tipo de curso elegirías tú para estudiar español? Habla con tus compañeros/as.

8 En grupos de tres, diseñen un programa para estudiar español. Pueden usar los ejemplos de la página anterior como guía. Incluyan la siguiente información:

a. ¿Cómo se llama el programa?

b. ¿Dónde se realiza: en clase, en otro país...?

c. ¿Qué ofrece su programa? Piensen en los aspectos que fueron más impactantes para ustedes a la hora de aprender español.

d. ¿Qué aspecto innovador incluye? Piensen en las actividades nuevas, diferentes, etc., que les gustaría tener a ustedes ahora en su clase de español.

9 Presenten su propuesta detallada a la clase. Después, sus compañeros/as votarán por el programa que más les interesó. ¿Cuál de los programas recibió más votos? ¿Por qué?

10 Observa los esquemas del sistema educativo en México y Cuba. ¿Qué estarías cursando ahora en cada uno de estos países?

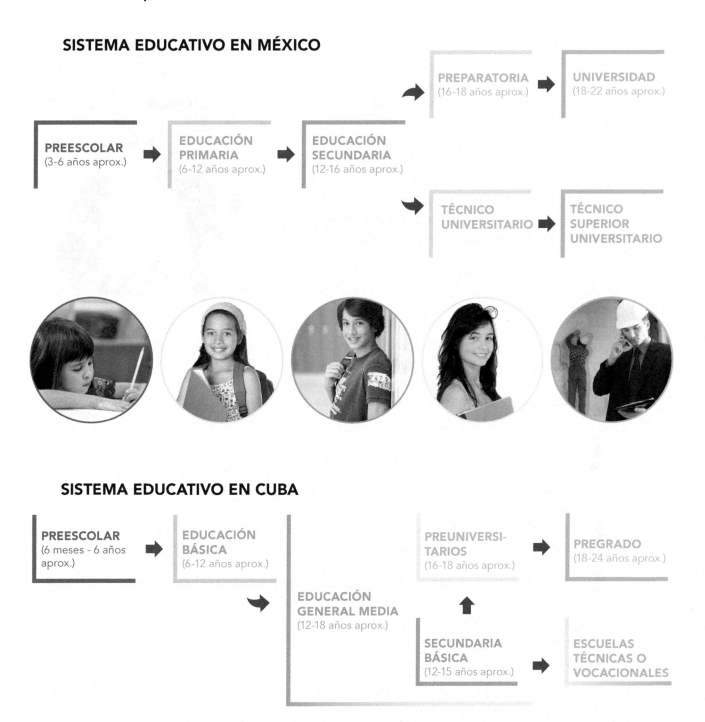

SISTEMA EDUCATIVO EN MÉXICO

PREESCOLAR
(3-6 años aprox.)

EDUCACIÓN PRIMARIA
(6-12 años aprox.)

EDUCACIÓN SECUNDARIA
(12-16 años aprox.)

PREPARATORIA
(16-18 años aprox.)

UNIVERSIDAD
(18-22 años aprox.)

TÉCNICO UNIVERSITARIO

TÉCNICO SUPERIOR UNIVERSITARIO

SISTEMA EDUCATIVO EN CUBA

PREESCOLAR
(6 meses - 6 años aprox.)

EDUCACIÓN BÁSICA
(6-12 años aprox.)

EDUCACIÓN GENERAL MEDIA
(12-18 años aprox.)

PREUNIVERSI-TARIOS
(16-18 años aprox.)

PREGRADO
(18-24 años aprox.)

SECUNDARIA BÁSICA
(12-15 años aprox.)

ESCUELAS TÉCNICAS O VOCACIONALES

11 Elabora, junto a tus compañeros/as, el esquema de estudios de tu país y compáralo con el mexicano y el cubano. ¿Con qué país tienen más en común? ¿Y con cuál menos? Después, explícaselo al resto de la clase. Di en qué etapa te encuentras ahora y qué piensas estudiar en el futuro.

12 Benjamín tiene dudas de a qué universidad irá y ha escrito en un foro para que le ayuden. Lee las intervenciones y contesta verdadero (V) o falso (F).

Saludos a todos:

Abro este tema principalmente porque el año que viene voy a ir a la universidad y realmente no sé qué destino escoger: ¿la Universidad de Monterrey o la de Guadalajara? Me gustaría estudiar en el Instituto Tecnológico de Estudios Superiores de Monterrey. Me han dicho que es una de las mejores universidades de América Latina y muy reconocida. Pero también que está un poco masificada.

Otra opción sería estudiar en la Universidad de Guadalajara. La infraestructura no es tan buena, pero compensa al tener menos estudiantes por aula.

¿Qué me pueden recomendar los estudiantes que están en estas universidades?

#01 Yo creo que mejor Guadalajara. En cuestión de infraestructura, no veo diferencia alguna. Estuve en las dos. Eso sí, Monterrey es una ciudad industrial, Guadalajara en cambio vive más del comercio. Me parece que la vida cultural es mejor en Guadalajara.

#02 Pues yo elegiría Monterrey, porque estudiar en el TEC no es comparable con la Universidad de Guadalajara. Ni de lejos. Aquí viene mucha más gente a estudiar.

#03 Yo estoy en Monterrey y, si nos vamos exclusivamente al nivel académico, el TEC de Monterrey es mejor que la uni de Guadalajara. Si tu objetivo es el estudio, Monterrey. Si tu objetivo es el pasearte y conocer la ciudad, Guadalajara.

#04 No conozco la Universidad de Guadalajara, pero la ventaja que tiene el TEC es que el trato al estudiante es bueno, tiene muchos medios y la infraestructura del campus es padre.

#05 Ambas opciones son buenas. Analiza el plan de estudios de ambas universidades e infórmate de cuál es la más conveniente en función de tu carrera.

	V	F
a. Benjamín tiene que elegir la universidad dentro de un mes.	☐	☐
b. La Universidad de Monterrey está considerada una de las mejores de América Latina.	☐	☐
c. La vida cultural en Monterrey es peor que la de Guadalajara.	☐	☐
d. Hay más estudiantes en la Universidad de Guadalajara.	☐	☐
e. Una persona opina que el trato con los estudiantes es mejor en la Universidad de Monterrey.	☐	☐
f. Un joven le aconseja que analice mejor las asignaturas de la carrera que quiere estudiar.	☐	☐

13 ¿Qué le recomendarías tú a Benjamín? Busca información sobre estas universidades y escribe una entrada en el foro.

14 👥 **Algunos estudiantes hablan sobre su clase. ¿Quién crees que lo dijo? Relaciona los textos con las personas de las imágenes según tu opinión. Luego, compara con tu compañero/a. ¿Coinciden?**

1. Somos muy pocos en clase. Esto hace que la mayoría de las **asignaturas** sean **clases prácticas**. Me gusta cuando la profesora **hace un experimento**. ¡Ojalá las clases sean siempre así!

2. Todas las mañanas el profesor **pasa lista** para ver quién no ha venido. Luego **debatimos sobre un tema** de actualidad y **plantea una duda** y tenemos que **analizar** las causas y las consecuencias. Espero que el profesor siga haciendo esto todos los días.

3. Me gusta cuando la profesora hace una pregunta y nosotros tenemos que consultarla en Internet. De esta forma no tenemos que **memorizar** sino que debemos **reflexionar** sobre los temas. ¡Ojalá **pase** todas las asignaturas!

4. Ayer **hicimos un comentario de texto** sobre el escritor argentino Borges. ¡Me encanta cómo escribe! Por favor, que leamos más literatura.

5. Este año termino el instituto. Creo que **tengo un buen expediente**. Mi **nota media** es un 9. ¡Espero no **reprobar** nada y poder ir a la universidad que quiero!

a.

b.

c.

d.

e.

15 **¿Qué es lo que más te gusta de tus clases? Expresa tu opinión.**

FROM THE corpus

En este contexto, son muy frecuentes estas combinaciones:

■ En México y Centroamérica, **ganar / reprobar un examen, una materia, un curso**…: *Terminó la escuela secundaria, pero no sacó su diploma por haber* **reprobado el examen** *escrito en inglés.*

■ En España se usa **aprobar / suspender un examen, una asignatura, un curso**…: *Tenía que estar prácticamente todo el día con ella y, además, arreglármelas para sacar tiempo para estudiar si quería* **aprobar el curso**.

 **MORE IN ELEteca** | EXTRA ONLINE PRACTICE

GRAMÁTICA

■ You have already learned the forms of the subjunctive and you have been using the subjunctive throughout the unit. Review the endings here and then select the correct options to complete the explanations that follow.

VERBOS REGULARES			
	TRABAJAR	COMER	VIVIR
yo	trabaje	coma	viva
tú	trabajes	comas	vivas
usted/él/ella	trabaje	coma	viva
nosotros/as	trabajemos	comamos	vivamos
vosotros/as	trabajéis	comáis	viváis
ustedes/ellos/ellas	trabajen	coman	vivan

• Las terminaciones de los verbos en –er, –ir son ☐ **iguales** ☐ **diferentes**.

• En todas las conjugaciones, la primera y la tercera persona del singular son ☐ **iguales** ☐ **diferentes**.

1 👥 **Reacciona a lo que te cuentan estos amigos. Completa las conversaciones con los verbos entre paréntesis en forma afirmativa o negativa para expresar tu deseo. Crea tu propio deseo al final. Después, practica las conversaciones con tu compañero/a.**

a.

Conseguí mi licencia de conducir.

Espero que… (llevarme a la escuela, escribir mensajes de texto en el carro, exceder el límite de velocidad, ¿…?)

....

....

b.

He recibido un mensaje de texto de mi ex.

Prefiero que… (contestar, ignorarlo, borrarlo sin leer, ¿…?)

....

....

c.

Mañana empiezo a trabajar en una tienda de ropa.

Quiero que… (llegar a tiempo, vender mucho, discutir con los clientes, ¿…?)

....

....

2. PRESENT SUBJUNCTIVE: IRREGULAR VERBS

■ The following charts show examples of verbs that have some type of irregularity in the present subjunctive.

2 👥 **Lee la información y completa las formas que faltan. Trabaja con tu compañero/a.**

e ➡ ie	o ➡ ue	u ➡ ue
QUERER	**SOÑAR**	**JUGAR**
quiero ➡ (1)	sueño ➡ sueñe	juego ➡ (7) ....
quieres ➡ (2)	sueñas ➡ (4)	juegas ➡ juegues
quiere ➡ quiera	sueña ➡ sueñe	juega ➡ (8) ....
queremos ➡ queramos	soñamos ➡ (5)	jugamos ➡ juguemos
queréis ➡ queráis	soñáis ➡ soñéis	jugáis ➡ juguéis
quieren ➡ (3)	sueñan ➡ (6)	juegan ➡ (9) ....

Recuerda:
- car > -que
- gar > -gue
- zar > -ce

Otros verbos: ...., ..., ..., ..., ...

e ➡ i	i ➡ y	e ➡ ie verbs that change to e ➡ i in *nosotros* and *vosotros*
SERVIR	**DESTRUIR**	**MENTIR**
sirvo ➡ sirva	destruyo ➡ destruya	miento ➡ mienta
sirves ➡ (10)	destruyes ➡ destruyas	mientes ➡ (14) ....
sirve ➡ sirva	destruye ➡ (12)	miente ➡ mienta
servimos ➡ (11)	destruimos ➡ destruyamos	mentimos ➡ (15) ....
servís ➡ sirváis	destruís ➡ destruyáis	mentís ➡ mintáis
sirven ➡ sirvan	destruyen ➡ (13)	mienten ➡ (16) ....

Otros verbos: ...., ..., ..., ...

o ➡ ue verbs that change to o ➡ u in *nosotros* and *vosotros*	Verbs with irregular **yo** forms	Verbs that are completely irregular
DORMIR	**TENER**	**SER**
duermo ➡ (17)	tengo ➡ (20)	sea
duermes ➡ duermas	tienes ➡ tengas	(23) ....
duerme ➡ duerma	tiene ➡ tenga	sea
dormimos ➡ (18)	tenemos ➡ (21)	(24) ....
dormís ➡ durmáis	tenéis ➡ tengáis	seáis
duermen ➡ (19)	tienen ➡ (22)	sean

Otros verbos: ...., ..., ..., ... haber (**haya**), ..., ...,

3 👥 **Trabaja con tu compañero/a y clasifiquen estos infinitivos en la sección "Otros verbos" de la tabla, según su irregularidad correspondiente.**

- repetir
- sentir
- pedir
- empezar
- conocer
- morir
- salir
- saber
- encontrar
- defender
- venir
- divertirse
- almorzar
- hacer
- ir
- acostarse
- sentarse
- construir
- incluir
- estar

4 👥 Lee el correo electrónico que escribió María a un amigo y subraya los verbos que estén en presente de subjuntivo. Después, comenta con tu compañero/a si son regulares o irregulares.

⚫⚪⚪   Examen

Asunto: Examen   Para: fernando@mail.es

Espero que te vaya bien en el examen que tienes mañana y que consigas entrar en esa universidad. Ojalá que me puedas llamar pronto y me digas que ya estás tramitando la inscripción.

También espero que estés más tranquilo que la última vez, y que los nervios no te jueguen una mala pasada; ya sabes que lo más importante es mantener la calma y la concentración.

De mí, poco te puedo contar; solo que entregué hace unos días mi proyecto final al profesor, pero todavía no recibí la nota, y que posiblemente me operarán el mes que viene del codo; ya sabes: mi pasión por el tenis.

Pero hay más: si todo sale bien, encuentro trabajo y mi hermano Iván termina la carrera este año, nos mudaremos a un apartamento en el centro. ¿Qué te parece? ¡Esto sí que es una noticia!

		Regular	Irregular
a.	vaya ➡ ir	☐	☐
b.		☐	☐
c.		☐	☐
d.		☐	☐
e.		☐	☐
f.		☐	☐

5 🔊 11 Escucha a un grupo de estudiantes que opinan sobre la universidad. Completa las columnas con las cualidades positivas o negativas que destacan y escribe los deseos que formulan. Compara las respuestas con tu compañero/a. ¿Coinciden?

	Cualidades positivas	Cualidades negativas	Deseos
1.			
2.			
3.			
4.			
5.			
6.			

6   **Vuelve a leer el correo de la Actividad 4 y escribe una respuesta a María, expresándole buenos deseos para su futuro. Antes de escribir el correo definitivo, busca en Internet las escalas de puntuación del nivel 4 avanzado (*AP° Scoring Guidelines*) y úsalas para evaluar tu correo y editarlo o reescribirlo.**

Examen
Para: maria@mail.es

7   **Y ahora, ¿por qué no escribes otros breves correos a amigos que están en las siguientes situaciones y les expresas un deseo?**

Para:

- Mi tarántula murió.

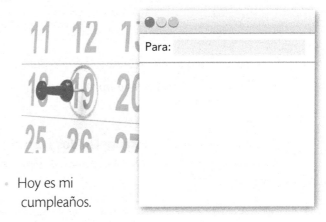

Para:

- Hoy es mi cumpleaños.

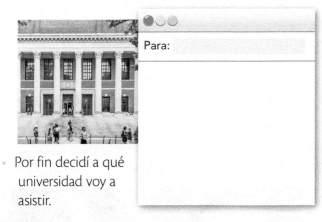

Para:

- Por fin decidí a qué universidad voy a asistir.

Para:

- Mi hermano se va de vacaciones a Cuba.

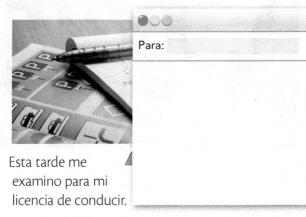

Para:

- Esta tarde me examino para mi licencia de conducir.

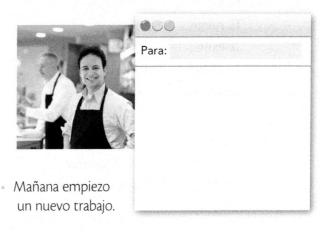

Para:

- Mañana empiezo un nuevo trabajo.

3. USES OF THE PRESENT SUBJUNCTIVE: GIVING ADVICE AND MAKING RECOMMENDATIONS

- Para dar consejos y hacer recomendaciones de **manera general**, se usa:

Aconsejar / Recomendar + infinitivo

Yo **aconsejo ir** en metro por Madrid.

- Para dar consejos y hacer recomendaciones a **una persona o grupo de personas**, se usa:

me te le nos os les	recomendar	**que** + subjuntivo nombre
	aconsejar	

Te aconsejo **que te tomes** tu tiempo durante el examen. *I advise you to take your time during the text.*

Te recomiendo **el nuevo libro** de Ruiz Zafón. *I recommend the new Ruiz Zafón novel for you.*

8 María ha decidido ir a Estados Unidos a estudiar en tu escuela. Escríbele un correo electrónico dándole consejos y recomendaciones sobre los aspectos que debe saber sobre tu escuela, los estudiantes, los profesores, etc.

●●○	Asunto: Cosas que debes tener en cuenta si vienes a mi país
Para: maria@mail.es	

4. USES OF THE PRESENT SUBJUNCTIVE: MAKING REQUESTS

- Expresar **peticiones** y **mandatos**:

Te pido... (pedir) *to request*

Te ruego... (rogar) *to beg*

Te exijo... (exigir) *to demand*

Te mando... (mandar) *to order*

Te ordeno... (ordenar) *to order*

- Estos verbos van seguidos de...
  - un nombre ➡ *Te pido* **paciencia**.
  - subjuntivo ➡ *Te pido* **que recojas** *la ropa sucia del piso.*

■ Para expresar peticiones o mandatos que pueden molestar al interlocutor, es frecuente usar expresiones como: *por favor, tengo que decirte una cosa/cosita; no te enfades, pero…*; y justificar la petición o mandato con: *es que…, es que si no…*

■ Para pedir disculpas por un comportamiento no adecuado, se usan expresiones como: *es verdad, tienes razón, perdón/perdona/perdóname, lo siento (mucho), no volverá a pasar, no lo volveré a hacer…*

9 🎙12 👄👄 **Escucha la conversación que mantiene Mario con su hermano Iván después de estar viviendo juntos unos meses en su nuevo apartamento del centro. Marca verdadero (V) o falso (F). ¿Crees que tienen una buena relación?**

	V	F
a. Todos los días Iván deja su ropa sucia en el cuarto de baño.	☐	☐
b. Mario no quiere recoger la ropa de su hermano.	☐	☐
c. Mario se acuesta muy tarde.	☐	☐
d. Iván pone la televisión muy temprano y despierta a su hermano.	☐	☐
e. Iván es muy ordenado.	☐	☐

10 🎙12 **Vuelve a escuchar y anota qué peticiones se hacen Mario e Iván. Compara tus respuestas con tu compañero/a.**

> Peticiones

11 👥👥👥 **En grupos de tres, hablen con sus compañeros/as sobre sus experiencias de convivir con otras personas respondiendo a las preguntas que siguen. Después, preparen una lista de peticiones para la persona con quien comparten o van a compartir cuarto y presenten su lista a la clase. Si necesitas parar para corregir o aclarar algo que dijiste, consulta y usa las expresiones aprendidas en la sección.**

a. ¿Compartes cuarto con tu hermano/a o alguna vez compartiste cuarto con otras personas?

b. ¿Piensas que es importante llevarte bien con la persona con la que compartes cuarto?

c. ¿Es más difícil compartir apartamento con alguien que conoces o con un desconocido?

Modelo: Me gustaría hablar contigo. Mira, te pido que…

12 **¿Cómo te sientes cuando le pides algo a alguien y recibes una respuesta negativa? Aquí te damos una lista de sentimientos. Elige uno o dos de ellos y explícalo con un ejemplo.**

decepción ○ insatisfacción ○ enfado ○ indiferencia

Modelo: Yo le pido a mi hermano que no discuta con nuestra madre porque me resulta muy desagradable, pero no me hace caso. Tengo una gran sensación de impotencia…

13 Vamos a conocer a Pablo. Ha decidido independizarse y alquilar un departamento. Se lo ha comunicado a todos sus amigos por Facebook. Lee su mensaje y los comentarios de sus amigos, y completa el texto con las formas correctas del verbo entre paréntesis. ¿Cuál es la idea principal de su mensaje?

facebook

Pablo ¡Hola, muchachos!
Ya no me lo pienso más. Ahora que tengo algunos ahorros, me voy a independizar, ¡que ya voy camino de los treinta! Vi varios departamentos por el centro y hay uno de dos habitaciones que me gusta bastante. Tiene ascensor y el propietario paga la comunidad*. ¿Quién me ayuda con la mudanza? También lo quiero (a) .... (pintar) a mi gusto, así que si alguien puede echarme una mano... ya saben mi número de teléfono, que seguro que luego todo el mundo quiere venir a cenar a mi apartamento nuevo.
Me gusta · Comentar · 1 de noviembre, 23:25

Manuel ¡Ya era hora! Siempre dices que (b) .... (estar) cansado de depender de tus padres, pero no te vas nunca. Ojalá te (c) .... (ir) bien el traslado. Ya sabes que estaré fuera un par de meses y no te podré ayudar, pero me apunto a la cena de gorra**, ¿eh? 😄.
Me gusta · Comentar · 2 de noviembre, 09:12

Iria ¿Te independizas sin un trabajo estable? Que (d) .... (tener) suerte y espero que el propietario (e) .... (pagar) la comunidad de verdad.
Me parece mal que (f) .... (aprovecharse, ellos) de los jóvenes en estos casos. Te recomiendo que lo (g) .... (tener) por escrito en el contrato. Te quiero (h) .... (ayudar) en todo lo posible. Ahora mismo trabajo por las tardes, así que por las mañanas, sin problemas.
Me gusta · Comentar · 2 de noviembre, 09:14

Blanca Pablo, ¡cómo me alegro! Pero tú siempre viviste en familia, ¿no? Mira, no quiero que (i) .... (sentirse) mal, pero prefiero que me (j) .... (pedir) otra cosa. Tengo la espalda bastante mal y no puedo levantar peso.
Me gusta · Comentar · 2 de noviembre, 09:36

Miguel ¡Ojalá (k) .... (ser) verdad, primo! Ya pensaba que te retirarías en casa de tus padres. Deseo que (l) .... (disfrutar) de tu nueva vida, pero viviendo a quinientos kilómetros lo tengo difícil para ayudarte. Que todo (m) .... (salir) bien 🤞.
Me gusta · Comentar · 2 de noviembre, 10:11

*maintenance fee that usually covers heat, hot water, and building upkeep.

**for free (colloquial).

14 En un papel, escribe tres peticiones que se puedan realizar en el salón de clase. Intercambia los papeles con tus compañeros/as. Después, cada uno, por turnos, debe hacer las peticiones o dar las órdenes a uno de sus compañeros/as y este debe realizarlas.

Modelo: Te pido que te levantes, por favor, que vayas a la mesa del profesor, que le pidas el libro y que se lo des a mi compañera.

MORE IN ELEteca | EXTRA ONLINE PRACTICE

Las palabras esdrújulas y sobresdrújulas

1  **Lee la explicación y escribe un ejemplo más en cada apartado. Trabaja con tu compañero/a.**

- Las **palabras esdrújulas** son las que tienen la sílaba tónica en la antepenúltima *(third-to-last)* sílaba. Siempre llevan tilde: es**drú**jula, **brú**jula, **mú**sica, ...
- Las **palabras sobresdrújulas** son las que tienen la sílaba tónica en la sílaba anterior *(before)* a la antepenúltima sílaba. Normalmente estas palabras son adverbios terminados en –*mente*, imperativos o gerundios seguidos de pronombres.
  - Los adverbios terminados en –*mente* se forman a partir de un adjetivo. En este caso, si el adjetivo de origen se acentúa, el adverbio en –*mente* también: **fá**cil ➡ **fá**cilmente; efec**ti**va ➡ efec**ti**vamente; ....
  - La colocación de los pronombres después de imperativo y gerundio da lugar, en muchas ocasiones, a palabras sobresdrújulas. En este caso, se acentúan siempre: **cóm**pratelo, **dán**doselo, ...

2 **Lee el siguiente texto y pon la tilde en las palabras que lo necesiten. Después, compáralo con tu compañero/a. ¿Encontraron las ocho tildes que faltan? ¡Atención! Una palabra se repite.**

En España, hay 1 561 123 estudiantes matriculados en las universidades publicas y 142 409 en las privadas. Practicamente 1 046 570 jovenes estudian grados y otros 656 962 están matriculados en masteres. Generalmente los grados constan de doscientos cuarenta creditos, es decir, de 2400 horas de clase. Para obtener un máster, en cambio, basta con seiscientas o mil doscientas horas de clase (sesenta o ciento veinte creditos). Los estudios que más estudiantes agrupan son el grado de Derecho (con el 7 %), de Magisterio (6,9 %) y de Administración y Dirección de Empresas (6,2 %). Una de las carreras más modernas y prometedoras es la de Investigación y Tecnicas de Mercado, que se puede cursar en la Universidad de Barcelona y en la de Murcia. ¿Quieres saber más sobre esta carrera? Informate en el sitio web de estas universidades.

3 **Indica cuáles de las palabras que hay a continuación son esdrújulas y cuáles sobresdrújulas. Luego pon la tilde en su lugar correspondiente.**

E S proponselo	E S atletico	E S escribelo	E S fantastico
E S unicamente	E S devuelvemelo	E S petroleo	E S rectangulo
E S estetico	E S bebetelo	E S corrigelo	E S ceramica
E S tecnicamente	E S digamelo	E S inutilmente	E S sonambulo

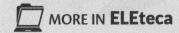

MORE IN **ELEteca** | EXTRA ONLINE PRACTICE

1 ¿Conoces a Pablo Neruda? ¿Qué sabes de él? Busca información sobre este autor y continúa escribiendo su biografía.

Neftalí Ricardo Reyes Basoalto es el verdadero nombre de Pablo Neruda. Nació el 12 de julio de 1904 en Parral, Chile, pero pasó su infancia en Temuco, un pueblo al sur del país donde su padre ejercía como conductor de trenes. Vivía lejos de las tradiciones y de la civilización, rodeado de trabajadores y en contacto con la naturaleza. En 1923 escribió su primer libro de poemas, *Crepusculario* ....
....
....
....
....

2 Con la información que obtuviste, contesta a estas preguntas.

a. ¿Cuál es el verdadero nombre de Pablo Neruda? ....

b. ¿En qué lugar y en qué año nació? ....

c. Cuando Neruda era muy pequeño, murió alguien muy importante para él, ¿quién? ¿Cómo se llamaba?
....

d. ¿En qué año adoptó el seudónimo "Pablo Neruda"?
....

e. ¿Cuándo se publicó su obra *Veinte poemas de amor y una canción desesperada*?
....

f. ¿Dónde y cuándo murió Pablo Neruda? ....

3 🔊 13 Escucha este diálogo entre estudiantes de español y comenta las respuestas a estas preguntas con tus compañeros/as.

a. ¿Con quiénes vivió Neruda en Madrid?

b. ¿Qué obtuvo Neruda en 1971?

c. ¿De qué temas tratan sus poemas?

d. ¿Qué es para ti el amor?

e. ¿Es un sentimiento triste o alegre?

f. ¿Cuál es tu canción de amor preferida? Si recuerdas la letra, ¿podrías recitarla en clase?

4   Antes de leer, relaciona las siguientes palabras que vas a encontrar en el poema con su significado.

1. los astros   a. La hierba.
2. el alma   b. Temblar por frío, fiebre, miedo, etc.
3. el rocío   c. Las estrellas.
4. el pasto   d. Parte espiritual de una persona.
5. tiritar   e. Gotas de agua que se condensan en la hierba.

5   ⊣⊪⊢ 14 Lee y escucha los primeros versos y el final del poema.

Poema XX

Puedo escribir los versos más tristes esta noche.

Escribir, por ejemplo: "La noche está estrellada,
y tiritan, azules, los astros, a lo lejos".

El viento de la noche gira en el cielo y canta.

5 Puedo escribir los versos más tristes esta noche.
Yo la quise, y a veces ella también me quiso.

En las noches como esta la tuve entre mis brazos.
La besé tantas veces bajo el cielo infinito.

Ella me quiso, a veces yo también la quería.

10 Cómo no haber amado sus grandes ojos fijos.

Puedo escribir los versos más tristes esta noche.
Pensar que no la tengo. Sentir que la he perdido.

Oír la noche inmensa, más inmensa sin ella.
Y el verso cae al alma como al pasto el rocío.

15 Qué importa que mi amor no pudiera guardarla.
    La noche está estrellada y ella no está conmigo…
[…]
Ya no la quiero, es cierto, pero tal vez la quiero.
Es tan corto el amor, y es tan largo el olvido.

Porque en noches como esta la tuve entre mis brazos,
20 mi alma no se contenta con haberla perdido.

Aunque este sea el último dolor que ella me causa,
y estos sean los últimos versos que yo le escribo.

*Veinte poemas de amor y una canción
desesperada*, Pablo Neruda

6   Responde a las preguntas.

a. ¿Cuál es la idea principal del poema? ....

b. Escribe el resumen del contenido del poema. ....

....

c. ¿Crees que el poeta sigue enamorado de la mujer de la que habla? ¿Por qué? Señala los versos que te lo
   indican. ....

d. ¿Qué tipo de amor describe el poeta? ....

e. Desde su punto de vista, ¿vale la pena amar a pesar de la posibilidad de perder el amor? ¿Qué piensas tú?

....

7   ○ ○
    ⎕⎕ Esta composición es la más famosa del libro y uno de los poemas amorosos más célebres de la
    lengua española. ¿Te gustó? ¿Qué sentimientos te provoca? ¿Cuál de los versos es el más triste para ti?
    Habla con tu compañero/a. Después, escribe un verso parecido en el que expreses con otras palabras
    un sentimiento igual.

Puedo escribir los versos más tristes esta noche…

PARA ORGANIZAR EL DISCURSO

Fíjate en la función de los siguientes conectores del discurso y trata de incorporar algunos en tu ensayo y presentación oral.

- **Luego** equivale a *después*.
- **Incluso** añade información.
- **Es que** introduce una excusa.
- **En definitiva** expresa una conclusión.
- **O sea** reformula una idea.

Modelo: En definitiva, lo importante es empezar. No importa cómo, luego habrá tiempo para pensar en los detalles.

ENSAYO PERSUASIVO

- ◉ **Families and Communities:** Customs and Values.
- ◉ **Tema del ensayo:** ¿A qué edad y en qué circunstancias deberían emanciparse los jóvenes?

FUENTE 1 - LECTURA

1   **Lee este artículo de la *Revista Internacional de Sociología* (RIS) en donde se plantean algunas cuestiones importantes para tener en cuenta antes de tomar la decisión de vivir en el extranjero.**

Vivir fuera de tu país

Vivir en el extranjero puede ser una experiencia muy interesante e inolvidable, pero al mismo tiempo afecta de manera importante a tu vida. Un argumento a favor para quedarse en el país de origen es que los problemas de adaptación a una nueva forma de vida no siempre se pueden superar. La realidad es que, incluso en los casos en que el idioma es el mismo, nos encontramos con diferencias culturales que para algunas personas son muy difíciles de comprender y adaptarse a ellas.

Vivir lejos de casa, aunque sea por un corto periodo de tiempo, puede ser muy difícil al principio. Tendrás que recordar que todos los cambios son difíciles, pero que a través de ellos construirás tu carácter, por lo que siempre serán beneficiosos. El efecto más importante de la vida lejos de casa es la independencia que adquieres.

Quienes viven por su cuenta lejos de su familia y amigos saben lo que digo. Ser independiente se convierte en sinónimo de responsable, o sea, no vas a tener a nadie que te ayude a conseguir cada meta que desees alcanzar en la vida. Luego están los pequeños detalles, como sentarse solo frente a un televisor en lugar de tener una charla agradable con alguien de tu familia o amigos, lo que hace que valores más lo que tenías antes de salir de tu entorno.

También es completamente normal perder todos los privilegios que solías tener en tu país (por lo menos al principio) como tu carro, tu cama, tu cuarto de baño, tu tipo de comida. Y, por si esto fuera poco, tienes que comprender y aceptar otro tipo de sociedad y de cultura, a veces muy diferente a la tuya, que afecta a tu vida cotidiana.

En definitiva, para sobrellevar este choque cultural, debes observar lo que ocurre a tu alrededor y aprender lo antes posible cómo son los comportamientos socioculturales del lugar donde vives ahora, haciendo nuevos amigos, cambiando tus puntos de vista, aceptando opiniones y valoraciones diferentes y aprovechando todas las oportunidades que te surjan para conocer y profundizar en la cultura del país que te acogió.

FUENTE 2 - GRÁFICO

2 **Este gráfico muestra la edad común a la que los jóvenes se independizan en algunos países del mundo.**

País	Edad
Croacia	32
Perú	29
Argentina y México	28
Países del sur de Europa (Grecia, Italia, España, Portugal)	26-28
Colombia y Chile	27
Eatados Unidos	24
Alemania	24
Francia	23
Finlandia y Dinamarca	21-22
Suecia	19

FUENTE 3 - AUDICIÓN

3 🎙️ 15 Escucha esta grabación que trata el tema de los jóvenes españoles que vuelven a casa de sus padres después de haberse emancipado. Fue publicado el cinco de octubre de 2012 por *20minutos.es.* ¿Cuál es el punto de vista del locutor? ¿Son convincentes sus argumentos?

4 Ahora escribe un ensayo persuasivo haciendo referencia a las tres fuentes.

PRESENTACIÓN ORAL

- ◎ **Global challenges:** Economic Issue.
- ◎ **Tema del ensayo:** ¿Cómo ha afectado la economía en la vida de los jóvenes en tu comunidad?

5 Lee este cuadro de estrategias y haz una presentación del tema propuesto.

- ■ Busca información en Internet usando palabras clave relacionadas.
- ■ Toma nota de la información más importante.
- ■ Presenta un resumen de la información investigada.
- ■ Compara tus observaciones sobre tu comunidad con las de un país de América Latina.

6 👥 Presenta tu discurso a la clase. Después, si es posible, busca una oportunidad para presentar en tu comunidad el discurso que elaboraste.

empleos

EL *SPANGLISH*

1 **Lee las siguientes definiciones del** *spanglish* **y escoge la que crees que es correcta justificando tu elección.**

a. Es una forma de hablar que consiste en la mezcla de español e inglés propia de la población hispana adinerada que vive en Estados Unidos.

b. Es una forma de hablar que mezcla elementos léxicos y gramaticales del español y el inglés que hablan algunas comunidades hispanas que viven en Estados Unidos.

Spanglish: The Making of a New American Language, Ilan Stavans, HarperCollins, 2004

Origen del *spanglish*

2 ◼◼◼ 16 **Lee y ordena los siguientes fragmentos para entender el término** *spanglish* **y su origen. Después, escucha y comprueba.**

A El origen del *spanglish* data de mediados del siglo XIX, cuando México pierde la guerra y cede a Estados Unidos más de la mitad de su territorio. A partir de este momento, estos habitantes de origen mexicano tienen que aprender inglés.

B Cuatro años después, en 1977, surge la obra fundacional de la literatura en *spanglish*, el cuento *Pollito Chicken* de la narradora de origen puertorriqueño Ana Lydia Vega, donde critica duramente la pérdida de identidad de los inmigrantes en Estados Unidos.

C Sin embargo, entre ellos siguen hablando en español y poco a poco surge el *spanglish* como símbolo de su propia identidad. En la segunda mitad del siglo XX, la gran inmigración de latinoamericanos a Estados Unidos supone la expansión definitiva del *spanglish*.

D En la década de los setenta, los Nuyorican Writers, un grupo de dramaturgos y poetas de vanguardia y de origen puertorriqueño, son los primeros en llevar el *spanglish* a la literatura. Crecen en Nueva York, pero hablan y escriben en español e inglés.

E Un año después, en 2004, Stavans da un paso más en el proceso de expansión de este nuevo idioma con la creación del *ciberspanglish*, donde nacen verbos como "printear" (de imprimir/ *to print*) o "resetear" (de volver a encender la computadora /*to reset*).

F En el año 1973 fundan en Manhattan el Nuyorican Poets Café, que se convierte en el núcleo de la literatura en *spanglish*.

G En el año 2003, Ilan Stavans, un filólogo de origen mexicano, publica el mayor diccionario de esta lengua que recoge seis mil palabras y expresiones surgidas de la mezcla del español e inglés.

3 Lee las siguientes frases y subraya las palabras en *spanglish*. Después, relaciónalas con su significado.

¡Babay, Diego! Nos vemos mañana.

Antes de acostarme tomo un glasso de leche porque me ayuda a dormir mejor.

¡Qué bildin más bonito!

Vacuno la carpeta una vez a la semana.

Juan es muy rápido cuando clickea.

Dice que es bilingual, pero yo no lo creo.

¡Lo siento, no puedo ir! Esta semana estoy muy bisi.

Ana estaba watcheando la TV.

edificio ○ ocupado ○ adiós ○ bilingüe ○ ver la televisión ○ vaso ○ pasar la aspiradora ○ teclear

4 Algunas personalidades del mundo de la lengua y la cultura no están de acuerdo con el uso del *spanglish* y dicen que es la degradación de la lengua. ¿Por qué piensan qué dicen esto? ¿Están de acuerdo con ellos? ¿Por qué?

HISPANGLICISMOS

El Instituto Cervantes ha publicado un diccionario de anglicismos del español estadounidense (DAEE) con unas 1250 palabras.

Tal y como dice el director del Instituto Cervantes en la Universidad de Harvard, en Boston: "Surgió de un proyecto de investigación sobre el uso del español. Es un análisis de hasta qué punto influye el inglés en el español de Estados Unidos y no solo en la lengua hablada, sino en fuentes escritas, prensa, redes sociales...".

"El diccionario" –prosigue– "no es normativo sino descriptivo. Recoge palabras consolidadas y palabras recientes. Es una obra abierta a cambios y a nuevas entradas, es un diccionario dinámico".

En Estados Unidos hay aproximadamente unos cincuenta y siete millones de latinos que reinventan el inglés mezclando palabras en español, surgiendo de ello nuevos vocablos y expresiones.

Según la Academia Norteamericana de la Lengua Española, los "estadounidismos" son las palabras propias del español hablado en EE. UU. y los "hispanglicismos" son las palabras en español que se han originado y adaptado del inglés. De estos últimos trata este diccionario.

5 Localiza el DAEE en Internet, busca los siguientes anglicismos del español estadounidense y escribe su palabra correspondiente en español estándar.

a. printear...................................

b. guachear...................................

c. chopin.......................................

d. méyor..

e. baquear....................................

f. relaxeo......................................

g. loquear......................................

h. yob...

i. nais..

j. ziper..

k. candi...

l. silin...

Fuentes: *The New York Times*, Ilan Stavans, abril de 2018; Academia Norteamericana de la Lengua Española, enero de 2018; *La Vanguardia, Cultura*, Magí Camps, junio de 2018; www.rtve.es, Punto de enlace, febrero de 2018; *Diccionario de anglicismos del español estadounidense*, Francisco Moreno-Fernández, Instituto Cervantes, Facultad de artes y Ciencias, Universidad de Harvard, 2018.

MÚSICA

6 Lee sobre este artista y cómo usa el español en su trabajo. Después, busca ejemplos en Internet. ¿Conoces a otros artistas o escritores que mezclen español e inglés?

Prince Royce en Nueva York (Foto: Steve Edreff, 8 de diciembre de 2018)

Geoffrey Royce Rojas nació en 1989 en Nueva York, donde pasó su infancia y adolescencia. De padres dominicanos, desde pequeño se interesó por la música: participó en el coro de la escuela y escribió letras en español y en inglés. A los dieciséis años realizó sus primeras composiciones musicales y adoptó el nombre artístico de Prince Royce. En 2010 debutó con el lanzamiento de su primer disco titulado *Prince Royce*, donde se encuentran canciones como "Stand by me" y "Corazón sin cara". Su último lanzamiento, en 2017, fue *Five*. En su carrera ha obtenido más de veinte premios Billboard Latinos y varios discos de platino. Desde marzo de 2019 ejerce de jurado en el programa musical *La Voz (Estados Unidos)*.

Fuentes: Telemundo Noticias, febrero de 2019; Partyflock.nl, mayo de 2018.

Busca en Internet la canción y letra para "Stand by me" y escúchala. Después vuelve a escuchar la canción siguiendo la letra.

HUMOR

7 Lee la biografía de Bill Santiago y busca el videoclip *Spanglish 101* en Comedy Central para ver un ejemplo de su humor y cómo transmite su experiencia bilingüe y bicultural al público.

Bill Santiago, comediante de *Stand up* y autor del libro *Pardon My Spanglish*, nació en Nueva York de padres puertorriqueños.

Ha participado en programas como *Comedy Central Premium Blend*, *Showtime*, *Conan*, *The Late Late Show with Craig Ferguson*, *Chelsea Lately* y *CNN en español*, entre otros. Bill Santiago trae su humor y observaciones sobre el lenguaje, la sociedad y la política. Su libro *Pardon My Spanglish* está siendo utilizado en las universidades y escuelas secundarias de todo el país para estimular las discusiones acerca de la identidad, el idioma y el multiculturalismo. Actualmente, Santiago se encuentra de gira con su espectáculo *The Immaculate Big Ban*.

Comediante, autor, actor, presentador de televisión y comentarista.

Fuente: sitio web oficial de Bill Santiago, www.billsantiago.com, marzo de 2019.

"La vida es demasiado corta para ser monolingüe".

Pardon My Spanglish: One Man's Guide to Speaking the Habla, Quirk Books, 2008

¿QUÉ HE APRENDIDO?

1 Explica a tu compañero/a las siguientes palabras.

curso intensivo ○ beca ○ pasar lista ○ nota media ○ expediente académico

2 Escribe cuatro deseos para cuando acabes la universidad.

Modelo: Deseo viajar a Europa.

a. ....

b. ....

c. ....

d. ....

3 Lee los cuatro deseos que escribió tu compañero/a en la actividad anterior y deséale que se cumplan.

Modelo: Deseo que viajes a Europa.

a. ....

b. ....

c. ....

d. ....

4 Reacciona a estos deseos y valoraciones.

a. ¡Ojalá aprenda mucho en este curso! ....

b. ¡Espero que mis prácticas sean muy interesantes! ....

c. Prefiero que la profesora no ponga un examen tipo test. ....

d. Quiero que todos aprobemos el curso. ....

5 Completa libremente las siguientes frases.

a. Os pido que ....

b. El médico le aconseja que ....

c. Le rogamos a usted que…

d. Le exijo que…

AL FINAL DE LA UNIDAD PUEDO...

	☆	☆☆	☆☆☆
a. I can talk about studying and working abroad.	☐	☐	☐
b. I can express wishes and desires using subjunctive with *ojalá* and similar expressions.	☐	☐	☐
c. I can give advice and make recommendations using the present subjunctive.	☐	☐	☐
d. I can use set expressions to encourage others and wish them well using subjunctive with verbs of influence.	☐	☐	☐
e. I can read and understand a selection from *Poem XX*, Pablo Neruda.	☐	☐	☐

MORE IN **ELEteca** | EXTRA ONLINE PRACTICE

Los estudios

el aprendizaje *learning*

la asignatura obligatoria *required course*

la asignatura optativa *optional course*

el bachillerato *high school diploma*

la beca *scholarship*

la clase presencial *face-to-face class*

el curso de perfeccionamiento *continuing education*

el curso escolar *school year*

el curso intensivo *intensive course*

el curso virtual *online course*

el enfoque *approach, focus*

la escuela bilingüe *bilingual school*

la escuela de idiomas *language school*

la escuela privada *private school*

la escuela secundaria *high school*

los estudios primarios *primary education*

el instituto *high school (Spain)*

el intercambio *exchange*

el máster *masters*

la metodología *methodology*

el programa *program*

la universidad *university*

Verbos

aconsejar *to advise*

aprovechar (el tiempo) *to take advantage (of time)*

desear *to wish, want*

destruir (i > y) *to destroy*

esperar *to hope, expect*

extrañar *to miss*

mandar *to order, to send*

mantener (la calma) *to maintain (calm)*

ordenar *to order*

pedir (e > i) *to ask for, request*

preferir (e > ie / e > i) *to prefer*

reaccionar *to react*

recomendar (e > ie) *to recommend*

rogar (o > ue) *to beg*

Lenguaje del aula

analizar un tema *analize a topic or theme*

aprobar (o > ue) *to pass*

la clase práctica *hands-on class, laboratory*

la clase teórica *theory class*

consultar un libro/una enciclopedia/Internet *to consult, look up in a book/enciclopedia/ on the Internet*

debatir un tema *to debate a topic*

hacer un comentario de texto *text analysis*

hacer un intercambio *to exchange*

memorizar *to memorize*

la nota alta/baja *high/low grade*

la nota media *grade point average*

quedarse en blanco *to go blank*

pasar lista *to take attendance*

pasar (un examen) *to pass*

reflexionar *to reflect*

resolver una duda *to settle a doubt*

suspender *to fail (a course, test, etc.)*

tener un buen/un mal expediente *to have a good/bad transcript, record*

Palabras y expresiones

No digas esas cosas. *Don't say those things.*

No te pongas así. *Don't get like that.*

Ojalá *I hope*

Que cumplas más años. *Many happy returns.*

Que sean muy felices. *(I hope) you will be very happy.*

Que te diviertas. *(I hope) you have fun.*

Que te vaya bien. *Good luck.*

Que tengas buen viaje. *Have a good trip.*

Que todo salga bien. *Hope everything works out.*

(Que) Sí, hombre, (que) sí. *Yes, of course, of course.*

¡Sueñas! (informal). *You're dreaming!*

Conectores discursivos

en definitiva *ultimately, in the end*

es que *it's just that the thing is*

incluso *even*

luego *therefore*

o sea *in the other words, or rather*

1   Completa la biografía de Rodolfo con las formas adecuadas de los verbos entre paréntesis.

Rodolfo (a) .... (nacer) en Guadalajara, México, y (b) .... (trasladarse) con su familia a Madrid, España, cuando (c) .... (tener) siete años.

Su padre (d) .... (ser) ingeniero de obras públicas y (e) .... (trabajar) para el Gobierno español durante diez años. Después de ese periodo en España, Rodolfo (f) .... (regresar) con su familia a México, y un año después, (g) .... (comenzar) a estudiar Periodismo en Ciudad de México. Al finalizar sus estudios, (h) .... (decidir) visitar España otra vez y viajar por Europa. Pero la vida le (i) .... (cambiar) cuando (j) .... (conocer) a Daniela en Milán. Ella (k) .... (ser) fotógrafa, (l) .... (trabajar) en un periódico español y (m) .... (presentar) a Rodolfo a su directora. En aquel momento la dirección (n) .... (necesitar) a un redactor para cubrir el puesto de relaciones iberoamericanas. Desde entonces, Rodolfo solo (ñ) .... (regresar) a México a visitar a su familia. Dos años después de conocer a Daniela, (o) .... (casarse) con ella y (p) .... (irse) a vivir a Barcelona, ciudad en la que (q) .... (tener) a sus dos hijos, Luis y Emma.

2   🔊 17 Rodolfo le está contando a su hijo una anécdota de su último viaje. Escucha la conversación y completa el cuadro con las expresiones que utilizan.

• Preguntar: ....

• Comenzar a contar la anécdota: ....

• Introducir el tema: ....

• Mostrar sorpresa: ....

• Mostrar escepticismo: ....

3   Completa las frases con los tiempos del pasado adecuados.

a. Cuando Rodolfo .... (empezar) a ir a la universidad, ya .... (regresar) a México.

b. Rodolfo .... (conocer) España porque ya .... (estar) cuando era pequeño.

c. Emma, Daniela y Luis no .... (escuchar) a Rodolfo llegar porque se .... (acostarse) dos horas antes.

d. Rodolfo .... (acostarse) a las 2:00 y a los cinco minutos ya .... (dormirse).

4   👥 En grupos de tres, tus compañeros/as te van a contar una anécdota de algún viaje. Muestra interés y reacciona a su relato con las expresiones adecuadas.

5 Completa los deseos con el verbo en la forma adecuada y después decide quién los formuló.

Luis

La jefa de Rodolfo

Daniela

a.

b.

c.

1. ☐ Prefiero que Rodolfo no me .... (comprar) esas camisetas cuando viaja.

2. ☐ Ojalá me .... (permitir, ellos) hacer el viaje de fin de curso.

3. ☐ Ojalá Rodolfo .... (continuar) trabajando en nuestro periódico muchos años.

6 🔊 18 **Escucha a estas personas, comprueba tus respuestas anteriores y escribe dos consejos personalizados a cada uno siguiendo las estructuras** *te aconsejo que* **y** *te recomiendo que.* **Luego compara con tu compañero/a. ¿Tienen los mismos consejos?**

Daniela	
1. Te aconsejo que	
2. Te recomiendo que	

Luis	
1. Te aconsejo que	
2. Te recomiendo que	

La jefa de Rodolfo	
1. Te aconsejo que	
2. Te recomiendo que	

7 👥 **¿Qué problema tienes siempre cuando viajas? Cuéntaselo a tu compañero/a para que te dé un buen consejo.**

Si te gradúas en la escuela secundaria habiendo alcanzado un nivel alto de comprensión y fluidez en español, podrás conseguir un premio importante: el Sello de Alfabetización Bilingüe. Pero ¿cómo puedes avanzar en el dominio del idioma? Lee las noticias en español. BBC mundo es una fuente muy buena de noticias y ofrece videos. Las telenovelas son divertidas y puedes aprender el lenguaje más coloquial. Con ellas, vas a poder practicar la lengua que se habla fuera del aula.

¡ME ENCANTA!

>> ¿Qué crees que está haciendo esta persona?

>> ¿Por qué razones visitó este lugar?

>> ¿Te gustaría visitarlo?

>> ¿Qué te llama la atención de la imagen?

Vistas del volcán de Agua, Guatemala

IN THIS UNIT,
YOU WILL LEARN TO:

- Talk about likes and dislikes using infinitive and subjunctive

- Discuss fashions and alternative types of vacations

- Describe the person or object you are talking about using relative clauses with indicative and subjunctive

- Express feelings and emotions using verbs of emotions with infinitive and subjunctive

- Ask about the existence of something or someone using indefinite pronouns and adjectives

TALLER DE LITERATURA

- *Campos de Castilla*, Antonio Machado

APRENDE HACIENDO

- Personal and Public Identities: Self Image
- Personal and Public Identities: Personal Beliefs

SESIÓN DE CINE

Dario Grandinetti   Aitana Sánchez-Gijón   Juan Echanove

Gardel, fue su pasión.

Y algunas pasiones nunca mueren.

Sus Ojos se Cerraron
y el mundo sigue andando

Una película de Jaime Chávarri

CULTURA EN VIVO

MIAMI: LA OTRA CUBA

Grafiti en Little Havana, Miami, Florida (Foto: EQRoy)

1 👥👥👥 **Observen las imágenes. ¿Qué actividades de tiempo libre representan?**

Modelo: **a.** ir a la playa.

2 👥👥 **¿Qué actividades de las anteriores te gusta hacer cuando visitas una nueva ciudad? ¿Qué otras cosas se pueden hacer? Habla con tu compañero/a. Mantén la conversación planteando y contestando preguntas.**

3 🔊 19 **Ana es de Uruguay y en unos días va a visitar a Verónica en Madrid. Escucha el diálogo y responde a las siguientes preguntas.**

a. ¿Qué actividad no pueden hacer las muchachas en Madrid?

b. ¿Qué actividad pensaba Verónica que a Ana no le gustaba nada?

c. ¿Qué prefiere hacer Ana en lugar de visitar museos?

d. ¿Qué idea de Ana le encanta a Verónica?

> **FROM THE corpus**
>
> La forma **vos** se utiliza en distintas partes de América Latina, especialmente en Argentina, Uruguay y Paraguay. Suelen usarse las formas verbales convencionales excepto en el español rioplatense que se utiliza: *vos dejás / dejés, vos cantás / cantés, vos partís / partás...*:
>
> *Hablé con Mariano, me dio el nombre de un colega suyo. Si* **querés**, **escribís** *el número de teléfono y el nombre. Ya él conoce tu problema.*
> *Pero a pesar de eso,* **hablás** *y* **narrás** *tus cuentos.*

4 🎵19 **Escucha de nuevo e identifica qué actividades de tiempo libre se mencionan en ella.**

Ana: Vero, ¡no te podés imaginar las ganas que tengo de ir a España a verte!

Verónica: Sí, lo sé. ¡Ya verás qué bien nos lo vamos a pasar!

Ana: Seguro, pero tenemos que decidir qué vamos a hacer. ¿Preparaste ya algún plan interesante? Ya sabés que me encanta ir a la playa, pero en Madrid es un poco complicado, ¿no?

Verónica: Pues sí, bastante. Hay un río, pero es muy pequeño y, además, no nos podemos bañar.

Ana: Bueno, me hablaron también de que en Madrid hay muchas calles comerciales.

Verónica: Pues eso sí que podemos hacerlo. Pero creía que odiabas ir de compras.

Ana: Eh, no exactamente… Cuando viajo, me gusta mucho comprar ropa original para mis amigos y familiares.

Verónica: Entonces podemos ir a Fuencarral. Es una calle que tiene muchas tiendas con ropa moderna. También podríamos dedicar unos días al arte. Tenemos unos museos fantásticos, como el Museo del Prado, el Thyssen, el Reina Sofía…

Ana: A mí no me gustan demasiado los museos. Prefiero andar por la ciudad.

Verónica: Perfecto, haremos lo que a ti te apetezca, para eso eres mi invitada.

Ana: Bueno, muchas gracias. Tenemos que ir al cine a ver una película española, quiero conocer lo que son las tapas… ¡Ah! ¿Y sabés lo que me vuelve loca? Me encantan los parques de atracciones.

Verónica: ¡No me digas! Pues muy cerca de Madrid está el Parque Warner, dedicado a los personajes de los dibujos de Warner Bros.

Ana: ¡Qué lindo! Me encanta la idea.

Verónica: Bueno, voy a informarme un poco más en Internet y te digo.

Ana: Muy bien. Muchas gracias, Vero.

5 👥 **Clasifica las actividades que mencionan en la conversación según tus preferencias. Después, coméntalas con tu compañero/a. ¿Coinciden en muchas? Cuestiona y rebate las ideas de tu compañero/a con respeto.**

 Me encanta   **No me gusta demasiado**   **No me gusta nada**

6 👥 **Escribe un diálogo similar siguiendo las instrucciones. Después, represéntalo con tu compañero/a.**

1. Llamas a tu amigo/a para hablar de las vacaciones que van a tomar juntos.

2. Pregunta a tu amigo/a qué planes tiene para el destino elegido.

3. Plantea ideas para hacer en función de tus gustos.

4. Expresa tus gustos ante las propuestas de tu amigo/a. Sugiere algo que te guste también a ti.

5. Opina sobre las propuestas de tu amigo/a.

6. Pregunta si tiene experiencias similares.

TALKING ABOUT THE EXISTENCE OF SOMETHING OR SOMEONE

■ Para **preguntar por la existencia o no de algo o de alguien** se usa el subjuntivo:

- ¿**Hay alguna** casa **que** esté cerca del mar?
- ¿**Conoces algún** barrio **donde** haya un parque grande?
- ¿**Sabes si hay alguien** en el grupo **que** sepa escalar?

■ Para **negar la existencia** o afirmar que es poca, también se usa el subjuntivo:

- **No hay (casi) nadie** en clase **que** sepa cocinar.
- **No conozco (casi) ningún** teatro **que** sea más grande que este.
- **Hay pocas** personas **que** viajen con frecuencia a Australia.
- **Conozco a pocas** personas **que** no les gusten las series.

Recuerda:

Los indefinidos

- *algún / ningún* (+ nombre masc. sing.)
- *alguno(s) / ninguno*
- *alguna(s) / ninguna* (+ nombre)
- *alguien / nadie* (personas)
- *algo / nada* (cosas)

Más información en pág. 113.

1 Observa las imágenes y pregunta a tu compañero/a utilizando las estructuras aprendidas.

Modelo: ¿Conoces algún restaurante donde sirvan auténtica comida mexicana?

2 ¿Conocen Centroamérica? Cada uno de ustedes tiene que completar la información correspondiente que aparece en la ficha de la página siguiente sobre cuatro países de esta zona. Su profesor/a les va a dar una ficha con información sobre dos de los países. Si no saben las respuestas, pregunten a su compañero/a usando las estructuras aprendidas.

Modelo: **E1:** ¿Conoces algún país que limite al norte y al oeste con México? **E2:** Sí, es Guatemala.

		El país es...			
		Costa Rica	Guatemala	Nicaragua	Panamá
Estudiante 1	a. Su capital está diseñada como un tablero de ajedrez.	☐	☐	☐	☐
	b. La moneda oficial es el córdoba.	☐	☐	☐	☐
	c. Hay un lago de agua dulce donde viven tiburones.	☐	☐	☐	☐
	d. Ahí llaman al autobús "el bicho".	☐	☐	☐	☐
Estudiante 2	a. Limita al norte con Nicaragua y al sudeste con Panamá.	☐	☐	☐	☐
	b. No hay ejército.	☐	☐	☐	☐
	c. La lengua oficial es el español, aunque el inglés es muy usado.	☐	☐	☐	☐
	d. Algunos de sus platos típicos son: pepián, chuchitos y tapados.	☐	☐	☐	☐
Estudiante 3	a. El tamborito es un baile típico de ese país; se baila tocando palmas y tambores.	☐	☐	☐	☐
	b. Hay más variedades de mariposas que en toda África.	☐	☐	☐	☐
	c. El nombre de este país significa "abundancia de peces".	☐	☐	☐	☐
	d. Este país es un istmo, una banda de tierra entre dos océanos.	☐	☐	☐	☐
Estudiante 4	a. Es el país más grande de Centroamérica.	☐	☐	☐	☐
	b. En este país se encuentran muchas especies de orquídeas.	☐	☐	☐	☐
	c. Ahí se encuentran los volcanes más altos y activos.	☐	☐	☐	☐
	d. Su capital está dominada por tres volcanes: el Fuego, el Agua y el Pacaya.	☐	☐	☐	☐

El Corcovado, Costa Rica.   Playa en el Lago de Nicaragua.   Paseando por Ciudad de Panamá.   Ruinas mayas en Guatemala.

3 **Completa las frases con información que desconoces. Compártela en grupos pequeños. ¿Hay alguien en tu grupo que lo sepa?**

Modelo: **E1:** No conozco a nadie que tenga más de cinco hermanos. **E2:** Yo sí, mis vecinos tienen siete hijos.

a. No conozco ningún restaurante que…   c. Hay pocas personas que…

b. No hay nadie que…   d. No conozco ninguna playa donde…

EXPRESSING LIKES AND DISLIKES

■ Para **expresar gustos** se pueden usar verbos como *encantar* o *gustar*.

• El verbo **encantar** expresa un grado máximo de satisfacción y, por este motivo, no lleva nunca marcadores de intensidad.

• El verbo **gustar** suele ir acompañado de adverbios de cantidad que matizan el grado de intensidad de la experiencia:

+++ **me gusta mucho / muchísimo**

++ **me gusta bastante**

+ **no me gusta mucho / demasiado**

– **no me gusta nada**

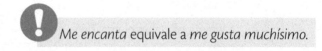 *Me encanta equivale a me gusta muchísimo.*

■ Para **expresar aversiones**, además de las formas negativas del verbo *gustar*, se usa **me molesta, me fastidia**..., que pueden ir acompañados de marcadores de intensidad (**mucho**, **muchísimo**, **bastante**), o el verbo **odiar**, que expresa el grado máximo de aversión y que no suele llevar marcadores de intensidad:

Odio llevar corbata.
No me gusta nada la ropa clásica.
Me molesta llevar jeans en verano.
Me fastidian los zapatos de tacón.

■ Cuando se expresan gustos o aversiones sobre **acciones**, las oraciones se construyen con **infinitivo** (si la persona que experimenta las acciones de los dos verbos es la misma) o con **subjuntivo** (si se trata de personas diferentes):

(A mí) *Me encanta (yo) viajar.* (A mí) *No me gusta que mis padres viajen sin mí.*

4 **Observa las siguientes imágenes y escribe lo que crees que están pensando. Comparte tus ideas con tus compañeros/as. ¿Quién fue el más original?**

5 Comenta con tus compañeros/as las actividades que te gustan más, pero señala también algún aspecto negativo que te moleste. De las actividades que no te gustan debes decir algo positivo. ¿Coinciden en algunas?

Modelo: *Me encanta ir de compras, pero me fastidia comprar cuando hay mucha gente. No me gusta ir a la playa porque odio tomar el sol, pero me gusta mucho que mis amigos y yo vayamos al atardecer para ver la puesta de sol.*

6 Escribe un *tuit* a partir de un *hashtag*. **Puedes utilizar las expresiones de sentimientos negativos que aprendiste. Escribe un texto de máximo 140 caracteres. Una vez escrito, puedes pasárselo a tu compañero/a de la derecha. Hagan al final una puesta en común** (*put forward your best ideas*).

Modelo:

**#zapatosvstenis** A mí me parece que los tenis son más cómodos y combinan con todo. Odio llevar zapatos; no son cómodos y no me gusta nada el material.

**#comprarenrebajas**

**#segundamanovsropanueva**

**#tatuajesypiercings**

**#tribusurbanas**

**#odiollevarparaguas**

MORE IN ELEteca | EXTRA ONLINE PRACTICE

00:09:49 - 00:13:50

Título: Sus ojos se cerraron y el mundo sigue andando.

Año: 1996.

País: Argentina y España.

Género: Drama.

Director: Jaime Chávarri.

Intérpretes:
Dario Grandinetti,
Aitana Sanchez-Gijón,
Juan Echanove Labanda,
Ulises Dumont,
Raúl Brambilla,
Carlos Carella,
Ramón Rivero,
Pepe Soriano,
María Fernández,
Chela Ruiz.

SINOPSIS

El filme tiene lugar en Buenos Aires en los años treinta. Juanita es una joven y bella modista (*dressmarker*) española que admira al famoso cantante de tangos, Carlos Gardel, con obsesiva pasión. Un día conoce a Renzo, un fracasado cantante, de quien se enamora por el simple hecho de tener un gran parecido físico con su ídolo. Por este amor es capaz de abandonar a su antiguo novio e intentar convertir por todos los medios al joven Renzo en una copia perfecta de Gardel. Su fijación conducirá a su amado a un trágico desenlace (*end*) de las mismas dimensiones que las del propio Carlos Gardel.

⓵ ¿SABÍAS QUE...?

- Es una coproducción entre Argentina y España e integra actores de ambas nacionalidades, lo que es una muestra interesante de la diferencia de acentos y expresiones.

- Es un drama que cuenta una historia de amor, aunque también sirve para rendir homenaje al cantante Carlos Gardel, mito y símbolo cultural en Argentina que falleció trágicamente en un accidente de avión en el año 1935.

- En total se integran en el filme doce tangos.

ANTES DE VER LA SECUENCIA

1 En la escena que vas a ver, Renzo enamora a Juanita, que asiste junto a sus amigas a una de sus actuaciones en el café La Pérgola. Con esta información, imagina qué sentimientos tiene cada uno de estos personajes.

1. Renzo

Quiere que ....

2. Juanita

Desea que ....

3. las amigas

Les encanta que ....

4. Gustavo, el novio

Odia que ....

5. el propietario

Prefiere que ....

6. el músico, amigo de Renzo

No le importa que ....

2 ◦◦ 🔲🔲 Renzo sabe que a Juanita le gusta el cantante Carlos Gardel. ¿Cómo crees que conseguirá enamorar a la protagonista? ¿Cómo crees que reaccionará el novio ante esa situación? Habla con tu compañero/a.

MIENTRAS VES LA SECUENCIA

3 🔲▭◀▶ **Mira la escena y decide si estas afirmaciones son verdaderas (V) o falsas (F).**
00:09 - 03:37

		V	F
a.	Renzo interpreta la canción mirando solo a Juanita.	☐	☐
b.	Las amigas de Juanita se dan cuenta de que ella presta más atención al cantante que a su novio.	☐	☐
c.	El novio de Juanita, Gustavo, disfruta de la canción.	☐	☐
d.	La letra de la canción dice: "Amores de estudiante, flores de una noche son".	☐	☐
e.	A los músicos les sorprende recibir aplausos del público tras la canción.	☐	☐

4 **Aquí tienes el extracto de la conversación que mantienen. Complétalo con las palabras que faltan.**

Juanita: No me dirá que lo hizo por mí.

Renzo: Por supuesto, usted fue la (a) .... que me dijo lo de Gardel.

Juanita: Claro, porque Gardel es grande.

Renzo: Yo, también.

Juanita: Es puro (b) ....

Renzo: Yo, igual.

Juanita: Y va a llegar a lo más alto porque es un (c) ....

Renzo: Yo, también.

Juanita: Me está pareciendo un poco vanidoso.

Renzo: No, vanidoso no, (d) .... Yo soy pura ambición.

Juanita: Yo, también.

5 **Pon en orden estas frases según su aparición en la secuencia.**

a. ☐ Las amigas de Juanita comentan la situación.

b. ☐ Los músicos discuten con el propietario del bar.

c. ☐ A Gustavo le molesta que Renzo esté hablando con su novia.

d. ☐ Renzo y Juanita charlan mientras bailan un tango.

e. ☐ El propietario quiere cerrar y les pide que terminen.

f. ☐ Renzo canta un tango mientras mira fijamente a Juanita.

g. ☐ Gustavo abandona el bar enojado.

DESPUÉS DE LA SECUENCIA

6 **Responde a las siguientes preguntas.**

a. ¿Por qué Renzo no acompaña a sus amigos al terminar la canción?

....

b. ¿Qué problema tienen el propietario del café y los músicos?

....

c. ¿Qué le dice Renzo a Juanita para justificar el enfado de Gustavo?

....

d. ¿En qué tres cosas dice Renzo que coincide con Carlos Gardel?

....

e. Cuando Juanita y Renzo bailan, ¿en qué cualidad dicen coincidir los dos?

....

f. ¿Qué piensa la amiga de Juanita de su forma de bailar?

....

7 **Observa a estos dos personajes. ¿A quién de los dos corresponde la siguiente información?**

a. ☐ Habla con acento español.
b. ☐ Habla con acento argentino.
c. ☐ Toca la guitarra.
d. ☐ Toca el bandoneón.

e. ☐ Lleva sombrero.
f. ☐ Se va del bar enfadado.
g. ☐ Siente que su amigo lo traicionó.
h. ☐ Compone una canción mientras espera a Renzo.

8  La canción que interpreta Renzo, *Amores de estudiante*, es solo uno de los éxitos que popularizó Carlos Gardel, a quien se le considera en Argentina como un auténtico mito. Busca en Internet información de su figura y discute con tus compañeros/as los ingredientes de su éxito eterno. ¿Con qué figura actual se puede comparar?

MORE IN **ELEteca** | EXTRA ONLINE PRACTICE

1 Lee el texto y explica a tu compañero/a las palabras destacadas en color.

MODA

CADA AÑO LA FERIA EXPO-MODA, EN LA CIUDAD DE GUADALAJARA (MÉXICO), SIRVE DE PUNTO DE ENCUENTRO PARA QUE EL PÚBLICO VEA EN LOS DESFILES LAS NUEVAS CREACIONES DE LOS DISEÑADORES MÁS PRESTIGIOSOS DEL PAÍS.

En esta edición, cuatro nuevos talentos buscan con esfuerzo que sus nombres sean más relevantes, que aparezcan en las **etiquetas** de las **prendas** favoritas de los consumidores. El mercado de la moda en México no es fácil, pero Viviana Parra, Macario Jiménez, Héctor Mijangos y Cynthia Gómez logran cada día competir con las grandes firmas.

» *"Si alguien lleva una **marca** que le gusta, con la que se identifica, la gente suele ser fiel y no cambia a otra"*, comenta Viviana, *"por eso es muy complicado introducir nuevos diseños con nombres poco conocidos, aunque no imposible"*, añade.

Día Siete sirve para dar un **adelanto** de sus creaciones de cara a la nueva **temporada**.

FROM THE corpus

■ En México, Centroamérica y Argentina emplean la expresión **ser de onda** para describir la ropa moderna: *El color **es de última onda**.*

■ En España **estar en la onda** significa seguir la moda: *Los invitados **estaban en la onda**. Llevaban trajes a la última moda.*

¿QUÉ LE GUSTARÍA VER EN LOS APARADORES?

Propuesta de Cynthia Gómez
Mucho colorido, telas **estampadas**, **deslavadas** y formas geométricas. Para moda masculina, guayaberas, y para mujeres, espaldas descubiertas.

Propuesta de Macario Jiménez
Para mujeres, vestidos con **escotes** discretos. Para hombres, prendas cómodas y elegantes.

Propuesta de Viviana Parra
Vestidos muy glamorosos, prendas duales, es decir, que sirvan tanto para vestir de día como de noche.

Propuesta de Héctor Mijangos
Ropa unisex, funcional, práctica, duradera, cómoda y fácil de combinar.

Extraído de la revista *Día Siete*

2 Encuentra en el texto anterior la palabra para cada una de estas definiciones.

a. Nombre comercial que se pone a un producto.

b. Espacio de tiempo que en moda coincide con la estación.

c. Profesionales que se dedican a la creación de nuevos estilos.

d. Eventos donde los modelos muestran al público las novedades.

e. Los distintos componentes que forman parte de la vestimenta.

f. Nombre que se coloca en la ropa para identificar al fabricante.

g. Tela diseñada con dibujos o formas variadas.

h. Parte de un vestido que deja parte del pecho al descubierto.

i. Que perdió la fuerza de su color original.

j. Cuando se presenta algo con antelación a lo previsto.

k. Las cristaleras en las que se muestra la ropa que se vende en una tienda.

3 ¿Qué idea general se extrae del texto? ¿Crees también que el público es fiel *(loyal)* a una marca? Comenten con sus compañeros/as y saquen una conclusión general de la clase.

4 20 Escucha una encuesta sobre moda que hicieron a varias personas en la calle y decide si las siguientes afirmaciones son verdaderas (V) o falsas (F).

	V	F
a. Carmen se gasta más de cien pesos en ropa.	☐	☐
b. Mónica se gasta poco, pero compra ropa de calidad.	☐	☐
c. Jair lleva todos los días corbata.	☐	☐
d. A José Luis le gusta ir combinado.	☐	☐
e. Carmen se inspira en las revistas antes de comprar.	☐	☐
f. A Mónica le influye el estado de ánimo a la hora de vestirse.	☐	☐
g. A Jair las marcas no le interesan.	☐	☐
h. José Luis no se deja influir por la moda.	☐	☐

5 Lee los comentarios que cada persona hace de su estilo. ¿Con qué imagen la identificas?

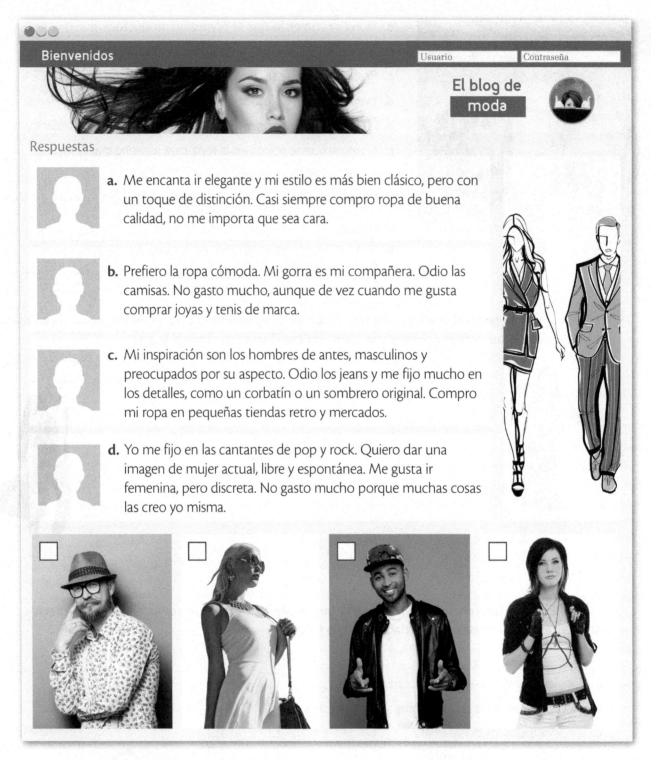

Bienvenidos

Usuario   Contraseña

El blog de **moda**

Respuestas

a. Me encanta ir elegante y mi estilo es más bien clásico, pero con un toque de distinción. Casi siempre compro ropa de buena calidad, no me importa que sea cara.

b. Prefiero la ropa cómoda. Mi gorra es mi compañera. Odio las camisas. No gasto mucho, aunque de vez cuando me gusta comprar joyas y tenis de marca.

c. Mi inspiración son los hombres de antes, masculinos y preocupados por su aspecto. Odio los jeans y me fijo mucho en los detalles, como un corbatín o un sombrero original. Compro mi ropa en pequeñas tiendas retro y mercados.

d. Yo me fijo en las cantantes de pop y rock. Quiero dar una imagen de mujer actual, libre y espontánea. Me gusta ir femenina, pero discreta. No gasto mucho porque muchas cosas las creo yo misma.

6 Con el vocabulario aprendido, define tu estilo o el de una persona cercana a ti.

7 👥 Comenten en clase si para ustedes es importante seguir la moda y por qué. Pongan en común sus opiniones. ¿Están todos de acuerdo?

8 Lee las preferencias de estas personas a la hora de viajar y complétalas con las palabras del recuadro. ¿Con quién te identificas más? ¿Por qué?

desplazamiento o ahorrar o destino o alojamiento o gastos

Jimena, 46 años

Cuando viajo busco estar cómoda, sentirme como en casa. Por eso el (1) .... es muy importante para mí, por encima de todo lo demás.

Bruno, 25 años

Lo principal es el (3) .... Tengo que estar convencido de que es el lugar que quiero visitar. Al resto de cosas, me puedo adaptar.

Nicolás, 52 años

No me gustan todos los medios de transporte, así que el (2) .... para mí es muy importante cuando viajo. Me encanta viajar en tren porque el avión me da pánico.

Rosa, 31 años

Yo prefiero (4) .... dinero en hoteles y siempre viajo de intercambio. Así puedo tener más (5) .... en compras o en comida.

9 Observa este anuncio de una página web de viajes. ¿Con cuál de las personas de la actividad anterior lo relacionas?

Viaje por el mundo entero

Sin pagar alojamiento €

Viva como la gente local

10 👥 Lee en la página siguiente dos anuncios de intercambio de casas que están en la página web *vacacionesalternativas.com*. Busca en ellos los sinónimos de las siguientes palabras. Tres de las palabras destacadas no tienen sinónimo. Búscales uno. Trabaja con tu compañero/a.

a. agradable ➡ ....
b. brillante ➡ ....
c. típica ➡ ....
d. confort ➡ ....

e. en medio de ➡ ....
f. excursiones ➡ ....
g. preocupaciones ➡ ....
h. montañas ➡ ....

i. invitados ➡ ....
j. .... ➡ ....
k. .... ➡ ....
l. .... ➡ ....

OCIO Y VIAJES

Usuario | Contraseña

INICIO | CONTACTO | SERVICIOS | PAÍSES | BUSCAR

ARGENTINA

Casa rural en Bariloche, Río Negro, Argentina

Alojamiento para cinco personas.
Tres dormitorios.
Dos baños completos. Wifi.

Por qué nos encanta nuestra casa
Está situada al lado de un lago.
En **plena** naturaleza.
Ideal para aquellos visitantes que necesiten relajarse y disfrutar de la tranquilidad.

Se admiten **mascotas**.

No se puede fumar.

Casa rural en la península de San Pedro, a veinticinco kilómetros de la ciudad de San Carlos de Bariloche. Tiene dos plantas. En la planta baja hay un salón con chimenea, una cocina y un baño. En la segunda hay tres dormitorios y un baño. Excelentes vistas panorámicas de la **sierra**, lago y bosques. Se pueden hacer muchas actividades guiadas, ya que se organizan durante todo el año **jornadas** de senderismo, pesca, montañismo, rafting, etc. Si estás **estresado** y necesitas un lugar tranquilo, esta es tu casa.

Me gusta · Reservar

Casa de campo en Puerto Iguazú, Misiones, Argentina

Alojamiento para cuatro personas.
Dos dormitorios.
Un baño completo y un aseo.

 Accesible.

 Se admiten **mascotas**.

Por qué nos encanta nuestra casa
Está muy cerca de las cataratas de Iguazú.
Zona rural, tranquila y relajada.
Amplio jardín con piscina. Zona **pintoresca**.

 No se puede fumar.

Nuestra casa tiene una planta y es completamente accesible para personas con capacidades limitadas. Tiene todas las **comodidades**: televisión, conexión a Internet, lavadora… La cocina da al jardín. Aunque es pequeña, es muy **luminosa** y **acogedora**. Hay un baño con bañera de hidromasaje y dos habitaciones amuebladas. Está a pocos kilómetros de las Cataratas de Iguazú, en una zona ideal para todo tipo de excursiones. La casa dispone de una piscina privada donde los **huéspedes** pueden refrescarse y relajarse al final del día. En otras palabras, nuestra casa es ideal para aquellos que quieran conocer Argentina en plena naturaleza, sin sufrir los **agobios** de una gran ciudad.

Me gusta · Reservar

11 Tatiana se ha registrado en *vacacionesalternativas.com* porque quiere unas vacaciones diferentes. Elige la oferta que te parezca más apropiada para ella y coméntala con tu compañero/a. Justifiquen su respuesta.

OCIO Y VIAJES

tatiana@ocio.org ********

INICIO · CONTACTO · SERVICIOS · PAÍSES · BUSCAR

vacaciones alternativas .com

Tatiana

Busco un lugar en Argentina donde pueda relajarme y desconectar de las prisas de la gran ciudad. Quiero una casa que esté cerca de la naturaleza para hacer actividades de senderismo. Ideal cerca del agua. La casa no tiene que ser muy grande, solo vamos dos personas, pero es imprescindible que tenga conexión a Internet ya que estoy preparando mi tesis.

Responder · Comentar · Contactar 16 de septiembre, 10:38

12 Ahora es tu turno. Ofrece tu casa en la red siguiendo el modelo de los anuncios anteriores. Ten en cuenta los aspectos positivos y a qué tipo de turistas puede interesar. Haz un borrador en tu cuaderno e intercámbialo con tu compañero/a para que lo revise y evalúe antes de escribir la versión final.

Casa en ....

....

....

Por qué nos encanta nuestra casa

....

....

....

....

....

....

Me gusta · Reservar

1. THE INDICATIVE AND SUBJUNCTIVE AFTER *QUE* AND *DONDE*

■ Relative clauses are phrases that clarify or describe the person or object you are talking about. That person or object is substituted by the relative pronoun **que** (for people and things) or **donde** (for places). Note that in Spanish **que** is used to replace the relative pronouns *that*, *which*, and *who* in English.

LAS ORACIONES DE RELATIVO

■ Las oraciones de relativo sirven para identificar o describir algo o a alguien que ya ha sido mencionado en la frase. Ese algo o alguien se llama *antecedente*.

• Si el antecedente es conocido por el hablante, el verbo va en **indicativo**.

• Si el antecedente es desconocido por el hablante, el verbo va en **subjuntivo**.

• Nombre + *que* / *donde* + indicativo

*Ana es **una muchacha** que **estudia** conmigo en la universidad.*

*Este es **el restaurante** donde **comemos** todos los domingos.*

• Nombre + *que* / *donde* + subjuntivo

*Busco **una muchacha** que **hable** ruso para poder practicar.*

*Quiero ir a **un restaurante** donde **pueda** comer una buena paella.*

1 **Alberto es de Guadalajara y dirige una agencia de modelos. Carla es coordinadora de los desfiles de Expo-Moda y está preocupada porque necesita urgentemente una serie de modelos en su desfile. Lee los textos e indica los adjetivos que corresponden solo a los modelos que quiere Carla y en el otro, los que definen a los modelos que encontró Alberto.**

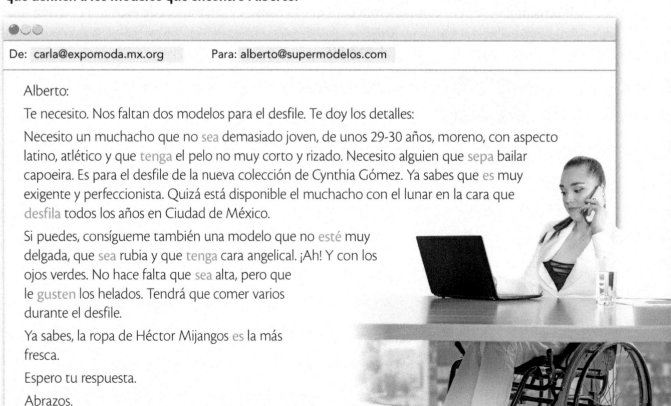

De: carla@expomoda.mx.org   Para: alberto@supermodelos.com

Alberto:

Te necesito. Nos faltan dos modelos para el desfile. Te doy los detalles:

Necesito un muchacho que no sea demasiado joven, de unos 29-30 años, moreno, con aspecto latino, atlético y que tenga el pelo no muy corto y rizado. Necesito alguien que sepa bailar capoeira. Es para el desfile de la nueva colección de Cynthia Gómez. Ya sabes que es muy exigente y perfeccionista. Quizá está disponible el muchacho con el lunar en la cara que desfila todos los años en Ciudad de México.

Si puedes, consígueme también una modelo que no esté muy delgada, que sea rubia y que tenga cara angelical. ¡Ah! Y con los ojos verdes. No hace falta que sea alta, pero que le gusten los helados. Tendrá que comer varios durante el desfile.

Ya sabes, la ropa de Héctor Mijangos es la más fresca.

Espero tu respuesta.

Abrazos.

De: alberto@supermodelos.com   Para: carla@expomoda.mx.org

Carla:

Me pides imposibles, siempre en el último minuto. A ver, tengo dos modelos disponibles.
Uno es Paul, que es un muchacho muy simpático, moreno, mide 1,78 y está bastante fuerte,
pero no baila capoeira. También tengo a Guiseppe que tiene los ojos azules, es moreno,
atlético, baila capoeira y mide 1,95. En cuanto a la muchacha, tengo a Alicia que tiene
los ojos grandes, pero son azules. No tengo a nadie en estos momentos que tenga los
ojos verdes.
Alicia está disponible y no tiene problema en comer helados durante el desfile,
aunque solo le gustan los helados que no llevan azúcar y de sabor a fresa.

Ya sabes que algunos modelos son muy caprichosos.

Espero tus noticias.

Saludos.

Las características de...

... los modelos que necesita Carla	... los modelos que encontró Alberto

2 Vuelve a leer los correos entre Carla y Alberto y subraya las oraciones de relativo que encuentres. En estas oraciones, el verbo que acompaña está unas veces en indicativo y otras en subjuntivo. ¿Por qué? Clasifica las frases en su columna correspondiente y reflexiona. Coméntalo con tu compañero/a.

Indicativo	Subjuntivo

3 Trabajen ahora en parejas. Cada uno de ustedes asumirá un papel determinado. Lean sus personajes y sigan las instrucciones.

Estudiante A

- Eres director/a de la Semana de la Moda de México. Eres muy perfeccionista, te gusta que todo salga excelente. Sabes que el/la director/a de la Agencia Miss Latinoamérica, es un poco desorganizado/a, así que le escribes un correo electrónico muy serio, formal y con toda la información bien detallada sobre lo que quieres.

Buscas:

- Una modelo para un desfile estilo dominicano (define sus características físicas).
- Una firma de zapatos especializada en desfiles de moda con gran variedad de modelos.
- Un presentador-director del desfile con mucha experiencia y voz muy masculina.

Estudiante B

- Eres director/a de la agencia Miss Latinoamérica. Eres extrovertido/a, odias los formalismos y te encanta exagerarlo todo. Recibes el correo electrónico del/ de la director/a de la Semana de la Moda de México, y haces lo que puedes para que esté contento/a; aunque no encuentras exactamente lo que él/ella quiere, le ofreces otras alternativas.

Ofreces:

- Una modelo rubia, de piel muy clara, pero muy versátil (define su aspecto físico).
- Una firma de zapatos especializada en botas de todo tipo: de montar a caballo, de pescar, de esquiar...
- Un presentador-director amigo tuyo con una voz un poco especial (decide cómo es la voz).

⬤◯◯	ESTUDIANTE	
De:		Para:

4 Ahora que cada uno leyó el correo del otro, llámense por teléfono, definan sus posturas y lleguen a un acuerdo.

5 ¿Cuál de estas cosas, lugares y personas te gustaría cambiar? Describe cómo es, con todo detalle, lo que tienes y lo que te gustaría tener.

Quiero cambiar de casa, de carro, de estudios o trabajo, de ciudad, de...

¿Cómo quiero que sean mi nueva casa, mi nuevo carro y mis nuevos estudios o mi nuevo trabajo?

Modelo:

Tengo un departamento pequeño que no tiene aire acondicionado y vivo en una ciudad donde hace mucho calor, demasiado. Además, mi departamento está lejos del centro y a mí me encanta salir y caminar por la ciudad, y si es por el centro, mejor.

¿Qué tipo de casa buscas?

Busco una casa que sea grande, que tenga aire acondicionado, que sea céntrica, que esté pintada toda de blanco, que esté cerca del metro y, por supuesto, que sea baratísima, ¡claro!

2. INDEFINITE PRONOUNS AND ADJECTIVES

Indefinite words refer to people and things that are unknown or undefined. In Spanish, indefinite words can function as pronouns or adjectives and have corresponding affirmative and negative forms. Use the subjunctive after **que** when asking whether something or someone exists, or when saying that something or someone doesn't exist.

■ **Adjetivos**

• Concuerdan con el sustantivo al que acompañan.

	EXPRESAN EXISTENCIA	EXPRESAN INEXISTENCIA
Singular	algún / alguna	ningún / ninguna
Plural	algunos / algunas	ningunos / ningunas

*Tengo **algunos** libros que te gustan.*   *No hay **ningún** muchacho de Francia.*

■ **Pronombres**

• Algunos indefinidos tienen la función de pronombres y son invariables.

	EXPRESAN EXISTENCIA		EXPRESAN INEXISTENCIA	
Personas	alguien	alguno/a/os/as	nadie	ninguno/a/os/as
Cosas		algo		nada

    » *¿**Alguien** ha visto el filme?*   » *¿Quieres **algo** de comer?*
    » *No, **nadie**.*   » *No quiero **nada**, gracias.*

■ *Ningunos/as (adjetivo o pronombre) solo se usa con palabras que van siempre en plural: pantalones, tijeras, lentes…:*
*No tengo **ningunas** tijeras aquí.*

6 En parejas, expliquen por turnos las diferencias en estas frases.

    a. No hay nadie en la habitación. / No hay nada en la habitación.

    b. Algo se mueve en la ventana. / Alguien se mueve en la ventana.

    c. Algún restaurante de la ciudad sirve comida colombiana. / Ningún restaurante de la ciudad sirve comida colombiana.

    d. Alguna tienda vende ropa de marca japonesa. / Ninguna tienda vende ropa de marca japonesa.

7 Completa las siguientes frases. Después, intercambien sus ideas y preguntas en grupos pequeños. ¿Quién tuvo las experiencias más extrañas? ¿Y las más cómicas?

Modelo: No hay ninguna mascota que sea más cariñosa que mi tarántula.

Nunca he visto a nadie…

Conozco a alguien que…

¿Hay algún lugar en el mundo que…?

¿Hay alguna comida que…?

No hay nadie que…

¿Conoces a alguien que…?

8 **Lee la conversación de Olga y Sara y complétala con el indefinido apropiado en cada caso. ¿Sabes de qué país hablan?**

Sara: En septiembre tomo un mes de vacaciones y la verdad es que tengo ganas de ir a Centroamérica o a Sudamérica. ¿Conoces (a) .... zona en la que no haya que recorrer muchos kilómetros y en la que haya mucha variedad de paisajes? No sé, (b) .... que no sea muy caro.

Olga: El año pasado, a través de una agencia de viajes, fui a recorrer una de las zonas más alucinantes de Centroamérica. ¡No hay (c) .... en el mundo que se le parezca! No solo es única por la diversidad de paisajes, sino por la fuerza de sus culturas indígenas que mantienen sus lenguas y costumbres de siglos y siglos. Visité los volcanes –¡todavía activos!–, las playas tropicales, la ciudad de Tikal, Corcovado, uno de los parques naturales más salvajes de la zona, y muchas cosas más… Te podría hablar horas de (d) .... de los momentos que viví allí.

Sara: Suena bien. Oye, ¿y sabes si hay (e) .... dirección en Internet que te ofrezca información de esa zona en general?

Olga: Sí, hay muchas, pero esta está bastante bien, copia: *www.turismocr.com*

9 **Ahora piensa en tus vacaciones ideales. Te damos algunas ideas. Usa tu imaginación siguiendo este modelo.**

Modelo: *Busco un lugar donde/que…*

DESCRIPCIÓN DEL LUGAR
ciudad, pueblo, cerca del mar, en la montaña, en el desierto, tranquilo, bullicioso, turístico…

ALOJAMIENTO
hotel grande, casa rural, cabaña, tienda…

TIPO DE TURISMO
turismo de aventura, cultural, combinación…

GASTRONOMÍA
comida mediterránea, asiática, mexicana, árabe…

OTROS
tiempo de duración, servicios…

GENTE
solo, con mi pareja, en grupo turístico, con amigos, de intercambio…

ACTIVIDADES
deportes, leer, comer, salir por la noche, hacer muchas visitas en grupo…

PAISAJE
con ruinas, monumentos, en medio de un bosque, junto a una montaña…

10 **Muestra a tu compañero/a la descripción de lo que buscas. ¿Conoce algún lugar así?**

3. VERBS OF EMOTION WITH SUBJUNCTIVE AND INFINITIVE

■ In contrast to other uses of the subjunctive, the situations described in the subordinate clause after verbs of emotion refer to something that is real or experienced. This reality, however, causes an emotional reaction in the speaker. The speaker uses the subjunctive to convey its emotional impact on him or her.

• Cuando el sujeto de la oración principal y el de la subordinada es el mismo, se usa el infinitivo:

> **Me irrita / molesta / fastidia / alegra / hace feliz / sorprende**
> **Me da vergüenza / miedo / envidia / pena**
> **No soporto / Odio**
> **Es una pena / intolerable**
> **Estoy cansado(a) / aburrido(a) / contento(a) + de**

+ infinitivo / nombre *(noun)*

Me molesta tener que viajar con mucho equipaje.
Me da vergüenza hablar en público.
Estoy cansado de estudiar tanto.

• Cuando el sujeto es diferente, el verbo va en subjuntivo:

> **Me irrita / molesta / fastidia / alegra / hace feliz / sorprende**
> **Me da vergüenza / miedo / envidia / pena**
> **No soporto / Odio**
> **Es una pena / intolerable**
> **Estoy cansado(a) / aburrido(a) / contento(a) + de**

+ **que** + subjuntivo

Me molesta que haya que viajar con tanto equipaje.
Me da vergüenza que la gente me mire cuando hablo en público.
Estoy cansada de que tengamos que estudiar tanto.

11 ¿Qué sentimientos expresan las personas de estas fotos? Coméntalo con tu compañero/a.

12 Completa las frases siguiendo el modelo.

Modelo: No soporto que el hotel me asigne una habitación con vista al estacionamiento.

a. Me hace feliz que… ....

b. Me irrita que… ....

c. Me da envidia que… ....

d. Me da pena que… ....

e. Me da vergüenza que… ....

13 ꜜ||ꜜ⸗21 En el programa de radio *¿Cómo se siente?* un reportero salió a la calle para hablar con la gente. Escucha los diálogos y completa cómo se siente cada una de las personas entrevistadas.

Diálogo 1	a. No le gusta ir al dentista.
Diálogo 2	b. Le hace feliz tener buena salud.
Diálogo 3	c. Le da vergüenza ser impuntual.
Diálogo 4	d. Le da pena que la gente cercana no tenga trabajo.
Diálogo 5	e. Le fastidia que su hermano no le deje el coche.

14 👥 Mira la siguiente lista y marca qué es lo que más odias, te molesta, te fastidia o te irrita. Después de completarlo, compara tus respuestas con tu compañero/a. ¿Coinciden?

a. .... que toquen mis cosas.

b. .... que la gente esté mirando el celular mientras hablo.

c. .... que la gente diga mentiras.

d. .... que la gente coma palomitas en el cine.

e. .... que la gente no respete las colas.

f. .... que me interrumpan cuando hablo.

g. .... que la gente llegue tarde.

h. .... que no funcione Internet cuando más lo necesito.

i. .... que haya demasiados comerciales en la tele.

j. .... que haga mal tiempo el día que tengo planeado salir fuera.

15 👥 Hagan ahora una lista similar con las cosas o las acciones que les despiertan sentimientos positivos.

Modelo: Me encanta que haga buen tiempo el fin de semana.

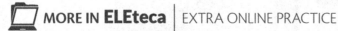

📁 **MORE IN ELEteca** | EXTRA ONLINE PRACTICE

La tilde diacrítica

1 ⌒⌒⌒ ⎍⎍⎍ **Fíjense en las siguientes oraciones detenidamente. Presten atención a las palabras que están en negrita. ¿Qué diferencia encuentras entre ellas?**

a. **El** conductor paró de un frenazo el autobús.
   Me lo dijo **él**.

b. **Si** llueve, no iremos al zoo.
   Me respondió que **sí**.

> **La tilde diacrítica**
>
> ■ La tilde diacrítica sirve para diferenciar dos palabras que se escriben igual pero que tienen diferente significado o función en la oración.

2 **Observa estos otros ejemplos y escribe en cada caso qué tipo de palabra es: adjetivo, pronombre, nombre, preposición, conjunción, adverbio o verbo.**

a. ¿Dónde pusiste **tu** abrigo? ➡ ....
   Tú siempre dices la verdad. ➡ ....

b. Te invito a cenar a **mi** casa. ➡ ....
   ¿Tienes algo para **mí**? ➡ ....

c. **Te** compré un par de zapatos. ➡ ....
   Voy a pedirme una taza de **té**. ➡ ....

d. Compré una chaqueta **de** cuero. ➡ ....
   Dice que le **dé** mil dólares. ➡ ....

e. **Sé** que tienes razón. ➡ ....
   Luis **se** afeita por las mañanas. ➡ ....

f. Quiso convencerlo, **mas** fue imposible. ➡ ....
   Habla un poco **más** alto. ➡ ....

3 ⎰⎰⎰⎰22 **Escucha las frases del dictado y cópialas a continuación.**

a. ....

b. ....

c. ....

d. ....

e. ....

f. ....

📁 **MORE IN ELEteca** | EXTRA ONLINE PRACTICE

1 🎧 23 **¿Conoces a Antonio Machado? ¿Qué sabes de él? Escucha la conversación entre dos estudiantes de español y completa esta información.**

- Antonio Machado es uno de los (a) .... de la literatura española.

- Escribió versos que los españoles se (b) .... de memoria y se (c) ....

- A través de sus poemas luchó por la (d) .... y la (e) ....

- Fue un hombre que amó mucho su (f) ....

2 **Aquí tienes algunos datos sobre la vida de Machado. Ordénalos cronológicamente. ¿Qué parte de su biografía te llama más la atención?**

a. ☐ El año de la muerte de su mujer publicó *Campos de Castilla*. En esta obra reflexiona sobre la decadencia de España y la esperanza de un futuro mejor.

b. ☐ Tras unos días de enfermedad, murió en Colliure, un pueblo francés cercano a la frontera, en 1939. En el bolsillo de su chaqueta se encontraron sus últimos versos. Su tumba es un símbolo de la causa republicana y un lugar de peregrinación para muchos españoles de izquierdas.

c. ☐ Durante la guerra civil española (1936-1939) apoyó al gobierno de la II República, frente a Franco, en varios artículos de prensa. Tuvo que exiliarse a Francia al igual que medio millón de personas.

d. ☐ Consiguió el puesto de profesor de francés en el instituto de Soria en 1907. En esta ciudad conoció a Leonor, con quien se casaría dos años después. Él tenía treinta y cuatro años y ella solo quince.

e. ☐ Viajó con veinticuatro años a París, donde vivía su hermano Manuel, también poeta. Allí conoció a Oscar Wilde, a Pío Baroja y a Rubén Darío, del que fue gran amigo toda su vida.

f. ☑ 1 Nació en Sevilla en 1875, en el seno de una familia liberal, pero se trasladó con ocho años a Madrid, donde completó su formación en la célebre Institución Libre de Enseñanza.

g. ☐ La muerte de su esposa Leonor a los dos años de casarse, en 1912, hundió al poeta en una gran depresión. Pidió el traslado a Baeza, en Andalucía, y se dedicó a la enseñanza y a los estudios.

h. ☐ A su vuelta de Madrid entabló amistad con Juan Ramón Jiménez y, en 1903, publicó *Soledades*, su primer libro de poemas. Son poemas de tono simbolista sobre el paso del tiempo, la pérdida de la juventud, la muerte y los sueños.

3 Las siguientes palabras pertenecen a un poema de Machado. Relaciónalas con su significado.

1. huellas   a. Camino muy estrecho.

2. senda   b. Rastro que deja en el mar un barco.

3. pisar   c. Poner el pie en algo.

4. estelas   d. Rastro que queda en la tierra al caminar.

4 🎧 **24** **Lee y coloca las palabras de la actividad anterior en el poema. Después, escucha y comprueba.**

Campos de Castilla

Caminante, son tus (a) ....
el camino y nada más;
caminante, no hay camino,
se hace camino al andar.

5 Al andar se hace camino
y al volver la vista atrás
se ve la (b) .... que nunca
se ha de volver a (c) ....

10 Caminante, no hay camino,
sino (d) .... en la mar.

(*Campos de Castilla*, Antonio Machado)

5 **Relaciona estas frases que resumen las ideas principales y secundarias del poema con cada una de las estrofas anteriores.**

a. ☐ Machado intenta decir aquí que nuestra vida es algo que nosotros debemos construir y resolver, pero una vez que ya hicimos algo, no lo podemos cambiar y nos tenemos que atener a las consecuencias, nos guste o no.

b. ☐ En estos versos el autor intenta decir que uno puede intentar seguir el camino de otro, pero nunca va poder copiarlo. Las huellas que deja un barco representan el camino que nunca se ha de poder seguir.

c. ☐ Se refiere a que la vida no está escrita, que la vida es un sendero sin recorrer, el cual nosotros debemos caminar, descubrir y crear. Serán nuestras decisiones las que determinen el rumbo que este camino tomará.

6 **Ahora que ya conoces el significado de cada párrafo, ¿cuál de estas reflexiones sobre el poema te parece más lógica?**

a. ☐ El camino es nuestra vida y nosotros somos los caminantes que debemos construirla con nuestros pasos.

b. ☐ El caminante está cansado y no quiere mirar atrás porque no le gusta lo que vio.

7 **¿Cómo crees que será tu viaje o camino en la vida? ¿Qué cosas verás? Crea ahora un poema.**

El camino...

APRENDE HACIENDO

PARA ORGANIZAR EL DISCURSO

■ Fíjate en la función de los siguientes **conectores** y trata de incorporar algunos en tu ensayo y presentación oral:

- Para añadir información: *además*, *también*, *igualmente*…
- Para intensificar un punto: *encima*, *es más*…
- Para expresar el grado máximo de intensificación: *más aún*, *incluso*, *hasta*…

ENSAYO PERSUASIVO

◎ **Personal and Public Identities:** Self Image.

◎ **Tema del ensayo:** ¿Piensas que la moda influye negativamente en la imagen que tienen los jóvenes de sí mismos?

FUENTE 1 - LECTURA

1 **Lee este artículo sobre los estereotipos y el papel de los medios de comunicación en promocionarlos.**

Consumo

Después de realizar un estudio de ocho de las principales revistas juveniles que existen en el mercado español, la Unión de Consumidores de Extremadura (UCE) ha concluido que el 90 % de estas publicaciones van dirigidas al público femenino y el principal mensaje que se envía es: hay que consumir.

Además, en estas revistas se ofrece una imagen estereotipada de las mujeres que no refleja la realidad de las adolescentes. Presentan una adolescente preocupada únicamente por su imagen, por los muchachos y por temas frívolos como la vida de los famosos. Ser guapa, comprar las últimas tendencias de ropa y maquillaje, ser popular, estar en el grupo de la gente "guay", conseguir al muchacho más guapo y producir envidia entre las enemigas es el objetivo por el que las muchachas deben luchar. Sin duda, esta imagen de la mujer invita al consumismo y al sexismo.

La doctrina se puede resumir en: "hay que comprar cosas guays para ser guay" y "hay que gustarle a ellos para ser feliz". Para conseguir todo esto, las revistas les dicen a sus lectoras cómo deben maquillarse, actuar, hablar y, por supuesto, qué tienen que comprar.

La UCE advierte que este tipo de mensajes puede influir negativamente en las lectoras al ver que no cumplen con el perfil de "supermujer" que se muestra.

Siempre se habla de mujeres guapas que consiguen todo lo que quieren y esto puede producir ansiedad e inseguridad entre las adolescentes.

El estudio también critica que casi no hay secciones dedicadas a la cultura, la formación, el deporte, el medioambiente o consultorios serios, con expertos, para tratar temas de psicología, complejos, trastornos alimenticios o educación sexual, temas sobre los que los jóvenes buscan respuestas.

Tampoco tratan valores como el respeto, la solidaridad o el esfuerzo personal.

El estudio recomienda mejorar y corregir el contenido de estas revistas, en ocasiones totalmente inadecuado para el público objetivo, puesto que influyen en la conducta de las jóvenes y en los hábitos que adquieren.

Extraído de Cómo llegar a ser una superwoman, UCE

FUENTE 2 - GRÁFICO

2 **Este gráfico representa los resultados de una encuesta global realizada por la Asociación Nacional de Cirugía Plástica (ISAPS, por sus siglas en inglés).**

Los países en los cuales se realizó el mayor número de cirugías plásticas en los años 2011 y 2014
% del total de la población mundial

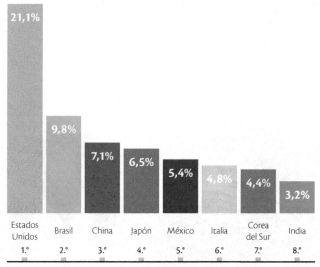

2011

Estados Unidos	Brasil	China	Japón	México	Italia	Corea del Sur	India
21,1%	9,8%	7,1%	6,5%	5,4%	4,8%	4,4%	3,2%
1.°	2.°	3.°	4.°	5.°	6.°	7.°	8.°

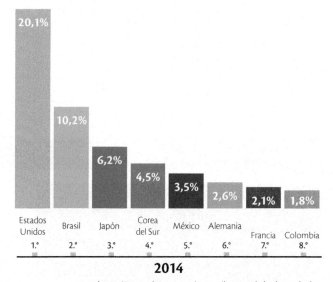

2014

Estados Unidos	Brasil	Japón	Corea del Sur	México	Alemania	Francia	Colombia
20,1%	10,2%	6,2%	4,5%	3,5%	2,6%	2,1%	1,8%
1.°	2.°	3.°	4.°	5.°	6.°	7.°	8.°

http://www.isaps.org/news/isaps-global-statistics

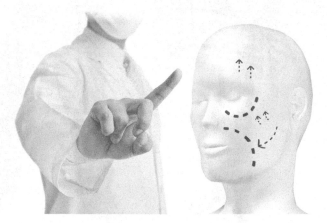

En 2014, las mujeres tuvieron más de diecisiete millones de intervenciones de cirugía plástica, un 86,3% del total. Los hombres tuvieron más de 2,7 millones de intervenciones de cirugía plástica, un 13,7% del total.

FUENTE 3 - AUDICIÓN

3 🎙—25 Esta grabación trata el tema de la imagen personal y los cambios extremos. Fue extraída de un encuentro entre estudiantes universitarios de la Universidad Sergio Arboleda en Bogotá, Colombia. Escucha la opinión de una estudiante de la Escuela de Comunicación Social y Periodismo. Mientras escuchas, ayúdate del contexto para entender las expresiones técnicas propias de la cirugía plástica.

4 Ahora escribe un ensayo persuasivo haciendo referencia a las tres fuentes.

PRESENTACIÓN ORAL

- ◎ **Personal and Public Identities: Personal Beliefs:** Personal Beliefs.
- ◎ **Tema del ensayo:** ¿Por qué crees que los estereotipos son casi siempre negativos?

5 En tu presentación, compara tus observaciones de las comunidades en las que viviste y lo que estudiaste sobre la cultura hispana. Comparte una anécdota relacionada con los estereotipos. Describe con detalle cómo te sentiste y cómo reaccionaste.

6 🔊 Presenta tu discurso a la clase.

MIAMI: LA OTRA CUBA

Little Havana

La popular Calle Ocho en la histórica Little Havana
(Foto: Fotoluminate LLC, 18 de diciembre de 2016)

Ciento sesenta y seis kilómetros separan La Habana de Key West, en el sur de la península de Florida. Por eso, muchos "balseros" siguen intentando llegar a Estados Unidos en embarcaciones precarias buscando un futuro mejor, aun a costa de arriesgar sus vidas. Pero no siempre fue así...

Antes de endurecerse la política de inmigración, Norteamérica daba la bienvenida a los latinos, la mayoría cubanos, que llegaban a las costas de Florida como exiliados políticos.

Y tras la revolución cubana, un gran número de ellos se estableció en Miami, constituyendo la mayor comunidad cubana fuera de su país. En febrero de 2018, entre los condados de Miami-Dade, Broward, Hillsborough y Palm Beach, los cubanos ya suponían un 68 % de la población.

Un buen ejemplo es el animado barrio de Little Havana, donde puedes hacerte una idea de cómo es estar en "la otra Cuba": se fabrican cigarros puros, huele a café y a comida sabrosa, se escucha música latina y se habla español.

El impacto tanto económico como social, político y cultural de los cubanos en Miami es muy significativo: está impregnado de sabor latino, sobre todo en la gastronomía, el idioma y la música y, como dice el exalcalde de Miami, Tomás Regalado, se convirtió en una ciudad global.

Fuentes: Centro Virtual Cervantes, *El español en la Florida: Los cubanos de Miami*, Humberto López Morales, Anuario 2000; *Cuba en Miami*, Alejandro Martínez, febrero de 2018; *Cibercuba*, febrero de 2018; www.clarin.com, diciembre de 2018; *BBC News Mundo*, enero de 2019.

1 Intenta imaginar cómo fue la llegada a Florida de un "balsero" y la adaptación a su nueva vida.

CUBANOS EN MIAMI

2 Las siguientes personalidades forman parte de la vida pública de Miami. Lee acerca de ellas y relaciónalas con sus declaraciones a la prensa de la página siguiente.

(Foto: Meunierd, 29 de octubre de 2012)

1. Jorge Colina, cubanoamericano, es el jefe del Departamento de Policía de Miami. Rechaza el proyecto de ley que pretende arrestar a los inmigrantes solo por estar indocumentados.

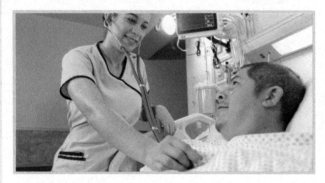

2. Jeanette Núñez, nacida y criada en Miami y de padres cubanos, es la primera vicegobernadora latina de Florida. Entre sus objetivos se encuentran mejorar la sanidad y el transporte y conseguir una mayor escolarización.

3. Eduardo Padrón, nacido en Santiago de Cuba, llegó a Estados Unidos en 1961, siendo un adolescente. Es presidente emérito del Miami Dade College. Se ha convertido en un referente de la educación universitaria en EE. UU., especialmente entre los inmigrantes.

(Foto: tateyama, 7 de julio de 2016)

4. Alice Bravo, hija de padres cubanos, es la directora del Departamento de Transporte y Obras Públicas de Miami y la segunda mujer de origen cubano en conseguir este cargo. Su principal objetivo es fomentar el uso del transporte público entre los residentes.

5. Francis Suárez, hijo del primer alcalde de origen cubano de Miami, Xavier Suárez, es el actual alcalde de la ciudad. Defiende el derecho a una vivienda asequible (affordable), la prohibición de las armas y el control del cambio climático.

6. Bárbara Lagoa, de origen cubano, nacida en Miami y criada en Hialeah, es magistrada de la Corte Suprema de Florida y la primera mujer hispana en ocupar este puesto. Su compromiso es defender el estado de derecho.

"Debemos desarrollar soluciones para mejorar la calidad de vida de nuestros residentes más vulnerables, por eso en los próximos cinco años se destinarán 12 000 viviendas al alquiler asequible".

a ☐

"Sin mis colegas, y sobre todo, sin los estudiantes, no habría podido lograr nada. Aún queda mucho trabajo por hacer, así que espero seguir sirviendo a esta institución en mis nuevas misiones".

b ☐

"Me siento orgullosa de mis padres, por todos sus sacrificios, que hoy se ven recompensados. Para los que saben algo de las familias cubanoamericanas, yo soy hija y nieta, así que ir a la escuela de leyes en Nueva York no fue una decisión fácil de entender en mi casa".

c ☐

 "Ser elegida es una gran fuente de orgullo para mí, para mi familia, pero lo más importante para mi comunidad. Trabajaré incansablemente para ayudar al próximo gobernador a cumplir con nuestra agenda electoral".

d ☐

"No me importa si tiene papeles o no tiene papeles, de dónde vino o quiénes son sus padres. Ese no es mi trabajo. Mi trabajo es asegurarme de que todos en esta ciudad estén a salvo".

e ☐

"Mi idea es integrar en el condado todos los servicios de transporte en un solo sistema, para así persuadir gradualmente a los choferes a dejar sus autos en casa y utilizar más y más el transporte público".

f ☐

Fuentes: www.cibercuba.com, marzo y mayo de 2019; www.cubanet.org, noviembre de 2018; *El Nuevo Herald*, Fabiola Santiago, mayo de 2018; www.cubitanow.com, Hervin Salinas, enero de 2019; Univisión Miami, enero de 2019; *Miami Today*, Katherine Lewin, febrero de 2019; *El Nuevo Herald*, Sarah Moreno, febrero de 2019; *Diario Las Américas*, Sergio Otálora, julio de 2015; *La Vanguardia*, enero de 2019; www.eleconomista.es, enero de 2019.

La Feria del Libro de Miami

- En 2018 se celebró la 35.ª edición de la Miami Book Fair, el evento literario más importante de todo el país y que acoge cada año a más de 150 000 visitantes.
- Organizado por la universidad Miami Dade College (MDC), cuenta con unos 500 autores invitados, de los cuales un centenar corresponde al Programa de Autores Iberoamericanos.

Póster de la feria del libro de 2018 con la imagen del mural colectivo del muralista nicaragüense radicado en Miami Luis del Valle, conocido por "El Chan Guri".

- Su variado programa también ofrece conferencias, presentaciones de libros, lecturas, debates, foros…
- La escritora mexicana Laura Esquivel, autora de *Como agua para chocolate* (1989), y el peruano Jaime Bayly, radicado en Miami, fueron los autores escogidos para abrir la parte hispanohablante de la feria, el área que más creció en toda su historia.
  - A los puestos de venta de libros se le suman actividades para niños y adolescentes, actividades musicales, gastronómicas, de artesanía… repartidas entre el campus de la universidad y las calles de alrededor.

Fuentes: *Diario Las Américas*, octubre y noviembre de 2018

3 Eduardo Padrón no solo es uno de los cofundadores de la Feria del Libro de Miami. Además, acogió y desarrolló el Festival de Cine de Miami cuando estaba en peligro de quedarse sin apoyo financiero y convirtió la Torre de la Libertad en un prestigioso museo de arte. Busca información acerca de estos otros proyectos y compártela con tus compañeros/as.

¿QUÉ HE APRENDIDO?

1 **Busca la palabra que no pertenece a este grupo.**

diseñador o desfile o marca o desplazamiento o clásico

2 🖳 **Explica a tu compañero/a el significado de la palabra intrusa.**

3 **Completa las frases.**

a. No conozco a nadie que… ....

b. ¿Sabes si hay algún/a…? ....

c. Busco un viaje que… ....

d. En mi armario no hay ningún… ....

4 **Imagina que vas de vacaciones a México. Escribe brevemente qué tipo de alojamiento buscas, dónde quieres ir y qué cosas quieres hacer.**

....

....

5 **Escribe junto a estas palabras el sentimiento positivo o negativo que te produce y el grado de intensidad.**

a. Los exámenes. ➡ ....

b. Los parques de atracciones. ➡ ....

c. La moda. ➡ ....

d. Las vacaciones. ➡ ....

e. Visitar museos. ➡ ....

f. Los días sin sol. ➡ ....

6 **Describe a esta muchacha y opina sobre su estilo.**

De vacaciones

el agobio *strain, burden*

el alojamiento *lodging, accomodation*

la casa rural *country house, cottage*

la comodidad *convenience*

el desplazamiento *trip, journey*

el destino *destination*

la escalada *climb*

el gasto *expense*

el huésped *guest, lodger*

la jornada *day trip*

el montañismo *mountain climbing*

el paisaje *scenery, landscape*

el parque de atracciones *amusement park*

la pesca *fishing*

la prisa *rush, hurry*

el senderismo *hiking*

la sierra *mountain range*

Verbos

ahorrar *to save*

dar envidia *to envy*

dar miedo *to fear*

dar pena *to feel shame, sadness*

dar vergüenza *to be embarrassed*

desconectar *to disconnect*

exagerar *to exagerate*

fastidiar *to irritate, annoy*

fijarse en *to pay attention to*

hacer feliz *to make happy*

irritar *to irritate*

molestar *to bother, annoy*

odiar *to hate*

perderse *to lose oneself*

soportar *to put up with*

sorprender *to surprise*

Conectores del discurso

además *besides, in addition*

encima *not only that*

es más *furthermore*

hasta *even*

igualmente *equally, by the same token*

incluso *even, including*

más aún *even more*

La moda

el adelanto *advance*

el aparador *store window*

la calidad *quality*

el corbatín *bow tie*

el desfile *fashion show, parade*

desfilar *to parade, walk in file*

el/la diseñador/a *designer*

el escote *neckline*

la etiqueta *label, tag*

la firma *business*

la gorra *cap*

las joyas *jewelry*

la marca *brand*

la mascota *pet*

la prenda *article of clothing*

la temporada *season*

Descripciones

acogedor/a *cozy*

amplio/a *spacious*

amueblado/a *furnished*

clásico/a *classic*

combinado/a *matched (as in goes together)*

deslavado/a *faded, washed out*

estampado/a *print*

estresado/a *stressed*

luminoso/a *bright (with light)*

pintoresco/a *colorful, picturesque*

pleno/a *in the middle of*

Palabras y expresiones

algo *something, anything*

alguien *someone, anyone*

algún (+ nombre masc. sing.) *some, any*

alguno/a/os/as *some, any*

nada *nothing, not anything*

nadie *no one, not anyone*

ningún (+ nombre masc. sing.) *none, not one*

ninguno/a/os/as *none, not one*

RETOS GLOBALES

¿Cuáles son los desafíos a los que se enfrentan los países de habla hispana?

¿Qué es lo primero en lo que piensas cuando lees el título de este proyecto? Tal vez se te ocurren temas como el calentamiento global, el crecimiento de la población o el uso eficiente de las fuentes de energía. En este proyecto investigarás sobre un desafío político, ambiental o social al que se enfrenta un país de habla hispana. Según vuestra investigación, tu grupo y tú crearán una publicación de blog y una presentación.

PRIMER PASO

Investigación (Tarea interpretativa)

1 **En grupos, elijan un país de habla hispana sobre el que investigar. A continuación, elijan un tema relacionado con los retos globales de la siguiente lista de vocabulario frecuente del nivel 4 avanzado (AP® Vocabulary).**

Natalidad o población

Modelo: Aunque Guatemala es el país más poblado de América Latina, su tasa de natalidad está disminuyendo...

Mortalidad

Modelo: Según la comisión económica, América Latina y el Caribe mantienen una alta tasa de mortalidad por accidentes de tráfico...

Hambruna

Modelo: La escasez de alimentos puede causar la falta de vitamina A entre las personas. Este es un gran problema en Colombia...

Agua potable

Modelo: El presidente de Bolivia es un gran luchador por este derecho de primera necesidad...

Desempleo

Modelo: El desempleo es un factor determinante para los jóvenes de El Salvador...

Provisión (proveer)

Modelo: La cantidad entregada a Puerto Rico después del huracán...

2 **Busquen fuentes primarias y secundarias para responder a las siguientes preguntas sobre el país y el reto elegidos.**

a. ¿Cómo afecta este reto al país de habla hispana que eligieron?

b. ¿Cómo de extendido está en ese país?

c. ¿Qué está haciendo ese país para enfrentarse a este reto?

d. ¿Qué podemos hacer para ayudar a ese país a superarlo?

3 **Una vez que hayan acordado los roles, objetivos y plazos, comiencen su investigación. Dividan las fuentes a partes iguales entre los miembros del equipo. Basándose en su investigación, trabajen juntos para escribir una publicación de blog que responda a las preguntas anteriores. Entreguen su bibliografía y la publicación del blog a su profesor/a.**

> ¡Cuidado con cometer plagio! Asegúrate de:
> - Parafrasear: no copies literalmente más de dos palabras seguidas de la fuente.
> - Citar: sigue las pautas del formato de tu escuela (por ejemplo: APA, MLA, Chicago, etc.). Cuando cites una fuente, cítala exactamente como era (a nadie le gusta que lo citen mal).
> - Incluye todas las fuentes en tu bibliografía.

SEGUNDO PASO

Presentación en clase (Tarea de presentación)

4 **Preparen una presentación para compartir su información con el resto de la clase. Cada miembro del grupo deberá exponer algunos aspectos del reto al que se enfrenta el país elegido y sus ideas sobre cómo podrían ayudar a superarlo.**

TERCER PASO

Debate y consenso (Tarea interpersonal)

5 **Durante las presentaciones, hagan preguntas y respondan a las de sus compañeros/as para pedir alguna aclaración o para añadir información.**

6 **Después de todas las presentaciones, debatan sobre qué idea de todas las propuestas para ayudar a afrontar los retos es la más práctica. Lleguen a un consenso sobre cómo la clase podría llevarla a cabo y luego trabajen juntos hacia esa meta.**

CUARTO PASO

Alcance comunitario

7 **Con el permiso de sus padres y profesores, publiquen su blog en línea. Lleven un registro de las respuestas que reciban y compártanlas con la clase.**

8 REFLEXIÓN **Reflexiona sobre este reto y discute las siguientes cuestiones en clase.**

a. ¿Por qué elegiste el reto global sobre el que trabajaste?

b. ¿Qué parte del proyecto te gustó más?

c. ¿Qué información de la que encontraste te sorprendió más?

d. ¿Qué piensas que pasará en el futuro en relación al reto sobre el que investigaste?

POR UN FUTURO

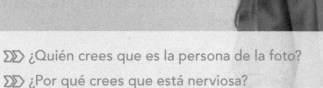

≫ ¿Quién crees que es la persona de la foto?

≫ ¿Por qué crees que está nerviosa?

≫ ¿Para qué crees que se está preparando?

≫ ¿Cómo te sentirías tú en esa situación?

Esta joven está nerviosa.

IN THIS UNIT, YOU WILL LEARN TO:

- Talk about professional profiles and career opportunities
- Express the cause and purpose of actions using *por* and *para*
- Refute the cause of an incident or situation using *no es que* + subjunctive, *sino que* + indicative
- Refer to when an action takes place using subjunctive or indicative with *cuando* and other conjunctions of time

TALLER DE LITERATURA

- *Lituma en los Andes*, Mario Vargas Llosa

APRENDE HACIENDO

- Contemporary Life: Education and Careers
- Beauty and Aesthetics: Visual and Performing Arts

SESIÓN DE CINE

HABANA blues

→ una película de Benito Zambrano.

vivir es elegir.

CULTURA EN VIVO

MUJERES TRABAJADORAS Y LATINAS

Evangelina García Prince (1934-2019) fue senadora y ministra de la mujer en Venezuela durante el gobierno de Carlos Andrés Pérez. Socióloga, antropóloga y activista feminista realizó una larga carrera docente y de investigación universitaria. (Foto: Yennitp)

1 Miren atentamente la imagen. ¿Dónde están estas personas? Justifiquen su respuesta.

2 26 Escucha y lee las siguientes entrevistas a Miguel y a Ana, dos jóvenes asistentes a la conferencia anterior.

Entrevista 1

Reportera: Buenas tardes, nos encontramos en la salida de una interesante conferencia a la que han asistido numerosas personas. Hay aquí estudiantes que vinieron **para** conocer cuáles serán las perspectivas cuando se gradúen, y profesionales que vinieron **a** analizar el panorama laboral. Aquí tenemos a un joven asistente. Soy Marta Lagos, de Canal 13. ¿Podrías hablarnos un poco de ti y de por qué has asistido a esta conferencia?

Miguel: Sí, por supuesto. Me llamo Miguel Carrasco y tengo veinticinco años. Hace ya tres años que terminé la carrera de Ciencias Químicas. He venido **a** ver si hay algún curso con el que mejorar mi perfil profesional **para** conseguir un trabajo cuando salga alguna oferta.

Reportera: ¿Y lo hay?

Miguel: Sí, la verdad es que sí. Yo estudié Químicas **por** vocación, porque a mí siempre me habían atraído las ciencias. Mi sueño es ser un gran científico y cuando trabaje en un laboratorio poder hacer algún descubrimiento importante. La información de esta conferencia ha sido muy útil, porque me ha convencido de la necesidad de complementar mi formación con cursos especializados y aprender idiomas. He venido a buscar información y la he conseguido.

Reportera: Vaya, pues sí que te vemos contento **por** haber venido. Muchas gracias y buena suerte.

Miguel: Gracias a ustedes.

Entrevista 2

Reportera: Aquí tenemos a otra joven asistente. Por favor, ¿unas palabras **para** el Canal 13? ¿Podrías hablarnos un poco de ti y de por qué has asistido a esta conferencia?

Ana: Bueno, me llamo Ana Jiménez y tengo veintitrés años. Este año he terminado mis estudios de Bellas Artes y **por** tener más información, quería conocer nuevos cursos **para** complementar mi formación y tener así mejores perspectivas de trabajo.

Reportera: ¿Y qué te ha parecido la conferencia?

Ana: Pues me ha parecido muy interesante. La verdad es que yo he salido muy contenta, porque nos han explicado, con datos muy claros, qué es lo que pide realmente el mercado laboral en cuanto a formación y qué hacer **para** estar al día. Cuando organicen otra también vendré, porque aportan muchas ideas nuevas.

Reportera: Muchas gracias, Ana, **por** darnos tu opinión. Y a ustedes también muchas gracias.

3 Escribe la idea principal de cada entrevista. Luego completa el cuadro para identifcar algunos detalles.

	Estudios realizados	Motivo por el que asiste	Resultados de su experiencia
Miguel ▶▶▶▶			

Ana ◀◀◀◀

4 Contesta a las preguntas sobre la conferencia y fíjate en los usos de *por, para* y *a*. Comprueba tus respuestas con tu compañero/a.

a. ¿Para qué medio de comunicación trabaja la reportera?

b. ¿Para qué vinieron muchos estudiantes a la conferencia?

c. ¿A qué vinieron muchos profesionales?

d. ¿Por qué estudió Miguel Ciencias Químicas?

e. ¿Por qué le da las gracias la reportera a Ana?

¡AHORA TÚ!

5 Escribe un diálogo similar siguiendo las instrucciones. Después, represéntalo con tu compañero/a.

1. Saluda y pregunta al entrevistado/a si puedes hacerle unas preguntas.

2. Contesta al saludo y acepta responder.

3. Pregunta por la asistencia a la conferencia.

4. Responde que estás buscando trabajo.

5. Pregunta si consiguió su objetivo.

6. Responde que sí, porque explicaron lo que pide el mercado laboral.

EXPRESSING PURPOSE OF ACTIONS

■ Para **expresar la finalidad** o el propósito de una acción, se usa:

- **Para** + infinitivo, cuando el sujeto de las dos oraciones es el mismo:
  (Yo) Hago este curso **para** (yo) **mejorar** mi currículum.

- **Para que** + subjuntivo, cuando los sujetos son diferentes:
  (Yo) Vengo a la reunión **para que** el director de Recursos Humanos (él) **me oriente** sobre el trabajo.

- **A fin de** (**que**), **con el fin de** (**que**) tienen los mismos usos que la preposición **para**, pero se utilizan en contextos **formales**:
  La compañía solicitó una reunión **a fin de / con el fin de hacer** reestructuraciones.

- **A** (**que**) se usa cuando está precedido de un **verbo de movimiento** (ir, venir, entrar, salir, subir...):
  Subió a ver al director del Departamento Financiero (+ infinitivo, cuando el sujeto de las dos oraciones es el mismo).
  Vine **a que me paguen** la nómina de este mes (+ subjuntivo, cuando los sujetos son diferentes).

- **Por** + infinitivo, puede expresar **finalidad**:
  Juan lo hizo por quedar bien con el jefe. = Juan lo hizo para quedar bien con el jefe.

1 **Lee la siguiente información y construye oraciones que expresen finalidad.**

   Modelo: Mi madre empezó a ir a la universidad. Quiere encontrar un trabajo mejor.
   Mi madre empezó a ir a la universidad para encontrar un trabajo mejor.

   a. Viví en Bogotá. Quería aprender español. ....

   b. Están ahorrando. Desean comprarse una casa. ....

   c. Voy a diferentes conferencias. Tengo muchas ganas de aprender cosas nuevas. ....
   ....

   d. La reunión se organizó ayer. El objetivo era decidir la reestructuración del Departamento de Recursos Humanos. ....

2 **La directora de una empresa está entrevistando a tres personas para un puesto. Selecciona el perfil más adecuado y justifica tu elección usando expresiones de finalidad. Coméntalo en grupos pequeños. Analiza los razonamientos de tus compañeros/as asegurándote de que todos tienen la oportunidad de explicarse y rebatir.**

Vamos a tener una fusión de empresas y habrá muchas transformaciones. Necesito a una persona dinámica, intuitiva, discreta, honesta, curiosa y eficaz en el trabajo. Tiene que ser muy puntual y no tener ausentismo laboral.
Quiero a alguien productivo, que quiera evolucionar y que esté motivado.

Soy una persona muy eficaz en el trabajo, y aunque a veces me cuesta un poco adaptarme a los cambios, es verdad que aprendo rápido y bien. Hasta ahora no he tenido que ser muy puntual porque el horario de mi trabajo es flexible, pero puedo cambiar de hábitos. Eso no será un problema.

Antonio Pereyra

Verónica Molina

En la otra empresa en la que estuve no falté nunca a trabajar. Me encantan los retos (*challenges*). Me gusta analizar todo detenidamente y no me fío de las primeras impresiones. Soy muy productiva y me encanta esta empresa porque creo que puedo evolucionar en ella.

Estoy encantada de tener esta entrevista. Creo que puedo encajar muy bien en una empresa donde trabaje mucha gente porque en todos las compañías en las que estuve anteriormente era muy popular, me conocía todo el mundo, desde el conserje hasta el director general. Además soy una persona muy productiva y responsable. Es la razón por la que estoy muy motivada para trabajar aquí.

Luisa Ojeda

3 Observa las siguientes imágenes. ¿Qué sentimientos te sugieren? Justifica tu respuesta. Construye frases usando el conector causal *por*. ¿Qué imagen es la que representa mejor cómo te sientes cuando piensas en la carrera que quieres seguir? Coméntalo con tu compañero/a.

■ Para **expresar la causa o el motivo de una acción**, se usa la preposición ***por***:

*Me acosté tarde **por** ir al concierto.*   ***Por** la huelga, los materiales no llegaron a tiempo.*

4 Realiza el siguiente cuestionario a tu compañero/a.

■ ¿Qué crees que vas a estudiar o ser en el futuro?

■ ¿Por qué elegiste ese ámbito y para qué?

■ ¿Qué cualidades hay que tener para realizar tu profesión con éxito?

COMUNICA

REFUTING THE CAUSE OF AN INCIDENT OR SITUATION

- Cuando queremos negar algo para dar una **opinión nueva** o **explicar** algo con más **detalle**, se usa:

  - Hecho o situación + **no es que** + subjuntivo, **sino que** + indicativo:

    » ¿No crees que Sonia es demasiado exigente en su trabajo?

    » No. Sonia **no es que sea** exigente, **sino que es** perfeccionista.

- Cuando queremos negar algo **para indicar que la verdadera causa es otra**, se usa:

  - Hecho o situación + **no porque** + subjuntivo, **sino porque** + indicativo:

    » ¿Qué te parece si tomamos un café dentro de unos minutos?

    » No, gracias. **No porque no quiera, sino porque tengo** que trabajar.

5  🎵27 **Escucha la conversación y decide si estas frases son verdaderas (V) o falsas (F).**

	V	F
a. El muchacho cree que su trabajo es difícil.	☐	☐
b. La muchacha quiere ayudarle pero no puede.	☐	☐
c. Ellos piensan que su jefe es muy estricto.	☐	☐
d. En la empresa hay mucho trabajo.	☐	☐
e. El muchacho no tiene relación directa con el jefe.	☐	☐
f. La muchacha le da un consejo de amiga.	☐	☐

6 **Relaciona las expresiones del recuadro con la terminación más apropiada para conseguir frases con sentido. Después, completa con la forma del verbo adecuada. Trabaja con tu compañero/a.**

a. Estoy cansada,…	**c.** Salgo solo los fines de semana,…
b. Como poco,…	**d.** Nunca voy de vacaciones al extranjero,…

1. ☐ pero no porque no .... (querer) entre semana, sino porque no .... (tener) tiempo libre.

2. ☐ no es que no .... (tener) ganas, que tengo muchas, sino que no .... (tener) dinero suficiente.

3. ☐ no es que no me .... (gustar) comer, sino que .... (tener) poco apetito.

4. ☐ no porque .... (trabajar) mucho, sino porque .... (estar) enferma.

136

7 Lee la siguiente conversación entre unos jóvenes que hablan sobre las dificultades de aprender una lengua y complétala con negaciones y explicaciones lógicas. Luego, en grupos de tres, representen el diálogo. ¿Coinciden en sus respuestas?

Amelia: ¡Madre mía! Acabo de empezar a estudiar inglés y me parece muy difícil.

Antonio: Yo estudié inglés en la escuela y no es que sea difícil, sino que (a) ....

Eduardo: Sí, es verdad. A veces pensamos que es imposible estudiar un idioma pero, en realidad, no es porque (b) ...., sino porque nos estresamos con algunas dificultades.

Amelia: ¿Estudian algún otro idioma aparte del inglés?

Antonio: Pues no, la verdad.

Eduardo: ¿No te apetece?

Antonio: No es porque no me apetezca, sino que (c) .... ¿Y qué piensan que es lo más difícil de aprender un idioma?

Amelia: La gramática, sin duda.

Eduardo: Bueno, depende. Yo creo que la gramática no es que sea difícil, sino que (d) ....

Amelia: Para mí el vocabulario es lo más fácil, tengo muy buena memoria.

Antonio: Bueno, pero eso no es suficiente. No porque (e) .... vas a aprender a usarlas correctamente, también tienes que conocer el contexto en que se usan, por ejemplo.

Amelia: Bueno, lo que está claro es que cada uno tiene su propia experiencia.

8 Tu compañero/a te va a hacer algunas proposiciones. Dile que no justificando tu rechazo.

Modelo: **E1:** *¿Por qué no vienes con nosotros a Buenos Aires?*
    E2: *No, gracias. No porque no pueda, sino porque ya estuve el verano pasado.*

Estudiante A	Estudiante B
a. ¿Por qué no te inscribes en una escuela privada?	a. ¿Por qué no haces un curso de computación?
b. Anda, ayúdame a resolver este problema de matemáticas.	b. Yo que tú pediría un aumento de sueldo.
c. ¿Y si vas a la biblioteca a estudiar?	c. ¿Qué tal si hablamos con la directora de Recursos Humanos?
d. Yo que tú enviaría el currículum vitae a esa multinacional.	d. ¿Me ayudas a traducir este párrafo?
e. ¿Por qué no pones un negocio de plomería? Seguro que ganas una fortuna.	e. ¿Vamos a hacer puente este año en diciembre?

MORE IN ELEteca | EXTRA ONLINE PRACTICE

01:16:37 - 01:20:50

Título: Habana Blues.

Año: 2005.

País: Cuba y España.

Género: Drama.

Director: Benito Zambrano.

Intérpretes:
Alberto Yoel,
Roberto San Martín,
Tomás Cao,
Marta Calvo,
Roger Pera,
Yailene Sierra.

Premios: Dos Premios Goya (2005) al mejor montaje y a la mejor banda sonora.

Ruy y Tito, amigos de la infancia, son dos jóvenes músicos cubanos que luchan diariamente para sobrevivir. Para poder comer se tienen que buscar la vida en lo que sale, graban maquetas para darse a conocer y trabajan en la organización de un primer concierto. A pesar de los innumerables obstáculos, la ilusión y el humor mantienen viva la esperanza de convertirse en estrellas de la música. Tito vive con su abuela, una gran dama de la música, tan elegante como única. Ruy está casado con Caridad y aunque tienen dos hijos y todavía se aman, la vida inestable de Ruy, tanto económica como personalmente, los tiene al filo *(edge)* de una ruptura anunciada. Un buen día, unos productores españoles, descubren el talento de Ruy y Tito y les hacen una oferta para darse a conocer internacionalmente. De pronto, los dos músicos se verán inmersos en un serio dilema. ¿Estarán dispuestos a dejar su vida atrás para abrazar su sueño?

¿SABÍAS QUE...?

- La mayor parte del reparto son actores cubanos desconocidos.
- La mayoría de los temas son las canciones de los mismos grupos que participan en el film.
- Es un filme muy humano que habla del amor, la amistad, la lucha por conquistar tus sueños.
- El filme plantea uno de los temas más terribles que sufre la sociedad cubana: la huida de sus ciudadanos a tierras más prósperas.

ANTES DE VER LA SECUENCIA

1 El filme *Habana Blues* se desarrolla en Cuba. ¿Qué sabes de este país? ¿Cómo es su gente? ¿Cómo es su economía? Habla con tus compañeros/as.

2 Una productora española viaja a Cuba en busca de nuevos talentos y ofrece a los músicos un trabajo que parece no ser muy bueno. Define con tus palabras lo que es un *contrato basura*.

3 A continuación están los testimonios de diferentes personas que tienen este tipo de contrato. Léelos y decide qué persona podría decir las frases.

FORO: CONTRATACIÓN Y EMPLEO

#Ignacio, 36 años. Licenciado en Biología
Para cubrir gastos hay que trabajar en lo que salga. Me da igual el lugar en el que trabajar: no tengo problema en moverme y en hacer lo que sea. Trabajé de mesero, de guardia de seguridad, en una granja, de modelo… Todo *en negro* y con contratos basura.

#Marina, 48 años. Licenciada en Bellas Artes y especializada en maquillaje de efectos especiales
Intercalo empleos de mesera, cuidadora de niños y dependienta con trabajos ocasionales en mi campo, muchas veces sin cobrar.

#Raúl, 37 años. Licenciado en Historia del Arte
Trabajé con contratos temporales de teleoperador, recepcionista de hotel o dependiente de tienda.

#Lucía, 38 años. Formación profesional en artes gráficas
Recurrí al autoempleo: vendo panes y postres caseros y ecológicos a pequeñas colectividades.

Adaptado de *http://www.rtve.es/noticias/20141023.html*

	Ignacio	Marina	Raúl	Lucía
a. Yo alguna vez trabajé en mi profesión sin cobrar.	☐	☐	☐	☐
b. Como no tengo ningún trabajo, hago diferentes cosas en casa y luego las vendo.	☐	☐	☐	☐
c. A veces trabajé sin contrato y me pagaron.	☐	☐	☐	☐
d. Tengo que hacer cualquier cosa para pagar las cantidades de dinero que debo mensualmente.	☐	☐	☐	☐
e. Yo trabajé vendiendo cosas por teléfono.	☐	☐	☐	☐

MIENTRAS VES LA SECUENCIA

4 📼 **Contesta verdadero (V) o falso (F) a las siguientes afirmaciones mientras ves la secuencia.**
00:09 - 01:13

	V	F
a. El contrato durará más de tres años.	☐	☐
b. Si los músicos deciden dar un concierto, deben tener la aprobación de la productora.	☐	☐
c. La productora comprará una casa para cada uno de los miembros del grupo musical.	☐	☐
d. El primer año cobrarán un porcentaje de los beneficios de cada concierto.	☐	☐
e. El beneficio por cada concierto subirá durante los siguientes años.	☐	☐
f. Cobrarán por derechos de autor desde el primer año.	☐	☐

5 📼 **Durante la reunión con la productora se producen argumentos a favor y en contra de firmar el contrato. Clasifica las siguientes frases escribiendo si son a favor o en contra.**
01:14 - 03:56

	A favor	En contra
Modelo: *Nadie se llena los bolsillos con mi trabajo.*	☐	☑
a. El que no quiera que lo exploten que no firme.	☐	☐
b. Ni tan siquiera podemos negociar los derechos editoriales.	☐	☐
c. Lo importante es fijarse en las posibilidades que abre el contrato.	☐	☐
d. Se están aprovechando de nosotros.	☐	☐
e. Para mí, es una oportunidad que no puedo rechazar.	☐	☐
f. Aceptaría ese contrato aunque no me pagaran.	☐	☐
g. Es mejor que no tener nada.	☐	☐
h. ¿Quieren que trabajemos para ustedes por una miseria?	☐	☐

DESPUÉS DE LA SECUENCIA

6 Completa el contrato que tendrán que firmar con las palabras del recuadro.

> manutención ○ dieta ○ 60 % ○ Habana Blues Band ○ exclusividad ○ un disco
> grabación y marketing ○ rendimiento ○ tres años ○ 25 %

Primero.– El presente contrato tiene por objeto la realización de la actuación del grupo musical **(a)** .... durante el término de **(b)** ....

Segundo.– La productora musical tendrá la **(c)** .... de absolutamente todas las actuaciones y desarrollo profesional de los músicos y cantantes del grupo Habana Blues Band.

Tercero.– La productora musical se hará cargo de la **(d)** .... básica de los artistas durante los primeros seis meses del contrato que consiste en alojamiento y una **(e)** .... para gastos.

Cuarto.– El grupo musical Habana Blues Band cobrará un porcentaje del beneficio de los conciertos del **(f)** .... el primer año, e irá subiendo cada año hasta llegar al **(g)** ....

Quinto.– El grupo musical no cobrará derechos de autor *(royalties)*, y los beneficios íntegros de esta modalidad irán a la productora musical hasta tanto no estén cubiertos los gastos de **(h)** ....

Sexto.– La productora garantiza **(i)** .... al año para el grupo y uno individual dependiendo del **(j)** .... de cada uno en la compañía.

7  Con tu compañero/a, contesten a las siguientes preguntas.

a. ¿Cuáles son las razones que crees que llevan a los protagonistas a salir de Cuba?

b. ¿Crees que aceptarías un contrato basura?

c. ¿Es necesario aceptar cualquier tipo de trabajo para lograr tus objetivos?

8 Imaginen que son los músicos y se reúnen para discutir las condiciones del contrato. Dividan la clase en dos grupos y argumenten posiciones a favor y en contra, tratando de convencer al otro grupo.

MORE IN ELEteca | EXTRA ONLINE PRACTICE

1 Clasifica las siguientes palabras en la columna que corresponda.

geografía ○ guitarrista ○ cartelera ○ contaminación ○ experimento ○ química ○ poesía
músico/a ○ rodaje ○ medioambiente ○ físico/a ○ literatura ○ filósofo/a ○ matemáticas
flora ○ historiador/a ○ actor/triz ○ laboratorio ○ canción ○ novela ○ filme o película
concierto ○ director/a de cine ○ naturaleza

Letras	 Música	Cine	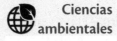 Ciencias ambientales	Ciencias en general

2 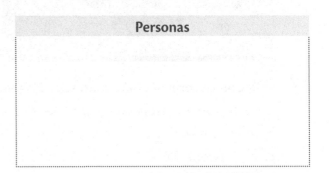 Con tu compañero/a, clasifiquen las palabras anteriores según se refieran a disciplinas o a personas.

Disciplinas	Personas

3 ¿Qué características deben tener las personas que se dedican a estas profesiones? ¿Crees que es útil para estos profesionales hablar otro idioma y tener habilidades interculturales? Pueden buscar información y consultar el diccionario.

Modelo: Un músico debe conocer todas las técnicas de su instrumento, saber improvisar y tener un buen oído.

4 Todas las palabras que hay a continuación tienen relación con el mundo profesional. Relaciónalas con su definición correspondiente.

1. comité de empresa
2. nómina
3. Departamento Financiero
4. contrato
5. Departamento de Recursos Humanos
6. coordinador/a
7. plantilla

a. Sector de la empresa que se ocupa de la administración general de los recursos de la empresa.

b. Sector de la empresa que se ocupa de la gestión y organización del personal.

c. Persona dentro de una empresa que se ocupa de planificar y organizar determinadas tareas.

d. Conjunto de trabajadores de una empresa.

e. Acuerdo legal que se establece entre empleador/a y empleado/a.

f. Cantidad de dinero que recibe regularmente una persona por el trabajo realizado en una empresa.

g. Grupo de representantes sindicales (*union*) de los trabajadores dentro de una empresa.

5 Ahora, agrupa las palabras anteriores en la categoría más adecuada. Trabaja con tu compañero/a.

Sectores de la empresa	Empleados	Documentos legales	Representantes sindicales

6 Sustituye las palabras destacadas en las siguientes frases por su sinónimo correspondiente del recuadro.

graduación o comité de empresa o sueldos o compañía o plantilla o extras

a. Me llamaron para trabajar en una **empresa** de telefonía celular. ....

b. Si trabajo más tiempo del que está en mi contrato, me pagan horas **adicionales**. ....

c. El grupo de **representantes sindicales** está intentando una subida de salario. ....

d. Para trabajar en ese puesto te exigen una **carrera universitaria** en Comunicación Social. ....

e. En nuestra empresa pagan muy buenos **salarios**. ....

f. La empresa quiere recortar **personal** en algunos departamentos para reducir gastos. ....

7 🎧·····28 **Una persona del comité de empresa habla con un trabajador para obtener información. Completa las respuestas. Después, escucha la entrevista y comprueba.**

■ En México y Centroamérica se usa **pagar / cobrar el salario**:

*Las empresas **pagan los salarios** por quincenas. Los mexicanos **cobran un salario** medio de 128 270 pesos.*

■ En España es más frecuente **pagar la nómina** y **cobrar el sueldo**:

*¿Nos **han pagado la nómina** de este mes? Normalmente en España se **cobra el sueldo** por meses.*

1. ¿En qué departamento trabajas?

En el de...
a. ☐ Currículums.
b. ☐ Recursos Humanos.
c. ☐ Nóminas.

2. ¿Y qué carrera tienes?

Soy graduado en...
a. ☐ Administración de Empresas.
b. ☐ Medioambiente.
c. ☐ Leyes.

3. ¿Quién es el responsable de tu departamento?

Es el...
a. ☐ vigilante de seguridad.
b. ☐ director de Horas Extras.
c. ☐ director de Recursos Humanos.

4. ¿Tienes un buen salario?

No voy a hacer comentarios sobre mi...
a. ☐ currículum.
b. ☐ plantilla.
c. ☐ sueldo.

5. ¿Cuántas horas trabajas a la semana?

Cuarenta horas y los sábados hago...
a. ☐ salario.
b. ☐ horas extras.
c. ☐ contrato.

6. ¿Cuántos trabajadores son en plantilla?

Quince trabajadores. Bueno, dieciséis si incluimos al..., que cuida la empresa por la noche.
a. ☐ vigilante de seguridad.
b. ☐ director.
c. ☐ secretario.

8 👥 **Lean atentamente esta carta y digan de qué tipo es, según su contenido.**

Susana Gómez
Paseo Luis Cortés, 12
37008 Salamanca
Correo electrónico: susan@lmail.es

Dr. D. Salustiano Maruenda
Instituto Mexicano de Investigaciones Cinematográficas y
Humanísticas
Aldama, 180
Col. Centro
Morelia, Michoacán, México

Salamanca, 21 de mayo

Estimado Sr. Don Salustiano Maruenda:

1   Me dirijo a usted con el objeto de **solicitar** una plaza en el Máster Profesional de Dirección Cinematográfica que usted dirige, tras la **finalización** de mis estudios de Cinematografía y Artes Audiovisuales en la Universidad Pontificia de Salamanca, pues deseo **ampliar** mi formación.

2   Respecto a mis estudios, obtuve una **calificación** media de notable a lo largo de los cuatro cursos de la carrera. He de **destacar**, entre mis logros, el premio al Mejor Corto Documental que conseguí el pasado año en el concurso de cortos de mi facultad.

3   Mi objetivo con respecto a este máster es **profundizar** en los aspectos artísticos y técnicos de la dirección cinematográfica y **formarme** en la dirección de obras audiovisuales, así como conocer el método y la técnica de los procesos de preparación, rodaje y posproducción que llevan a cabo tanto los propios directores como el resto de miembros del equipo de dirección.

4   Usted es todo un referente en este campo y, por eso, he decidido solicitar la plaza en este máster que usted dirige. A pesar de que todavía mi experiencia en dirección es muy corta, sé que este máster me puede **aportar** los conocimientos y la técnica necesarios para **iniciar** mi carrera profesional.

5   Por último, deseo comunicarle que estoy a su entera disposición para una entrevista personal, si usted lo considera oportuno.

6   Agradeciendo de antemano su atención, y en espera de su respuesta, atentamente,

Susana Gómez

a. ☐ Es una carta de reclamación.

b. ☐ Es una carta de motivación.

c. ☐ Es un currículum vitae.

d. ☐ Es una carta de presentación.

e. ☐ Es una carta de agradecimiento.

f. ☐ Es una carta de disculpa.

9 **Relaciona las palabras destacadas en la carta anterior con su sinónimo correspondiente.**

a. acrecentar ➡ ....

b. ahondar ➡ ....

c. comenzar ➡ ....

d. educarme ➡ ....

e. nota ➡ ....

f. pedir ➡ ....

g. proporcionar ➡ ....

h. recalcar ➡ ....

i. terminación ➡ ....

10 Ahora, lean la información y comprueben la respuesta de la actividad 8.

Los tipos de cartas que pueden acompañar al currículum vitae son:

- **La carta de presentación** acompaña al currículum vitae para solicitar un puesto de trabajo específico. Se centra en mostrar la cualificación de quien la escribe y su potencial de contribución a la empresa. Su objetivo es atraer la atención de la persona que la lee para que, con esta primera impresión, piense que el currículum que acompaña la carta es el más adecuado para cubrir el puesto de trabajo que se ofrece.

- **La carta de motivación** suele enviarse con el currículum vitae como consulta sobre posibilidades de empleo, prácticas profesionales, plazas de máster o becas de estudio. Se centra en resaltar el interés que tiene la persona que la escribe por realizar esa práctica profesional o ese curso, y en los beneficios que tal experiencia le producirá en cuanto a formación o ideas para futuros proyectos. Su objetivo es despertar el interés del receptor (*recipient*) por nuestras aspiraciones.

11 Lean las siguientes situaciones y decidan qué tipo de carta requeriría cada una de ellas.

a. Leíste una oferta de empleo en el periódico *El País* para profesores de lenguas extranjeras y decides contestar, puesto que esta es tu profesión.

b. En un tablón de la facultad viste información sobre un curso de especialización en fotografía digital, con plazas limitadas, y te gustaría hacerlo.

c. Terminaste tus estudios y necesitas experiencia. Escribes a una empresa conocida del sector para obtenerla.

d. Deseas cambiar de trabajo porque quieres mejorar tus condiciones y ganar prestigio, así que te diriges a una empresa de mayor proyección internacional para conseguirlo.

12 Subraya las palabras clave de cada párrafo de la carta de la actividad 8 y resúmelo en una frase con tus propias palabras. Fíjate en el ejemplo.

Párrafo	Resumen
1	Susana escribe a don Salustiano Maruenda para solicitar una plaza en su máster sobre Dirección Cinematográfica para ampliar sus estudios.
2	
3	
4	
5	
6	

13 🧍🧍 **Vuelve de nuevo a la carta de la actividad 8. Busca las siguientes frases e intenta deducir su significado por el contexto. ¿Qué palabras se podrían poner en lugar de las que están en negrita? Trabaja con tu compañero/a.**

a. Entre mis **logros**. ➡ ....

b. Deseo ampliar mi **formación**. ➡ ....

c. Usted es todo un **referente** en este campo. ➡ ....

d. **Aportarme**. ➡ ....

e. **Iniciar** mi carrera profesional. ➡ ....

f. Que **llevan a cabo**. ➡ ....

g. Agradeciendo **de antemano**. ➡ ....

h. Estoy a su **entera** disposición. ➡ ....

14 **Aquí tienes algunos cursos de posgrado que ofrecen en diferentes universidades. Elige uno de ellos, piensa en los requisitos que debes cumplir para acceder y escribe una carta de motivación solicitando el curso.**

TÉCNICAS DE EDICIÓN DIGITAL

El curso capacita para conocer y poner en funcionamiento todo el proceso de creación y producción de libros, tanto en papel como en formato EPUB, pensados de acuerdo con los estándares de la edición digital, que respondan a las necesidades de todo tipo de lectores. Desarrolla la capacidad de asociar conocimientos de las diferentes parcelas de la cadena del libro y de hacerlo en contextos colaborativos y flexibles.

DIRECCIÓN Y GESTIÓN DE CALIDAD

Este programa capacita para realizar auditorías y aplicar técnicas de calidad, tanto básicas como avanzadas. A partir de un enfoque basado en la mejora continua, se provee a los estudiantes de todos los elementos necesarios para la implantación de sistemas integrados de gestión, calidad, medioambiente y prevención de riesgos laborales, y se forma para realizar una evaluación individual de la empresa u organización.

MÁSTER UNIVERSITARIO DE NUTRICIÓN Y SALUD

Este máster proporciona una formación integral en diferentes aspectos del ámbito de la alimentación y de la nutrición, y abarca cuestiones bioquímicas, fisiológicas, dietéticas y tecnológicas, orientado hacia una especialización profesional en el ámbito sanitario o de la salud pública mediante el uso de la nutrición como herramienta terapéutica para el tratamiento de la enfermedad, o como herramienta preventiva para el mantenimiento de la salud.

COMMUNITY MANAGER

El curso ofrece la posibilidad de profundizar, desde una dimensión teórico-práctica, en las redes sociales. Por un lado, permite conocer las bases de entornos *online* colaborativos y sociales para entender las dinámicas participativas que en ellos se desarrollan. Por otro, permite adquirir habilidades para el diseño y planificación eficaz de acciones comunicativas en *social media* y, de manera específica, para la gestión y mejora de las comunidades virtuales.

Adaptado de *estudios.uoc.edu/es/masters-posgrados-especializaciones/*

1. *POR* AND *PARA*

■ You have already learned that **por** and **para** can both mean *for*. Remember that **para** is used to express purpose or the objective of an action while **por** expresses cause or motive:

*Contrataron al candidato **por** tener un buen expediente.* (cause, motive)

*Contrataron al candidato **para** tener un equipo más joven y dinámico.* (purpose, objective)

■ The following formula may help you determine when to use **por** instead of **para**. If you can replace *for* with *out of* or *because of,* use **por**:

*Hago ese tipo de trabajo **por** el dinero.* *I do that type of work for (because of) the money.*

*Trabajo los fines de semana **por** necesidad.* *I work on the weekends out of necessity.*

POR	PARA
Causa *Le despidieron del trabajo **por** su falta de puntualidad.* (a)	**Finalidad** *¿**Para** qué te estás preparando?* (h) ....
Localización espacial indeterminada *Esta tarde daré un paseo **por** el centro. Voy a mirar aparadores y compraré alguna camiseta.* (b)	**Destino o destinatario** *Voy **para** la estación.* (i) ....
Tiempo aproximado *¡Estoy cansado de la gran ciudad! **Por** unos meses me iré a vivir al campo.* (c)	**Plazo de tiempo** *Quiero el trabajo hecho **para** mañana.* (j) ....
Precio *Los productos de nuestra empresa son muy accesibles. **Por** poco dinero puedes comprarlos en las tiendas.* (d)	**Capacidad** *Esta sala de conferencias tiene una capacidad **para** cien personas.* (k) ....
Cambio *En el aeropuerto puedes cambiar dólares **por** euros.* (e) .... (f)	
Medio *Puedes comunicarte con ella **por** correo electrónico.* (g)	

Opinión
***Para** mí, los estudios y el trabajo son lo más importante en la vida.*
(l) ....

1 **Lee los comentarios que escribieron Ana y Miguel en un foro después de asistir a la conferencia. Fíjate en las diferentes frases que contienen las preposiciones *por* y *para*, y completa el cuadro anterior con ejemplos de este texto.**

La conferencia de la Universidad de Valencia

T_Fernandez   ********

 Toñi Fernández. Hola, foreros. Quería preguntar si alguien fue a la conferencia sobre perspectivas profesionales que se celebró en el auditorio de la Universidad Literaria de Valencia, para que nos diga qué tal estuvo…
Me gusta · Comentar · 1 de noviembre, 23:25

 Ana Jiménez. ¡Hola, Toñi! Nunca había ido a una conferencia de este tipo, pero la verdad es que me dio mucho que pensar. Al principio no me hacía mucha gracia ir porque pensaba que me dirían lo de siempre, pero no, fue muy útil. También te dan un paquete informativo por asistir, así que merece la pena.
Me gusta · Comentar · 2 de noviembre, 09:12

 Miguel Carrasco. Hola a todos. Yo también asistí y para mí, todo estaba muy bien organizado. El auditorio tenía una capacidad para doscientas personas. Estaba lleno. Además, había otra sala contigua donde ofrecieron un aperitivo de clausura para todos los asistentes.
Me gusta · Comentar · 2 de noviembre, 09:14

 Toñi Fernández. ¿Y costaba algo?
Me gusta · Comentar · 2 de noviembre, 09:36

 Ana Jiménez. Nada. Bueno, tenías que solicitar plaza por Internet, pero era gratis. También se podía comprar una papeleta por diez euros. Con ella participabas en una rifa de un premio de cien euros que podías cambiar por libros escritos por los panelistas de la conferencia. La recaudación iba íntegramente destinada a financiar proyectos de investigación.
Me gusta · Comentar · 2 de noviembre, 10:11

 Miguel Carrasco. También el lugar de la conferencia era muy agradable. En una pausa pudimos dar un paseo por el campus y hablar con otros asistentes.
Me gusta · Comentar · 2 de noviembre, 11:02

 Toñi Fernández. Entonces, ¿me recomiendan que asista a la próxima que se organice?
Me gusta · Comentar · 2 de noviembre, 11:14

 Ana Jiménez. Mucho, yo te recomiendo que no te la pierdas. A mí me ayudó muchísimo a tomar decisiones sobre mi futuro profesional. Oí comentar que por el verano les gustaría organizar la conferencia en Granada o Salamanca. Seguro que anunciarán las solicitudes para finales de marzo.
Me gusta · Comentar · 2 de noviembre, 11:21

 Toñi Fernández. Hombre, Salamanca y Granada son otra opción interesante. Bueno, muchas gracias por la información.
Me gusta · Comentar · 2 de noviembre, 11:30

2  Relaciona las dos columnas usando *por* o *para*. Trabaja con tu compañero/a.

Modelo: Hicieron una nueva carretera que pasará **por** delante de mi casa.

1. Hicieron una nueva carretera que pasará…
2. El tren que sale…
3. La profesora quiere el trabajo terminado…
4. Prefiero hablar…
5. Compré el carro…
6. Volveré a visitarte…
7. La falda que me regalaste la cambié…
8. Esta *pizza* es…
9. … mí,…

por
para

a. Skype porque es gratis.
b. diez mil dólares. ¡Un chollo!
c. delante de mi casa.
d. verano, pero todavía no sé la fecha exacta.
e. el inglés es la lengua del futuro.
f. Cartagena va con retraso.
g. ocho personas.
h. una talla más grande.
i. el próximo lunes.

3  A continuación tienen el principio de una historia. En parejas, continúenla utilizando las preposiciones *por* y *para* con el máximo número posible de usos que vieron. Después, lean sus historias al resto de la clase. ¿Quién utilizó mejor las preposiciones *por* y *para*?

Juan y Carmen se conocieron una tarde de invierno paseando **por** *la playa. Carmen estaba de vacaciones con unos amigos y Juan trabajaba en un café cercano. Él se paró* **para** *preguntarle…*

2. SUBJUNCTIVE AND INDICATIVE AFTER *CUANDO*

■ The conjunction **cuando** can be followed by the subjunctive or the indicative depending on whether the action has taken place.

- Para expresar una acción en el **presente** o acciones **habituales**, se usa *cuando* + presente:
  Cuando **envío** *mi currículum a una empresa, siempre incluyo una carta de motivación.*

- Para expresar una acción en el **pasado**, se usa *cuando* + imperfecto / pretérito:
  Cuando **asistía** *al curso de edición digital, tomaba muchos apuntes.*
  Cuando **fui** *a la conferencia en la universidad, di un paseo por el campus.*

- Para expresar una acción en el **futuro**, se usa *cuando* + presente de subjuntivo + futuro / imperativo:
  Cuando **seas** *jefe de la empresa, tendrás muchas reuniones.*
  Cuando **vuelvas** *de la conferencia, llámame.*

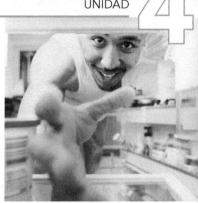

4 Completa las frases con la forma correcta de los verbos.

a. Mañana, cuando .... (llegar, tú) a México, llámame, por favor.

b. Cuando .... (tener) hambre, abro el refrigerador y como cualquier cosa.

c. Cuando .... (estudiar) en la universidad, conocí a mi novio.

d. Cuando .... (ir) en el carro, escucho música.

e. Cuando .... (ser) un anciano, viviré en el campo.

f. Cuando .... (terminar, ellos) la universidad, empezaron a solicitar puestos.

5 Clasifica las oraciones de la actividad anterior según su significado. Después, añade frases originales para cada caso y compártelas con tu compañero/a.

Acciones habituales	Acciones referidas al pasado	Acciones que todavía no se produjeron

6 Observa las siguientes imágenes y construye frases con *cuando*.

7 A continuación, tenemos la estructura de una canción famosa titulada *Resistiré*, del grupo español el Dúo Dinámico. Inventa con tu compañero/a tu propia versión de la canción siguiendo la misma estructura y expresando acciones en el futuro.

Cuando ....,
cuando ....,
cuando ....,
y la noche no me deje en paz.

Cuando ....,
cuando ....,
cuando ....,
y me pongan contra la pared.

Resistiré, erguido (standing upright) frente a todos,
me volveré de hierro (steel) para endurecer la piel,
y aunque los vientos de la vida soplen fuerte,
soy como el junco (reed), que se dobla, pero siempre sigue en pie.

Resistiré, para seguir viviendo,
soportaré los golpes y jamás me rendiré,
y aunque los sueños se me rompan en pedazos,
resistiré, resistiré...

Cuando ....,
Cuando ....,
Cuando ....,
y no reconozca ni mi voz.

Cuando ....,
Cuando ....,
Cuando ....,
o si alguna vez me faltas tú.

8 Busquen esta canción en Internet y también la versión de Toño Rosario. ¿Cuál les gustó más? Compárenla con la que inventaron ustedes. ¿Les recuerda a otra canción popular en inglés?

GRAMÁTICA

3. SUBJUNCTIVE AND INDICATIVE AFTER OTHER CONJUNCTIONS OF TIME

■ The following expressions refer to when an action takes place and most can followed by a verb in the subjunctive or indicative.

- al cabo de
- antes de (que)
- cada vez que
- desde
- después de (que)

- en cuanto
- hasta que
- mientras
- nada más
- tan pronto como

Recuerda:
En cuanto, tan pronto como, hasta que, cada vez que y otras expresiones similares funcionan igual que *cuando* y, por tanto, llevan subjuntivo para expresar futuro.

Antes de que y *después de que* se construyen con infinitivo, si el sujeto de las dos oraciones es el mismo, y con *que* + subjuntivo, si el sujeto de las dos oraciones es diferente.

9 **Observa las expresiones temporales y lee los ejemplos. Después, completa el cuadro con el tipo de acción temporal que describe.**

LAS ORACIONES TEMPORALES

■ (a) Acción simultánea ....

- **Mientras** + acción + acción:
  Mientras esperaba tomé un café.

- Acción + **mientras tanto** + acción:
  Fernando prepara la cena, mientras tanto, yo pongo la mesa.

■ (b) ....

- **Siempre / Cada vez / Todas las veces que**:
  Cada vez que me visita, me invita a comer.

■ (c) ....

- **Nada más** + infinitivo:
  Nada más llegar a la oficina, empezó a trabajar.

- **En cuanto / Tan pronto como**:
  En cuanto recibí la noticia, la llamé por teléfono.

■ (d) ....

- **Desde que**:
  Desde que llegó, está muy triste.

■ (e) ....

- **Hasta que**:
  Te esperaré aquí hasta que termines.

■ (f) ....

- **Antes de (que)**:
  Antes de que se vaya, recuérdale que mañana hay clase.

■ (g) ....

- **Después de (que)**:
  Después de terminar el examen, nos iremos a la playa.

■ (h) ....

- **Al / A los / Al cabo de** + cantidad de tiempo:
  Al año, dejó de estudiar y se puso a trabajar.

- Cantidad de tiempo + **después / más tarde**:
  Se conocieron en abril y tres meses después se casaron.

- Acción simultánea.
- Acción inmediatamente posterior a otra.
- Límite de una acción.
- Acción que sucede siempre que se realiza otra acción.

- Comienzo de una acción.
- Periodo de tiempo que separa dos sucesos.
- Acción posterior a otra.
- Acción anterior a otra.

10 **Completa las frases con la forma verbal adecuada según el conector temporal que hay y el tiempo (presente, pasado o futuro) que indican las oraciones.**

a. Tan pronto como .... (llegar, ustedes) de la escuela, la abuela les preparaba la merienda.

b. Por favor, llámanos siempre que .... (tener, tú) cualquier problema. No te preocupes.

c. Antes de .... (salir), tienes que haber terminado las tareas.

d. Te esperaré aquí hasta que .... (terminar, tú).

e. Haz la comida mientras yo .... (poner) la mesa.

f. Nuria llegó a Barcelona en 1995. Al cabo de tres años, ... (volver) a su pueblo.

g. Nada más .... (terminar) las vacaciones, tendrán que preparar los exámenes.

h. Estuve preocupada desde que Luis .... (irse) hasta que .... (volver) de su viaje al Himalaya. Es que a mí estas expediciones me parecen peligrosas.

11 **Reelabora las frases, como en el ejemplo.**

Modelo: **Mientras.** Estudiaba en la universidad. Al mismo tiempo trabajaba en una gestoría.
Mientras estudiaba en la universidad trabajaba en una gestoría.

a. Mientras tanto ➡ Yo hablaba por teléfono. Alberto trabajaba en la computadora.

....

b. Cada vez ➡ Tengo frío. Me pongo un abrigo de lana.

....

c. Nada más ➡ Volvió Lucas. Encontró a los ladrones en la casa.

....

d. En cuanto ➡ Los ladrones lo vieron. Salieron corriendo.

....

e. Desde que ➡ Aclararon el problema. Son muy amigos.

....

f. Hasta que ➡ No saldrás al parque. Harás la tarea.

....

g. Al cabo de ➡ Se conocieron en un viaje. Se volvieron a encontrar. Esto ocurrió diez años después.

....

12 Ustedes son tres amigos muy diferentes, y con objetivos completamente distintos, que tienen que ponerse de acuerdo para realizar diferentes actividades. Hablen e intenten llegar a un acuerdo, si es posible.

Estudiante A

Tú quieres:

• ir al cine.

• salir con unos amigos.

• acostarte en el sillón y ver la tele.

• descansar en el sofá.

Estudiante B

Tú quieres:

- preparar un proyecto para una empresa.
- levantarte pronto para hacer deporte.
- enviar currículums para encontrar trabajo.
- elaborar una carta de motivación.

Estudiante C

Tú quieres:

- ir a una conferencia.
- aprender otro idioma.
- ir al teatro.
- ir un fin de semana a la playa.

13 **Tu amigo/a necesita que le expliques detalladamente los pasos que debe seguir para encontrar un trabajo. Dale instrucciones por escrito diciéndole lo que tiene que hacer en cada momento, usando los conectores que acabas de aprender. Trabaja con tu compañero/a para evaluar y revisar sus respectivos escritos antes de escribir la versión final.**

- Enviar el currículum.
- Confirmar el envío.
- Solicitar una entrevista.
- Tener la entrevista:
  – amabilidad
  – seriedad
  – disponibilidad *(availability)*
  – interés
  – agradecimiento
- Esperar la respuesta.

Modelo: En cuanto envíes el currículum, confirma por teléfono que lo recibieron...

14 **Intercambia el borrador de tu escrito con tu compañero/a para revisarlo y evaluarlo. Ten en cuenta sus anotaciones para escribir la versión final.**

MORE IN ELEteca | EXTRA ONLINE PRACTICE

1 ○○○ ᒐᒐᒐ Escucha con atención las palabras que va a decir tu profesor/a y completa la tabla con ejemplos de las normas ortográficas correspondientes a las grafías *g/j*.

La letra *j*

■ Se escriben con *j*:

• El pretérito de *decir, traer* (y sus derivados).

Ejemplos: ....

• El pretérito de los verbos terminados en *–ducir* (y sus derivados).

Ejemplos: ....

• Las palabras que terminan en *–aje, –eje, –jería, –jero, –jear*.

Ejemplos: ....

La letra *g*

■ Se escriben con *g*:

• Las palabras que terminan en *–gen, –gente, –gencia*.

Ejemplos: ....

• Las palabras que empiezan por *geo–*.

Ejemplos: ....

• El grupo *güe, güi*.

Ejemplos: ....

---

2 Lee el siguiente texto y complétalo con *g* o *j*.

El carro fantasma

El (a) ori......**en** de esta historia es una noche oscura en la que Isaac, que era (b) ......**eólogo**, estaba solo en un camino esperando a que alguien lo llevara. De pronto , vino un vehículo que se detuvo. Isaac (c) di......**o**: "Buenas noches" y se (d) **introdu**......**o** en el carro, pero nadie contestó. Sintió un poco de (e) **ver**...... **enza**, pero (f) **dedu**......**o** que el conductor sería tímido y no quiso mirarlo para no molestar. Unos minutos después, miró al asiento del conductor. Se dio cuenta entonces de que ¡no había nadie!

El pobre hombre, con mucho miedo, abrió su puerta, saltó al camino y corrió hasta el siguiente pueblo. Entró en un bar a calmar sus nervios y empezó a contar lo que le había ocurrido.

Unos minutos después, entraron dos hombres en el bar muy cansados y escucharon la historia. Uno le dijo al otro:

– Mira, ahí está el (g) **persona**......**e** que se subió al carro mientras nosotros (h) **empu**......**ábamos**.

---

3 ᐧ╢╟ᐧ·29 Escribe las frases del dictado en tu cuaderno.

MORE IN ELEteca | EXTRA ONLINE PRACTICE

1 Lee la biografía de Mario Vargas Llosa. ¿Qué cosas no conocías de él? ¿Estás de acuerdo con sus palabras iniciales? ¿Cómo las interpretas? En parejas, busquen argumentos a favor y en contra de esta afirmación.

"La literatura crea una fraternidad dentro de la diversidad humana y eclipsa las fronteras que erigen entre hombres y mujeres la ignorancia, las ideologías, las religiones, los idiomas y la estupidez".

Mario Vargas Llosa nació en Arequipa, Perú, en 1936. Al año siguiente, su familia se trasladó a Cochabamba, Bolivia, donde vivió buena parte de su niñez. Regresó a Perú a los nueve años y continuó sus estudios hasta graduarse en Letras. Posteriormente obtuvo el doctorado en Filosofía y Letras en la Universidad de Madrid.

Se inició en la escritura desde muy temprano. A los dieciséis años escribió *La huida del inca*, una obra de teatro. A partir de 1951 comenzó su actividad periodística en la prensa y revistas peruanas. En 1959 se trasladó a Europa donde se estableció durante varios años en Madrid, Londres, París y Barcelona.

Además de la novela, Vargas Llosa ha cultivado el ensayo y el teatro.

En 1988 fundó el Movimiento Libertad y se postuló a la presidencia del Perú en 1990, pero fue derrotado. En 1990 recibió la nacionalidad española. Desde 1994 es miembro de la Real Academia Española de la Lengua.

La trayectoria intelectual de Vargas Llosa lo hizo merecedor de numerosas distinciones otorgadas por prestigiosas instituciones de varios continentes, como el Premio Nobel de Literatura, el Premio Miguel de Cervantes y el Premio Planeta. Entre sus numerosas obras destacan *La fiesta del Chivo*, *Lituma en los Andes*, *La tía Julia y el escribidor* y *La ciudad y los perros*.

2 Vas a leer un fragmento de su obra *Lituma en los Andes*. Antes de leer, relaciona las siguientes palabras del texto con su sinónimo.

1. a la intemperie
2. pernoctar
3. cuneta
4. lona
5. pellejo
6. llantas
7. como la palma de su mano
8. prendedor
9. aprendiz

a. Tela gruesa.
b. Adorno para recoger el pelo.
c. Persona que aprende un nuevo oficio.
d. Perfectamente.
e. Ruedas.
f. Piel.
g. Borde del camino.
h. Al aire libre.
i. Pasar la noche.

3 🎧 **30 Lee y escucha este fragmento literario del autor.**

Lituma en los Andes

Lo que al muchacho le gustaba más que nada era la vida a la intemperie que llevaban, sin horarios ni rumbos predeterminados, a merced del mal o buen tiempo, de las ferias y fiestas del santo patrono, de los encargos que recibían y de las averías del camioncito, factores que decidían su diario destino, sus itinerarios, las noches que pernoctaban en cada lugar. Don Pericles tenía una casa quinta, estable, sin
5 ruedas, en Pampas, que compartía con una sobrina casada y con hijos. Cuando estaban allí, Casimiro se alojaba en la casa como si fuera de la familia. Pero la mayor parte del tiempo vivía en las cunetas de los caminos por los que pasaban o en el camión, en el que, entre carga y protegido por una gruesa lona, se había construido un refugio con pellejos de vaca. Si había lluvia, se tumbaba a dormir debajo del camión. El negocio no era gran cosa, por lo menos no para Pericles y Casimiro, pues todas las ganancias se las
10 tragaba el camión al que siempre había que estarle comprando repuestos y haciéndole reencauchar las llantas, pero era suficiente para ir viviendo. En los años que pasó junto a don Pericles, Casimiro llegó a conocer como la palma de su mano todo el centro de los Andes, sus villorrios, sus comunidades, sus ferias, sus abismos y valles y, asimismo, todos los secretos del negocio: dónde comprar el mejor maíz y dónde llevar los hilos y agujas, dónde esperaban las lámparas, y qué cintas, prendedores, collares y pulseras
15 atraían de manera irresistible a las muchachas.
Don Pericles lo trató al principio como a un aprendiz, luego como a un hijo, por fin como a un socio. A medida que envejecía y el muchacho se hacía hombre, el peso del trabajo se fue desplazando a él hasta que, con el paso de los años, Casimiro era ya el único que manejaba y el que decidía las compras y las ventas; don Pericles pasó a ser el director técnico de la sociedad.

Texto adaptado de la novela *Lituma en los Andes*, Mario Vargas Llosa

4 ⚬⚬⚬ 👥 **¿Cuál de estos cuatro títulos elegirías para el fragmento del texto literario que acabas de leer? Justifica tu respuesta.**

☐ El comerciante de la empresa. ☐ El vendedor ambulante.

☐ El artesano del mercado. ☐ El conductor del camión.

5 **Contesta a las preguntas.**

a. ¿Qué tipo de texto crees que predomina en este fragmento literario? ¿Expositivo, narrativo, descriptivo o persuasivo? ....

b. ¿Cuál es la idea principal que se trata? ....

c. ¿Te gustó? Di por qué. ....

d. Haz un resumen del texto.

....

....

e. Describe a los personajes. ¿Cómo eran? ¿Qué cosas les gustaba hacer? ¿En qué trabajaban? ¿Qué relación tenían los dos?

....

....

....

PARA ORGANIZAR EL DISCURSO

■ Fíjate en la función de los siguientes **conectores discursivos** y trata de incorporar algunos en tu ensayo y presentación oral:

• Para comenzar el discurso o texto escrito: *según, para empezar*...

• Para argumentar nuestras ideas o añadir una consecuencia: *por esa razón, así que, de esta manera*...

• Para aclarar información: *es decir, o sea*...

ENSAYO PERSUASIVO

◎ **Contemporary life:** Education and Careers.

◎ **Tema del ensayo:** ¿Crees que es mejor elegir una carrera por sus mayores posibilidades de empleo o porque le gusta a uno de verdad?

FUENTE 1 - LECTURA

1 **Lee la siguiente noticia que Universia, Red de Universidades de Iberoamérica, publica en su página web.**

• Las seis carreras con mayor demanda •

El sueño financiero de cualquier persona es hacer lo que más le gusta mientras le pagan por ello. Sin lugar a dudas es aconsejable que, a la hora de elegir tu carrera, optes por un área de estudio que te apasione, ya que deberás pasar años estudiando y luego deberás dedicarte a ello el resto de tus días. Pero además averigua si esos profesionales son muy demandados. Optar por una carrera acorde con tu perfil y que te apasione es lo primero que debes tener en cuenta. Luego, manejar por lo menos dos idiomas además del materno, tener conocimientos tecnológicos e informáticos y facilidad para adaptarte a los cambios, te hará destacar en el mercado laboral, incluso cuando tengas poca experiencia.

Tener un título universitario no te garantizará tener un puesto en una empresa importante si no eres responsable, buen colega y no amas lo que haces. Por lo general, los empleadores también valoran a los empleados que saben expresar sus ideas, tienen habilidades directivas, capacidad para coordinar equipos y no tienen inconvenientes a la hora de viajar.

Carreras más demandadas

En las universidades de Medicina, Diseño, Periodismo, Psicología y Derecho fue donde se registró la mayor demanda de grados de parte de estudiantes. Sin embargo, se demandan profesionales del ámbito de las telecomunicaciones, técnicos comerciales, ingenieros de calidad y responsables de compra.

Se estima que las opciones académicas de grado más demandadas sean las siguientes:

1. **Ingeniería ambiental, informática y telemática.** Cada vez más personas tienen un teléfono inteligente y los adeptos a la descarga de aplicaciones aumentan, pero todavía escasean los profesionales en este sector de actividad. En otras áreas tampoco abundan los ingenieros ambientales y expertos en telemática.

2. **Biotecnólogos o terapeutas ocupacionales.** La esperanza de vida ha aumentado y por eso se necesitan especialistas en el área sanitaria que puedan atender a las personas de la tercera edad.

3. **SEO** (Optimización en motores de búsqueda). Estos son los especialistas en mercadeo en Internet y profesionales de información multimedia. Su objetivo es obtener un mejor posicionamiento en las páginas de resultados.

4. *Community Managers* **y defensores de pacientes.** En estos casos no alcanza con estudiar; lo más importante es tener un perfil profesional.

5. **Psicólogos u orientadores.** Su demanda se debe a que cada vez más firmas requieren de ellos para tomar decisiones.

6. **Diseño asistido por computadora.** Ante el avance tecnológico, en el área de las artes los más demandados serán quienes se dediquen al diseño por computadora.

FUENTE 2 - GRÁFICO

2 **Estos gráficos representan las cinco carreras mejor y peor remuneradas en México según el estudio del Instituto Mexicano para la Competitividad (IMCO).**

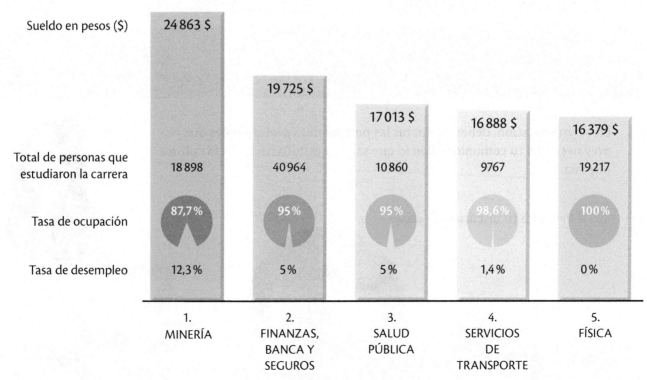

RANKING DE LAS CARRERAS MEJOR PAGADAS

	1. MINERÍA	2. FINANZAS, BANCA Y SEGUROS	3. SALUD PÚBLICA	4. SERVICIOS DE TRANSPORTE	5. FÍSICA
Sueldo en pesos ($)	24 863 $	19 725 $	17 013 $	16 888 $	16 379 $
Total de personas que estudiaron la carrera	18 898	40 964	10 860	9767	19 217
Tasa de ocupación	87,7 %	95 %	95 %	98,6 %	100 %
Tasa de desempleo	12,3 %	5 %	5 %	1,4 %	0 %

RANKING DE LAS CARRERAS PEOR PAGADAS

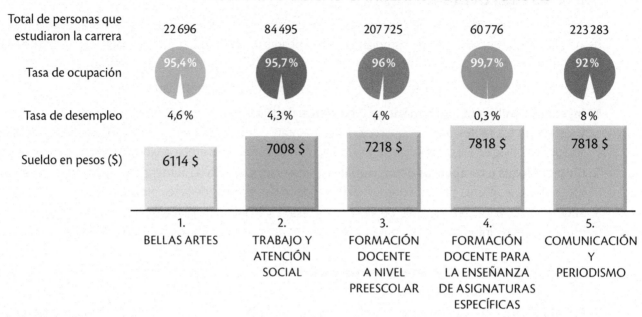

	1. BELLAS ARTES	2. TRABAJO Y ATENCIÓN SOCIAL	3. FORMACIÓN DOCENTE A NIVEL PREESCOLAR	4. FORMACIÓN DOCENTE PARA LA ENSEÑANZA DE ASIGNATURAS ESPECÍFICAS	5. COMUNICACIÓN Y PERIODISMO
Total de personas que estudiaron la carrera	22 696	84 495	207 725	60 776	223 283
Tasa de ocupación	95,4 %	95,7 %	96 %	99,7 %	92 %
Tasa de desempleo	4,6 %	4,3 %	4 %	0,3 %	8 %
Sueldo en pesos ($)	6114 $	7008 $	7218 $	7818 $	7818 $

FUENTE 3 - AUDICIÓN

3 🎵 31 Esta grabación trata el tema de la vocación y los motivos que precipitan el cambio de carrera. Está tomada de una entrevista publicada en el *Diario de Argentina*. ¿Crees que los testimonios de las personas que intervienen apoyan la idea de que "la vocación se construye día a día?". Justifica tu respuesta.

4 Ahora escribe un ensayo persuasivo haciendo referencia a las tres fuentes.

PRESENTACIÓN ORAL

◎ **Beauty and Aesthetics:** Visual and Performing Arts.

◎ **Tema del ensayo:** ¿Cómo se valoran las carreras en Bellas Artes en tu comunidad a diferencia de las carreras de Ciencias o Tecnología?

5 En tu presentación, debes comparar las perspectivas profesionales que prevalecen en tu comunidad con lo que sabes o estudiaste sobre la cultura hispana.

6 🏛️ Presenta tu discurso a la clase.

MUJERES EMPRENDEDORAS Y LATINAS

La mujer latina actual

¿Qué opinas?

1 Contesta a estas preguntas.

a. ¿Qué te sugiere la foto?

b. ¿Cuál crees que es la situación de la mujer en los países de habla hispana?

c. ¿Conoces a mujeres de tu entorno que tengan una vida interesante?

d. ¿Qué mujeres latinas conoces? ¿De qué las conoces?

2 Lee el siguiente texto sobre el papel de la mujer en Latinoamérica e intenta resumirlo con tus palabras.

La situación de las mujeres en Latinoamérica cambió en los últimos años. Actualmente, hay muchas más mujeres que viven en grandes metrópolis, como São Paolo, Buenos Aires y Ciudad de México, que en las zonas rurales. En los últimos veinte años, el número de mujeres en la administración política de sus países creció considerablemente, y el número de senadoras, juezas, alcaldesas y presidentas de Estado es muy superior al de otros países: según investigaciones del Programa de las Naciones Unidas para el Desarrollo (PNUD), la proporción más alta de mujeres en cargos de toma de decisiones en la administración pública se encuentra en América Latina y el Caribe (43,4 %).

Pero este aumento de la participación laboral de la mujer coexiste con un número creciente de mujeres que viven en condiciones de pobreza, trabajando en la economía informal, como vendedoras ambulantes, lavanderas y sirvientas.

Esta variación, no solo económica sino también sociocultural, hace que no podamos hablar de un solo perfil de mujer latinoamericana: una venezolana tendrá problemas para comunicarse con una brasileña, puesto que hablan distintos idiomas, pertenecen a grupos raciales y étnicos diferentes y tienen referencias culturales muy dispares. Del mismo modo, una ejecutiva de Buenos Aires tendrá muy poco en común con una campesina de Perú. Por lo tanto, la historia de las mujeres latinoamericanas debe escribirse a partir de la plena conciencia de esta herencia y diversidad.

CULTURA EN VIVO

3 Busca en el *texto* anterior un sinónimo de estas palabras.

a. colaboración ➡ ....

c. evolucionar ➡ ....

e. diferentes ➡ ....

b. trabajadoras domésticas ➡ ....

d. incrementar ➡ ....

f. ciudades ➡ ....

MUJERES LATINAS CON HISTORIA

4 🔊 32 **¿Cuál crees que fue la vida de estas mujeres activistas de los derechos humanos? Escucha y señala qué información o testimonios corresponden a cada una.**

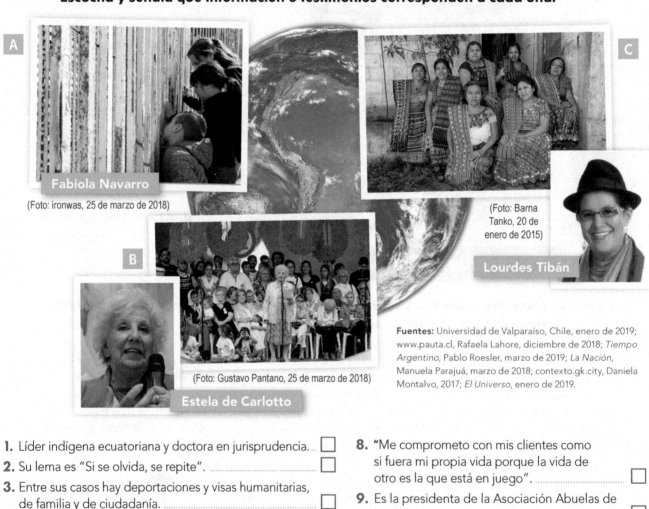

A — **Fabiola Navarro**
(Foto: ironwas, 25 de marzo de 2018)

B — **Estela de Carlotto**
(Foto: Gustavo Pantano, 25 de marzo de 2018)

C — **Lourdes Tibán**
(Foto: Barna Tanko, 20 de enero de 2015)

Fuentes: Universidad de Valparaíso, Chile, enero de 2019; www.pauta.cl, Rafaela Lahore, diciembre de 2018; *Tiempo Argentino*, Pablo Roesler, marzo de 2019; *La Nación*, Manuela Parajuá, marzo de 2018; contexto.gk.city, Daniela Montalvo, 2017; *El Universo*, enero de 2019.

1. Líder indígena ecuatoriana y doctora en jurisprudencia... ☐
2. Su lema es "Si se olvida, se repite". .... ☐
3. Entre sus casos hay deportaciones y visas humanitarias, de familia y de ciudadanía. .... ☐
4. Su símbolo es un pañuelo blanco. .... ☐
5. Pertenece al Movimiento de Unidad Plurinacional Pachakutik. .... ☐
6. Abogada chilena que defiende a inmigrantes mexicanos en California. .... ☐
7. Candidata al Foro Permanente para las Cuestiones Indígenas de las Naciones Unidas. .... ☐

8. "Me comprometo con mis clientes como si fuera mi propia vida porque la vida de otro es la que está en juego". .... ☐
9. Es la presidenta de la Asociación Abuelas de la Plaza de Mayo. .... ☐
10. Su consigna es el respeto a las virtudes culturales y la igualdad de oportunidades. .... ☐
11. Defiende a los mexicanos que intentan cruzar la frontera de EE. UU. .... ☐
12. Pudo encontrar a su nieto, nacido en cautividad, después de buscarlo durante treinta y seis años. .... ☐

5 **¿Qué tres temas de la historia de América Latina se relacionan con las vidas de estas tres mujeres? Puedes buscar información en libros o en Internet.**

MUJERES LATINAS Y FAMOSAS EN EE. UU.

Shakira
(Foto: Tinseltown, 17 de febrero de 2016)

🎵 MÚSICA

Cantante colombiana, productora musical y embajadora de buena voluntad de Unicef. Es fundadora de Pies Descalzos, organización no gubernamental que promueve la educación pública de calidad para niños colombianos en situación de vulnerabilidad.

Salma Hayek
(Foto: Jaguar PS, 26 de febrero de 2017)

💰 EMPRESA ▶

Vicepresidenta y directora de Fusiones y Adquisiciones de la compañía Coca-Cola Company desde 2003. Aunque nació en Miami es hija de inmigrantes cubanos.

Marie D. Quintero-Johnson

🎬 CINE

Actriz mexicana de cine, teatro y televisión. Activista pro derechos de la mujer. Narradora de la serie documental de 2019 *Nuestro planeta*, que conciencia sobre la conservación de la naturaleza y los animales salvajes.

Isabel Allende
(Foto:Markus Wissmann, 2015)

🏀 DEPORTES ▶

La mejor jugadora de baloncesto del mundo tiene sangre argentina. Es la máxima anotadora histórica de la WNBA. Consiguió cuatro oros olímpicos, dos mundiales, seis euroligas, tres anillos de la liga estadounidense...

Diana Taurasi
(Foto: Keeton Gale, 12 de agosto de 2017)

📖 LITERATURA

Escritora en lengua española que más se lee en el mundo. La autora chilena ha vendido más de setenta millones de ejemplares de sus libros. Recibió la medalla de honor del National Book Award, lo que la convierte en el primer autor en español y el segundo no nacido en EE. UU. en recibirla.

Sonia Sotomayor
(Foto: K2 images, 13 de julio de 2009)

⚖ POLÍTICA

Jueza Asociada en la Corte Suprema de los Estados Unidos, hija de padres puertorriqueños. En 2019 entra en el National Women´s Hall of Fame.

Fuentes: *The Wall Street Journal*, marzo de 2019; *El Mundo*, Raúl Rivero, mayo de 2018; *ABC, Cultura*, noviembre de 2018; *El País*, Faustino Sáez, septiembre de 2018; *Tendencias (La República)*, octubre de 2018; *El Comercio*, Agencia EFE, marzo de 2019; Fundación Pies descalzos; *Daily Herald*, Carolyn Thompson, marzo de 2019.

6 📖📖 **Elige a uno de los personajes anteriores y busca en Internet más información sobre su vida. Después, preséntenla a la clase.**

1 Escribe frases con *por* y *para* que expresen precio, cambio, medio, tiempo aproximado, localización espacial indeterminada, destino, plazo de tiempo y opinión.

....

....

....

2 **Construye frases con estas palabras.**

a. compañía ➡ ....

b. comité de empresa ➡ ....

c. graduación ➡ ....

d. sueldos ➡ ....

3 **Explica estas palabras a tu compañero/a.**

nómina ○ horas extras ○ Departamento de Recursos Humanos
Departamento Financiero ○ contrato ○ coordinador

4 **Construye frases temporales con *cuando, mientras, desde que, hasta*, etc., donde aparezcan las siguientes palabras.**

geografía ○ contaminación ○ experimento ○ concierto ○ cartelera ○ músico ○ Matemáticas

Modelo: *Te esperaré hasta que termines las tareas de Matemáticas.*

....

....

....

5 **Escribe una pequeña carta de presentación para una empresa.**

....

....

6 **De acuerdo a lo que aprendiste, ¿cuáles son las carreras con más futuro?**

AL FINAL DE LA UNIDAD PUEDO...

	☆	☆☆	☆☆☆
a. I can talk about professional profiles and career opportunities.	☐	☐	☐
b. I can express the cause and purpose of actions using *por* and *para*.	☐	☐	☐
c. I can refute the cause of an incident or situation using *no es que* + subjunctive, *sino que* + indicative.	☐	☐	☐
d. I can refer to when an action takes place using subjunctive or indicative with *cuando* and other conjunctions of time.	☐	☐	☐
e. I can read and understand a selection from *Lituma en los Andes*, Mario Vargas Llosa.	☐	☐	☐

MORE IN ELEteca | EXTRA ONLINE PRACTICE

Desarrollo profesional

el aprovechamiento *use (beneficial)*

la carrera *degree, major*

la carta de motivación *letter of intent*

la carta de presentación *cover letter*

el currículum *resume*

la formación profesional *professional training*

el logro *achievement*

el mercado laboral *job market*

el referente *mentor*

el reto *challenge*

la vocación *vocation*

El trabajo de empresa

el comité de empresa *committee of workers that discusses company relations*

el contrato *contract*

el/la coordinador/ra *manager, organizer*

el Departamento Financiero *Finance Department*

el Departamento de Recursos Humanos *Human Resources Department*

las horas extras *overtime*

la nómina *pay slip*

la plantilla *staff, workforce*

el sueldo *salary*

Verbos

ampliar *to expand, increase*

aportar *to provide*

capacitar *to train, teach skills*

conseguir *to obtain*

cumplir *to accomplish, fulfill*

destacar *to stand out*

formarse *to train, educate (oneself)*

iniciar *to start, begin*

orientar *to guide, direct*

profundizar *to go in depth*

solicitar *to apply for, request*

Disciplinas y profesiones

la Administración y Dirección de Empresas *Business Administration*

las Ciencias Ambientales *Environmental Science*

las Ciencias de la Educación *Education (major)*

el Derecho *Law*

el/la filósofo/a *philosopher*

el/la físico/a *physicist*

el/la historiador/a *historian*

la Ingeniería Civil *Civil Engineering*

el/la ingeniero/a industrial *industrial engineer*

las letras *language arts*

Palabras y expresiones

el asistente *attendee*

la calificación *grade*

respecto a *regarding*

ser un referente para alguien *to be a mentor*

Expresiones de tiempo

a fin de (que) *in order to*

al cabo de (que) *after + a period of time*

antes de (que) *before*

cada vez *each time*

con el fin de (que) *as long as*

desde *since*

después de (que) *after*

en cuanto *as soon as*

hasta que *until*

mientras *while*

nada más *as soon as*

tan pronto como *as soon as*

Conectores del discurso

así que *consequently, so much so*

de esta manera *in this way*

es decir *that is to say, meaning*

o sea *that is, in other words*

para empezar *for starters, to start with*

por esa razón *for that reason, that's why*

según *according to*

1 Mira estas imágenes extraídas de dos folletos turísticos y completa las frases con pronombres y adjetivos indefinidos.

a. No hay .... que tenga prisa.

b. Hay .... personas que están disfrutando del paisaje.

c. No hay .... edificio.

d. .... hizo la foto.

a. No hay .... persona en la playa.

b. Cerca del mar hay .... palmeras.

c. No vemos .... carro cerca.

d. Detrás de las palmeras hay .... hoteles.

2 ¿Cuál de los dos destinos te parece más atractivo para un viaje de fin de curso? ¿Qué tipo de actividades se pueden hacer en cada uno de ellos?

3 Estos son algunos deseos y preferencias de un profesor y un estudiante sobre el viaje de fin de curso. Completa las frases con los verbos en su forma correcta y decide de quién es cada una.

a. Preferimos un viaje que no .... (durar) más de una semana, para que no se .... (perder) demasiadas clases.

b. Queremos organizar un viaje lleno de actividades, donde los estudiantes no .... (tener) tiempo libre.

c. Queremos un viaje que .... (ser) divertido y donde los estudiantes .... (poder) pasarla bien.

d. Deseamos que el viaje .... (permitir) ampliar la cultura de los estudiantes y su visión del mundo.

e. Estamos buscando un viaje que .... (combinar) diversión y actividades al aire libre.

f. Nos gustaría que el destino .... (permitir) a los estudiantes compartir momentos inolvidables.

Profesor	Estudiante

4 Corrige los verbos de la actividad anterior con tu compañero/a. ¿Clasificaron las frases del mismo modo? Si no es así, justifica tu respuesta.

5 🎵33 **Escucha y completa las frases.**

a. El profesor no soporta…

b. A los estudiantes les hace felices…

c. Para los padres de los estudiantes es una pena…

d. A Adrián y a sus compañeros les aburre…

6 👥 **¿Estás de acuerdo con Adrián? ¿Qué tipo de excursión te gustaría hacer? ¿Qué te hace feliz en clase?**

7 **Relaciona las columnas y forma frases con sentido.**

1. Cuando elijas una carrera…

2. Cuando estudias una carrera…

3. Cuando vivía en Bogotá…

4. Cuando vayas a Bogotá…

5. Cuando escribes un mensaje a un amigo…

6. Cuando escribas a una empresa…

a. no usas abreviaturas formales.

b. iba a la escuela en carro.

c. visita el parque de la 93.

d. piensa en tus gustos y talentos.

e. no uses abreviaturas informales.

f. tienes que ir a la universidad todos los días.

8 👥 **Termina estas frases y comenta cada una con tus compañeros/as. ¿Coincidís?**

a. Cuando termine la secundaria…

b. En cuanto llegue a mi casa…

c. Tan pronto como empiecen las vacaciones…

9 **Completa estas frases con *por* y *para* y analiza su uso.**

a. Consiguió un gran puesto de trabajo ………………… su excelente formación.

b. La empresa organizó un curso de idiomas ………………… su plantilla.

c. Hable más despacio ………………… que le entiendan sus estudiantes.

d. El año pasado hicimos un viaje ………………… Centroamérica.

e. ………………… mí, el horario es tan importante como el salario.

10 👥 **Escribe diez ejemplos de *por* y *para* y escribe dos frases incorrectas. Léelas en voz alta. Tu compañero/a tendrá que encontrar los errores.**

Ahora que eres más mayor, maduraste y tienes otros intereses. Estudiar español te ayudó a alcanzar esa madurez y te ayudará ahora a ordenar tus prioridades para graduarte con éxito y acceder a la universidad o a un buen empleo. El Sello de Alfabetización Bilingüe te permitirá ofrecer, a universidades y empresas, una garantía incuestionable de tu competencia bilingüe.

>>> ¿Dónde están los jóvenes de la foto? ¿Qué hacen? ¿Por qué?

>>> ¿Crees que cobran por su trabajo?

>>> ¿Qué crees que piensan?

>>> ¿Qué servicios voluntarios hay en tu comunidad? ¿Colaboras en alguno?

Limpiando la basura

IN THIS UNIT, YOU WILL LEARN TO:

- ◎ Talk about the benefits of travel and volunteering
- ◎ Describe what precautions to take when traveling
- ◎ Comment on social and health issues worldwide
- ◎ Express different levels of agreement and disagreement
- ◎ Confirm and refute information using indicative and subjunctive
- ◎ Express an opinion and make a value judgement using impersonal expressions with subjunctive and indicative
- ◎ Express feelings and opinions in the past using the present perfect subjunctive

TALLER DE LITERATURA

- ◎ *El árbol de la ciencia*, Pío Baroja

APRENDE HACIENDO

- ◎ Science and Technology: Health Care and Medicine
- ◎ Contemporary Life: Volunteerism

SESIÓN DE CINE

EL VIAJE DE CAROL
una película de IMANOL URIBE

CULTURA EN VIVO

LA MEDICINA TRADICIONAL: ANTES Y AHORA

Tumi, cuchillo que se usaba en la cirugía incaica.

169

1 ¿Qué era la ruta Quetzal? ¿Qué sabes de ella? Si no la conoces, fíjate en estas imágenes y en lo que te sugieren. Habla con un compañero/a.

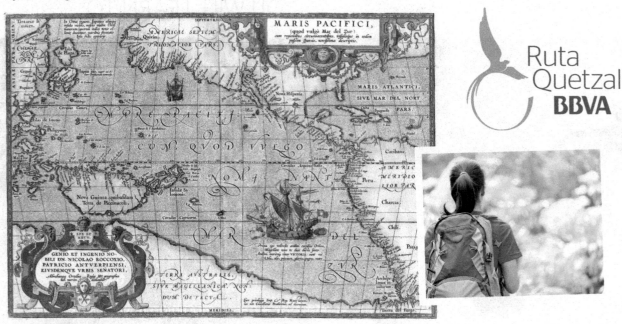

2 34 Rosa participó hace unos años en la Ruta Quetzal y antes de ir, le hicieron una entrevista. Escucha y lee la conversación. Después, comprueba tus hipótesis anteriores.

Locutor: Buenas tardes y bienvenidos de nuevo a nuestro programa. Un día más estamos con ustedes para contarles todos los detalles sobre la actualidad cultural. Y el tema de hoy es un tema apasionante. Les hablaremos de la ruta Quetzal, de su historia y de sus protagonistas. Tengo a mi lado a una de las participantes de la ruta Quetzal de este año, Rosa de la Torre. Rosa, ¿por qué vas participar en este viaje?

Rosa: Hola, buenas tardes. Bueno, como saben, el Banco Bilbao Vizcaya Argentaria es el patrocinador de la ruta Quetzal y ofrece unas becas a los mejores estudiantes de los diferentes países hispanos que deseen participar en esta expedición. Mi profesor me habló de esto, me propuso solicitar la beca y así lo hice. Trabajé mucho y la conseguí.

Locutor: ¿Qué es exactamente la ruta Quetzal?

Rosa: Bueno, es un poco difícil para mí explicarlo en pocas palabras, pero lo intentaré. La ruta Quetzal es un proyecto que se inició con el objetivo de hacer más fuertes los lazos de unión entre Latinoamérica, España y otros países. Pretende dar a conocer a la juventud la historia, la cultura y las peculiaridades de los diferentes pueblos que forman Latinoamérica.

Locutor: ¿Y cómo se desarrolla el proyecto?

Rosa: Pues se realiza viajando por esos lugares. Intentamos cumplir con la visión del gran viajero y explorador Miguel de la Quadra-Salcedo, que dice que solo viajando y estando en contacto con otras culturas se pueden comprender y conocer mejor.

Locutor: Rosa, tú tienes tan solo diecisiete años. ¿Piensas que estás preparada para la experiencia?

Rosa: ¡Espero que sí! Es verdad que soy muy joven. Pero

esta es, en general, la edad de los participantes. De hecho, es un viaje con fines educativos. Un viaje de conocimiento, pero también, como dicen los participantes de otras ediciones más antiguas, para motivarte a elegir una carrera con la que puedas ayudar a la sociedad en el futuro.

Locutor: Es verdad que puede ayudarte mucho.

3 **Escribe una definición para las siguientes palabras del texto.**

a. ruta ➡ ....

b. patrocinador ➡ ....

c. beca ➡ ....

d. explorador ➡ ....

e. ediciones ➡ ....

4 🎵35 **Lee las preguntas y contesta a las que ya sabes por la conversación anterior. Después, escucha la continuación del programa y contesta.**

a. ¿Es verdad que este proyecto estuvo patrocinado por un banco?

b. ¿Qué visión tenía el explorador Miguel de la Quadra-Salcedo?

c. ¿Cuáles eran los objetivos de ese viaje?

d. ¿Quién podía formar parte de él?

e. ¿Cuál fue el tema del viaje en el año noventa y dos?

f. ¿Se dice a dónde viajaron los expedicionarios?

g. ¿Cuál era el tema de la ruta Quetzal en la que participó Rosa?

h. ¿A dónde viajaron los expedicionarios?

5 👥 **Escribe un diálogo similar siguiendo las instrucciones. Después, representa la conversación con tu compañero/a.**

1. Llama a un amigo/a que va a colaborar con una organización benéfica en otro país. Salúdalo.

2. Responde y dile que te alegras de saber de él/ella.

3. Pregúntale qué va a hacer allí.

4. Dile con qué organización te vas, a qué lugar y de qué manera vas a ayudar allí.

5. Pregunta cómo conoció esa organización para saber cómo puedes ayudar tú también.

6. Infórmale y anímale. Despídete.

EXPRESSING DIFFERENT LEVELS OF AGREEMENT AND DISAGREEMENT

■ Para **mostrar acuerdo o desacuerdo** con las opiniones de otros, se usa:

• **Yo (no) estoy de acuerdo con** + | *esa idea* / *Luis* / *lo de* + *nombre o infinitivo* / *que + subjuntivo* | *(porque...)*

*Yo **no estoy de acuerdo con** lo de **la privatización** / **que privaticen** la sanidad pública.*

• **Yo creo que lo de** + nombre o infinitivo + indicativo:

*Yo **creo que** lo de donar sangre a menudo **es** fundamental.*

• **Yo no creo que lo de** + nombre o infinitivo + subjuntivo:

*Yo **no creo que** lo de la privatización de la sanidad pública **mejore** los servicios.*

Recuerda:

Para dar una opinión, se usa:

• **Creo que / Me parece que** + indicativo
• **No creo que / No me parece que** + subjuntivo
• **Para mí** + opinión

■ Para mostrar que estamos **parcialmente de acuerdo**, se usa:

• Sí, (estoy de acuerdo) / claro, / por supuesto, / desde luego, / tienes razón, | **pero sin embargo** | + opinión

≫ *Las ONG ayudan muchísimo a los países más necesitados.*
≫ ***Sí, estoy de acuerdo, pero** tendríamos que ayudar todos mucho más.*

■ Para mostrar que estamos **totalmente en desacuerdo**, casi enfadados, se usa:

• Pues yo no pienso **así, ¿eh?**
• **Ni hablar,** eso no es así.
• **No tienes ni idea** de lo que estás diciendo.
• Pues yo no estoy **para nada** de acuerdo.
• **¡Pero tú qué dices!**

1   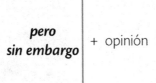 36 **Vas a escuchar a diferentes personas que hablan sobre la inmigración. Escucha las reacciones a las opiniones y pon un ✓ en la columna según su opinión. Presta especial atención a la entonación y la forma de decirlo.**

	1	2	3	4	5
Acuerdo total	☐	☐	☐	☐	☐
Acuerdo parcial	☐	☐	☐	☐	☐
Desacuerdo	☐	☐	☐	☐	☐

2  Haz una valoración sobre los siguientes temas y actividades. Después, intercambia las valoraciones que hiciste con tu compañero/a. Si no estás de acuerdo con sus opiniones, niégaselas y da tu opinión.

a. Ayudar a la gente que lo necesita. ➡ *Es una obligación social.*

b. Los vegetarianos.

c. Organizar actividades para niños hospitalizados.

d. La donación de sangre.

e. Ir de *camping*.

f. Colaborar con una ONG.

g. Conocer las prácticas de primeros auxilios.

h. Tener mascotas en casa.

i. Las organizaciones mundiales como la Cruz Roja.

j. Las redes sociales.

Modelo: E1: *Para mí, ayudar a la gente que lo necesita es una obligación social.*

E2: *Yo estoy de acuerdo, pero creo que el gobierno está obligado a ayudar también.*

3 Con ayuda de tu profesor/a o de tus papás, busca una oportunidad para debatir estos temas con hablantes nativos.

4 ¿Has trabajado alguna vez de voluntario/a? ¿Se fomenta en tu país este tema? ¿En qué organizaciones sí participarías y en cuáles no? ¿Por qué? Vamos a hacer un debate a partir de la siguiente afirmación:

Antigua (Guatemala). Grupo de voluntarios colaborando después de la erupción del Volcán de Fuego en junio de 2018 (Foto: Lucy Brown)

"El voluntariado es un fenómeno que está de moda; los jóvenes lo practican porque queda bien y está bien visto por los demás".

5 Lleguen a un acuerdo entre todos y escriban en un póster sus conclusiones. Cuelguen el resultado en la pared de la clase.

Modelo: *En primer lugar, todos estuvimos de acuerdo con que nuestra comunidad no ofrece suficientes programas de voluntariado, sin embargo...*

CONFIRMING AND REFUTING INFORMATION

- Para **confirmar una realidad**, es decir, que algo es cierto y está demostrado, se usa:

  - **Es evidente / obvio / cierto / verdad**... + **que** + indicativo:
    Es evidente que se **había informado** antes de viajar.

  - **Está claro / demostrado**... + **que** + indicativo:
    Está claro que no **llevó** todo lo que necesitaba.

- Para **desmentir la información dada**, se usan las expresiones anteriores en su forma negativa, seguidas de subjuntivo.

  - **No es cierto / verdad**... + **que** + subjuntivo:
    No es verdad que tengas que vacunarte para entrar en el país.

  - **No está claro / demostrado**... + **que** + subjuntivo:
    No está claro que se pueda viajar a Colombia sin visado.

6 **A continuación tienen el comentario que publica Antonio Suárez en su blog a la vuelta de su viaje a Colombia. ¿Qué pueden decir de su experiencia? Usen expresiones como *Es evidente que...*, *Está demostrado que...***

Modelo: Es evidente que le gustó mucho el café de Colombia.

Es verdad que la gente es muy atenta.

○●○   El blog de Antonio

El blog de Antonio   inicio | archivos | viajes | 🔍 buscar

Viajes 📍 Colombia

Acabo de llegar de mi viaje a Colombia donde estuve un par de meses como voluntario y me gustaría compartir con todos ustedes mi experiencia, por si alguno está interesado en visitar ese maravilloso país. Aterricé en Bogotá y lo primero que hice fue tomarme un café. Están muy orgullosos de su producto estrella y no es para menos, la verdad. Nunca tomé un café tan bueno. Después, me dirigí a un punto de información turística y me atendieron muy bien; la gente es muy atenta. Me dijeron que tenía que probar su plato típico: el ajiaco. Es un plato muy sencillo: una sopa de pollo con tres clases distintas de papas y condimentado con guascas (una hierba que se usa como especia). Tenían razón; estaba riquísimo.

De la parte cultural destaco la ruta que hice de santuarios religiosos. Colombia es un país católico y me encantó el recorrido. Visité el santuario del Divino Niño, el santuario de la Virgen de Guadalupe, el santuario del Señor de los Caídos y otros más.

Si lo que te interesa es la naturaleza, no puedes perderte la Amazonía. Es la zona más verde del país. Yo fui con un guía especializado. Visitar esta zona es impresionante, pero moverse por la selva no es tan fácil como pueda parecer.

El último día me quedé descansando en el hotel y después salí a pasear por los alrededores. Así pude pasar tiempo observando a la gente. Fue muy agradable conversar largo y tendido con los trabajadores del hotel y los tenderos de la calle.

7 Vuelve a leer el blog de Antonio y confirma o desmiente la siguiente información. Trabaja con tu compañero/a. ¿Están de acuerdo?

a. Bogotá es la capital de Colombia.

b. Los colombianos toman mucho café.

c. Guascas es una especia aromática.

d. La comida colombiana es muy picante.

e. Antonio no es católico.

f. Hay muchas iglesias en Colombia.

g. La Amazonía está cerca de Bogotá.

h. A Antonio le gustan las aventuras.

8 Lee estas recomendaciones si quieres ir a Bogotá y después elabora un texto similar para turistas que quieran visitar tu ciudad.

COLOMBIA

Si estás preparando un viaje a la capital de Colombia y te preguntas qué ver en Bogotá surge un problema: la lista de cosas que ver allá puede llegar a ser interminable. La ciudad alberga una gran cantidad de rincones, museos, miradores, etc.

Es cierto que el centro histórico de La Candelaria es sin lugar a dudas de las primeras cosas que visitar en Bogotá. El barrio conserva las casas y edificios de la época colonial.

Si hablamos de los museos que hay en Bogotá, es obvio que uno es especialmente conocido y característico: el Museo Botero, donado por el artista a la ciudad. Allí se pueden admirar muchas de sus pinturas. También son interesantes el Museo del Oro y el Museo Nacional de Colombia, donde se guardan muchas piezas precolombinas.

Pero unos de los sitios que ver en Bogotá más curiosos es el Cerro de Monserrate. Se puede subir en teleférico para disfrutar de las vistas de la ciudad, no solo al llegar arriba, sino durante todo el trayecto.

Y si estás cansado del ritmo de la ciudad, siempre puedes salir a dar un paseo por las afueras, al Páramo de Sumapaz, para respirar la tranquilidad de sus alrededores. Las vistas de los Andes o una ruta por sus espacios naturales son también imprescindibles entre las cosas que hacer en Bogotá.

Si ya visitaste los lugares de mayor interés y tienes suficiente energía, está claro que una noche de salsa puede ser un buen plan. La noche de la capital colombiana es de lo más animada.

Adaptado de *http://www.minube.com/que_ver/colombia/bogota/bogota*

Si estás preparando un viaje a...

9 Lee el texto de tu compañero/a y confirma o desmiente la información que da sobre la ciudad.

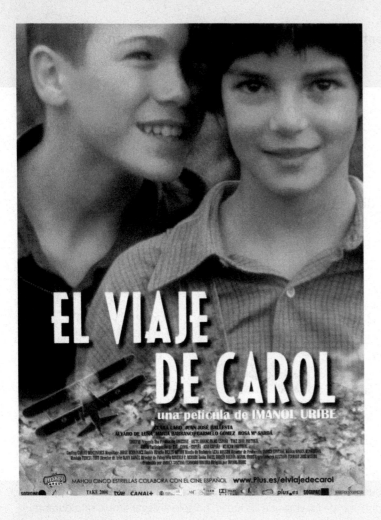

00:07:18 - 00:12:03

Título: El viaje de Carol.

Año: 2002.

País: España y Portugal.

Género: Drama.

Director: Imanol Uribe.

Intérpretes:

Clara Lago,
Juan José Ballesta,
Álvaro de Luna,
María Barranco,
Carmelo Gómez,
Rosa María Sardà,
Alberto Jiménez,
Lucina Gil,
Daniel Retuerta,
Andrés de la Cruz.

SINOPSIS

Carol, una niña de doce años, de madre española y padre norteamericano, viaja por primera vez a España en la primavera de 1938 en compañía de su madre (Aurora). Separada de su padre, piloto en las Brigadas Internacionales, al que ella adora, su llegada al pueblo de su madre transforma un entorno familiar lleno de secretos. Con un carácter rebelde, se opone a los convencionalismos de un mundo que le resulta desconocido. La complicidad con Maruja, las lecciones de vida de su abuelo Amalio y su especial afecto por Tomiche le abrirán las puertas a un universo de sentimientos adultos que harán de su viaje un trayecto interior desgarrador *(heartbreaking)*, tierno, vital e inolvidable.

❗ ¿SABÍAS QUE...?

- La niña del filme (Clara Lago) fue nominada al Goya a la mejor actriz revelación y desde entonces se convirtió en una de las actrices más populares de España.

- El director, Imanol Uribe, es también guionista del filme junto a Ángel García Roldán.

- Está basada en la novela *A boca de noche* de Ángel García Roldán.

- El filme obtuvo tres nominaciones a los Premios Goya.

ANTES DE VER LA SECUENCIA

1 👥 **Con tu compañero/a, contesten a estas preguntas.**

a. ¿Alguna vez te cambiaste de ciudad?

b. ¿Prefieres ciudades grandes o pequeñas para vivir?

c. Si pudieras viajar al pasado, ¿a qué época te trasladarías? ¿Por qué?

2 **Carol acaba de llegar desde Nueva York a un pequeño pueblo de España. ¿Qué cosas crees que puede echar de menos alguien que deja de vivir en una gran ciudad?**

....

....

....

3 **En esta imagen están la madre y el abuelo de Carol. ¿Cómo crees que son? ¿Qué tipo de vida tienen?**

....

....

....

....

4 **En la siguiente imagen, Carol se encuentra con unos niños del pueblo. ¿Por qué crees que los mira de ese modo?**

....

....

....

....

5 **El filme transcurre en España durante 1938. ¿Qué cosas piensas que todavía no existían en ese año?**

....

....

....

....

SESIÓN DE CINE

MIENTRAS VES LA SECUENCIA

6 🔲◉ **Carol recorre el jardín de la casa de sus abuelos y descubre algo. Mira la escena y responde a**
01:05 - 02:42 **las preguntas.**

    a. ¿Qué tipo de personas ve? ....

    b. ¿Cuántas son? ....

    c. ¿Cómo son? ....

    d. ¿Dónde están? ....

    e. ¿Qué crees que están haciendo? ....

7 🔲◉ **Aurora, la madre de Carol, se encuentra con una vieja amiga. Completa el diálogo de este**
03:34 - 04:26 **encuentro.**

Maruja: ¡Aurorita!
Aurora: ¡Maruja!
Maruja: ¡Aurora!
Aurora: ¡Maruja!
Maruja: (a) .... que te vea, ¡qué guapa! Estás (b) ....
Aurora: No, tú sí que no has cambiado nada. Ven, te voy a (c) .... a mi hija.
Maruja: Buenas tardes, don Amalio.

Amalio: Buenas tardes, Maruja.
Aurora: Esta es Carol.
Maruja: (d) .... de conocerte Carol, soy Maruja. Pero bueno, es (e) .... que tú.
Aurora: No. Maruja primero fue mi maestra y, después, mi mejor amiga.
Amalio: Lo siento, pero nos esperan en Villablanca.
Maruja: Bueno, por mí no se (f) ...., ya tendremos tiempo de (g) ...., ¿no?
Aurora: Sí.

8 🔲◉ **En esta escena los tres protagonistas van cantando una canción infantil. Es una canción**
04:27 - 05:01 **donde se dicen mentiras. Complétala con las palabras del recuadro.**

mar ◦ despacio ◦ contar ◦ liebres *(hare)*
sardinas ◦ monte

Ahora que vamos (a) ....,
vamos a (b) .... mentiras, tralará.

Por el (c) .... corren las (d) ....,
por el (e) .... las (f) ....

178

DESPUÉS DE LA SECUENCIA

9 Carol llega a una nueva casa y no tiene amigos. Habla con tu compañero/a y comparen sus respuestas.

	Mi respuesta	La respuesta de mi compañero/a
a. ¿Crees que es difícil hacer amigos en una nueva ciudad? ¿Por qué?		
b. ¿Recuerdas cómo te hiciste amigo/a de tu mejor amigo/a?		
c. Imagina que te encuentras ahora en una situación parecida, ¿qué haces para conocer a gente nueva?		

10 El abuelo de Carol le da a Aurora una carta. La carta es de su esposo, que es piloto en las Brigadas Internacionales. ¿Sabes qué era eso? Busca información en Internet y escribe un breve resumen.

11 Has escuchado al final de la escena a los protagonistas cantando una canción infantil española. ¿Recuerdas alguna canción para niños que cantabas cuando eras pequeño/a? Trata de traducirla al español y escríbela. Trabaja con tu compañero/a.

1 Lee un artículo publicado por la Cruz Roja peruana. Haz una lista con las palabras que no conozcas y búscalas en el diccionario. Después, con tus propias palabras, escribe su definición.

Cruz Roja

Una voluntaria o voluntario de la Cruz Roja peruana es una persona física que acepta los principios fundamentales y expresa su deseo de **prestar servicio** voluntario de forma regular u ocasional.

Ser voluntaria o voluntario de la Cruz Roja es un distintivo de identidad; así, el identificarse como voluntaria o voluntario de la Cruz Roja peruana significa representar un **conjunto** de cualidades y principios singulares que nos caracterizan y marcan a nivel mundial. Esto se desarrolla a través de las siguientes acciones:

ACCIONES SOCIALES

Con estas acciones los voluntarios y las voluntarias contribuyen a **mejorar** las condiciones de vida de personas mayores, jóvenes, niños y niñas, también de quienes cuentan con **capacidades** limitadas o quienes se encuentran **albergados** u hospitalizados, preocupándose así por su **asistencia** personal y **necesidades** emocionales.

ACCIONES PARA LA PROMOCIÓN DE LA SALUD

Contribuir a mejorar la **calidad de vida** de las personas en condiciones de vulnerabilidad, a través de la difusión de hábitos **saludables** y prácticas de **primeros auxilios**. Para esto nuestros voluntarios y voluntarias realizan las siguientes acciones:

- Difusión y promoción de la **salud materna**, del **recién nacido** y del niño.
- Promoción de la **higiene**.
- Prevención del VIH / sida, su estigma y discriminación.
- Promoción de la **donación** voluntaria **de sangre**.
- **Seguridad vial**.
- **Salud pública**, en general, con enfoque en promoción de la salud.
- Desarrollo de infraestructura y equipamiento de servicios básicos de salud (**botiquines comunales**).

¡Si deseas ser parte del voluntariado, escríbenos ya!

Adaptado de *http://www.cruzroja.org.pe/*

Término	Definición
Prestar servicio.	Ayudar como voluntario en algún tipo de trabajo benéfico.

2 👥 **Relaciona las actividades con el proyecto correspondiente. Trabaja con tu compañero/a.**

	Salud pública	Seguridad vial	Salud materna	Botiquín comunal
a. Entregar un paquete de medicamentos a una comunidad para que empiecen a implementar su propia farmacia.	☐	☐	☐	☐
b. Viajar con un equipo de profesionales de medicina a diferentes pueblos rurales y ayudar en la visita a los pacientes.	☐	☐	☐	☐
c. Colaborar con la asistencia y cuidado de las mujeres rurales que están embarazadas.	☐	☐	☐	☐
d. Recolectar firmas de personas que se comprometen a ser más prudentes en el tránsito.	☐	☐	☐	☐

3 👥 **¿Qué otras actividades puedes añadir para prestar servicio en cada uno de estos proyectos? Trabaja con tu compañero/a y preparen una lista para compartir con la clase.**

COLABORAR DONAR CUIDAR CONTRIBUIR DAR REALIZAR

4 **Lee este artículo sobre otros servicios que realiza la Cruz Roja y completa con el siguiente vocabulario.**

desintoxicación o movilidad o domicilio o formación o mayores

Adultos (a) .... Este sector de la población es uno de los que más preocupa a la Cruz Roja. Por ello, hay proyectos en marcha de ayuda a (b) ...., viviendas tuteladas, etc.

Drogadictos. Atención en cárceles, centros de (c) .... y apartamentos de reinserción.

Refugiados e inmigrantes. A estos grupos se les proporciona asistencia sanitaria y social (alojamientos y manutención, clases de español y (d) ....).

Niños y jóvenes con dificultades sociales. Actividades para niños hospitalizados, hogares tutelados para menores, talleres para jóvenes...

Personas con (e) .... **reducida**. Colaboran en facilitarles el transporte adaptado, ayuda a domicilio y participación en actividades de ocio.

5 🎵 37 Escucha las declaraciones de diversos voluntarios y anota en el siguiente cuadro dónde trabajan y por qué decidieron dedicar su tiempo libre a estas actividades.

	Nombre	Lugar de trabajo	Motivo
a.			
b.			
c.			
d.			

6 👥 Lee las palabras y marca qué cualidades son necesarias para ser voluntario/a en un proyecto solidario. Trabaja con tu compañero/a. Justifiquen sus opiniones.

o sensible	o creador/a	o perfeccionista	o vulnerable
o conciliador/a	o activo/a	o perseverante	o tradicional
o frío	o contradictorio/a	o sociable	o atormentado/a
o pesimista	o inquieto/a	o abierto/a	o optimista
o oportunista	o diplomático/a	o comunicador/a	o metódico/a

7 👥 Y tú, ¿qué cualidades crees que te pueden servir para prestar servicio voluntario? Coméntalas con tu compañero/a e incluye algunos ejemplos.

8 👥 Son muchas las organizaciones, nacionales e internacionales, que ofrecen empleo para trabajar como cooperante o voluntario remunerado. Con tu compañero/a, investiguen sobre una de las siguientes Organizaciones No Gubernamentales (ONG) y preparen una descripción de los servicios que prestan y los tipos de trabajo que ofrecen.

9 ¿A qué tipo de actividades solidarias preferirías dedicarte? Haz una lista y explica tus razones.

10 ¿Has estado alguna vez en Colombia? Si no es así, ¿qué dificultades crees que pueden tener los turistas que viajan a ese país? ¿Qué precauciones se deben tomar?

11 Lee ahora esta ficha de información sobre Colombia para los visitantes de otros países y confirma si las suposiciones que hicieron son correctas.

COLOMBIA

DOCUMENTOS: Los visitantes procedentes de Australia, de Nueva Zelanda, de la mayoría de los países europeos y de Estados Unidos no necesitan visado si permanecen menos de noventa días en el país en calidad de turistas. Los viajeros de otras nacionalidades deben consultar con el consulado colombiano la situación de los visados antes de partir.

VACUNAS: No se exige ninguna vacuna para entrar en Colombia.

DIVISAS: Los visitantes extranjeros pueden sacar divisas sin restricción.

TRANSPORTE: Hay setenta y cuatro aeropuertos, de los cuales cinco son internacionales: Bogotá, Medellín, Cali, Barranquilla y Cartagena. El sistema montañoso dificulta el transporte por carretera. Las principales ciudades están conectadas por buenas vías; en regiones más apartadas de las principales rutas puede haber tramos en estado deficiente, sobre todo en épocas de lluvia. Para recorridos terrestres se puede optar por tours organizados por las agencias de viajes, servicio público de buses intermunicipales o renta de carros.

SALUD: Problemas más comunes: mal de altura, trastornos estomacales, malaria en algunas zonas de selva, dengue… Se sugiere abstenerse de consumir agua de los grifos; lo óptimo es tomarla embotellada. Urgencias médicas y servicios de salud: la red de atención en salud preventiva y curativa en Colombia es bien completa, pues los servicios médicos de urgencias son de calidad y cuentan con especialistas en los diferentes campos de la medicina durante las veinticuatro horas del día. Es importante tener un seguro de asistencia internacional; cuando tenga una urgencia procure recurrir a la Cruz Roja o a clínicas privadas. Los centros de salud y hospitales públicos pueden ser utilizados en casos de extrema necesidad.

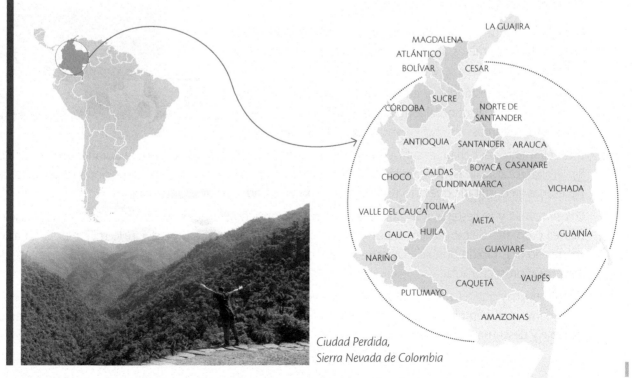

LA GUAJIRA
MAGDALENA
ATLÁNTICO
BOLÍVAR   CESAR
SUCRE
CÓRDOBA   NORTE DE
                SANTANDER
ANTIOQUIA SANTANDER ARAUCA
CHOCÓ CALDAS BOYACÁ CASANARE
          CUNDINAMARCA
                        VICHADA
VALLE DEL CAUCA TOLIMA
                META
CAUCA HUILA   GUAINÍA
          GUAVIARE
NARIÑO
              VAUPÉS
        CAQUETÁ
PUTUMAYO
          AMAZONAS

Ciudad Perdida,
Sierra Nevada de Colombia

12 Vuelve a leer el texto anterior y escribe la misma información usando tus propias palabras.

Documentos:

Vacunas:

Divisas:

Transporte:

Salud:

FROM THE corpus

En estos contextos es frecuente ver la palabra **agua** acompañada de estos adjetivos: **hervida**, **potable**, **mineral**, **salada**, **embotellada**, **residual**, **saneada** o **clorada**, **desalinizada**…:

*Tener agua **potable** era un lujo en esa parte de la ciudad pues no había agua para beber en aquellos tiempos.*

13 Lee este otro texto y marca si las afirmaciones son verdaderas (V) o falsas (F).

Precauciones para el viajero

La finalidad de un botiquín de viaje no es ni más ni menos que proporcionar "primeros auxilios" y evitar que las heridas y los síntomas leves pasen a ser mayores.

En el botiquín estándar para el viajero no debería faltar agua oxigenada, alcohol, algodón, gasas esterilizadas, tijeras, termómetro, curitas *(band-aids)* y aspirinas o antiinflamatorios.

Estos elementos deberían ser suficientes para asistirte en caso de que te sientas mal durante un viaje corto. Sin embargo, si realizas un viaje largo, te recomendamos visitar a tu médico para ponerte las vacunas necesarias y consultarle qué otro tipo de medicamentos debes llevar.

Los síntomas y malestares más comunes que suelen presentarse durante un viaje son: fiebre, náuseas, diarrea o dolores de cabeza. Por supuesto, en caso de que los síntoçmas persistan, lo mejor es visitar a un médico lo más rápido posible. Hay otros elementos que debes incluir por precaución, como repelente de insectos o protector solar.

Por último, hay que tener en cuenta algunos consejos para evitar problemas de salud comunes durante un viaje, como por ejemplo, tratar de alimentarse de forma sana, mantenerse hidratado consumiendo agua potable y descansar lo necesario.

Texto adaptado de *http://www.viajeros.com/articulos/1028-que-llevar-en-el-botiquin-basico*

	V	F
a. Las vendas no deberían faltar en ningún botiquín.	☐	☐
b. No es necesario visitar a un médico antes de un viaje largo.	☐	☐
c. Si persiste la fiebre durante varios días, es aconsejable que visites a un médico.	☐	☐
d. Es importante beber mucha agua aunque comas mal.	☐	☐

14 **Escribe ahora tu opinión sobre el tema anterior. ¿Estás de acuerdo? ¿Hay algo más que debamos llevar en nuestra valija antes de salir de viaje? Usa las expresiones que aprendiste en la sección *Comunica*.**

15 **Sofía, una muchacha de Colombia, viene a pasar unas vacaciones a tu ciudad. Tiene preguntas sobre el hotel y escribe un correo a la agencia de viajes pidiéndole información. Según los datos que tienes del artículo anterior, ¿qué preguntas crees que va a hacer Sofía? Escribe algunas para cada requisito según la perspectiva de Sofía. Antes de escribir el correo definitivo, busca en Internet las escalas de puntuación del nivel 4 avanzado (*AP® Scoring Guidelines*) y úsalas para evaluar tu correo y editarlo o reescribirlo.**

REQUISITOS

- Hospital cercano.
- Seguro de asistencia internacional.
- Aire acondicionado.
- Agua embotellada.
- Mosquitero.
- Uso de tarjeta de crédito dentro del hotel y cambio de moneda.
- Excursiones organizadas por el hotel y medios de transporte.

● ○ ○   MODELO

Para:

¿Hay un hospital cerca del hotel? ¿A cuántos kilómetros? ¿Es privado o público? ¿Qué necesito llevar si tienen que atenderme allí?

● ○ ○

Para:

16 **Intercambia tus preguntas sobre tu ciudad con tu compañero/a y contesta a las suyas.**

MORE IN ELEteca | EXTRA ONLINE PRACTICE

GRAMÁTICA

■ Impersonal expressions are used to express an opinion, make a value judgement, and confirm what is true about something that happens or has happened. Impersonal expressions can be followed by the subjunctive or indicative.

■ Para **hacer valoraciones**:

- *Me parece* / *Es* + adjetivo
- *Me parece* / *Está* + adverbio   + *que* + subjuntivo
- *Es un/una* + sustantivo

  Me parece increíble que la gente no *se informe* antes de viajar.

  Está mal que los turistas no *se relacionen* con la gente del lugar.

  Es una pena que tengas que viajar sola.

■ Para **confirmar** lo evidente, una realidad:

- *Es cierto* / *evidente* / *verdad* / *indudable*... + *que* + indicativo:

  Es indudable que aprendemos cuando viajamos.

- *Está claro* + *que* + indicativo:

  Está claro que tenemos que informarnos antes de hacer un viaje.

1 Clasifica la siguiente lista de expresiones según confirmen una realidad o emitan un juicio de valor.

• es difícil	• es indiscutible	• es mejor	• es obvio	• está comprobado
• es fundamental	• es innegable	• es muy triste	• es probable	• está demostrado
• es horrible	• es bueno	• es necesario	• es seguro	• está visto
• es importante	• es malo	• es normal	• es una vergüenza	• no es justo

Confirmar una realidad	Emitir un juicio de valor

2 🔲🔲 **Relaciona para formar frases con sentido. Después, compara tus frases con las de tu compañero/a. ¿Están de acuerdo?**

1. Les parece fantástico…
2. Es horrible…
3. Es verdad…
4. Me parece interesante…
5. Creo que es urgente…
6. Está claro…
7. Me parece increíble…
8. Nos parece fatal…

a. que haya tanta necesidad en las grandes ciudades y que se haga tan poco para disminuirla.

b. que hagan experimentos con animales.

c. que haya castigos más duros contra las personas que manejan bajo los efectos del alcohol.

d. que la inestabilidad política es el principal culpable de la pobreza mundial.

e. que la seguridad vial empieza a ser un tema muy preocupante.

f. que en la oficina solo se use papel reciclado.

g. que los gobiernos se tomen en serio el tema de la protección de los niños y las niñas, y de los adolescentes migrantes.

h. que todavía haya países con bombas nucleares.

3 🔲🔲🔲 **Lee los siguientes titulares y los subtítulos de noticias tomadas de periódicos latinos. Haz una valoración sobre los temas usando las expresiones aprendidas. Comparte tus opiniones con tus compañeros/as.**

Hay seis hogares que albergan a 85 menores en condiciones de vulnerabilidad

Los hogares son un espacio institucional transitorio para niñas, niños y adolescentes para los que se busca garantizar la protección integral de sus derechos. Negligencia familiar, maltrato y abusos son las causas más comunes.

www.diariosanrafael.com.ar, Argentina

Ana, una joven invidente[1], se enfrenta a la exigente ruta Quetzal

Ana va a enfrentar a la ruta Quetzal, una exigente travesía entre Colombia y España. Su objetivo: demostrar a la sociedad que los invidentes también pueden llevar un estilo de vida perfectamente normal.

www.iberoamerica.net, España

[1]*Ciego/a, que no ve.*

Proyecto de ley busca obligar a conductores ebrios[1] a prestar servicio social

El proyecto señala que todo conductor que sea sorprendido en estado de ebriedad será retenido hasta que se le pase el efecto del alcohol y posteriormente, deberá prestar servicio social, además de las sanciones contempladas en el reglamento de tránsito.

www.panamaluz.com, Panamá

[1]*borrachos, bebidos.*

Cruz Roja venezolana dictará un curso vacacional de primeros auxilios

Este curso va dirigido a jóvenes entre doce y quince años de edad e incluirá consideraciones generales sobre las emergencias básicas y la atención primaria, conducta ante una emergencia y signos vitales, entre otros temas.

www.cruzrojavenezonalana.org, Venezuela

2. PRESENT PERFECT SUBJUNCTIVE

■ The present perfect subjunctive is used to express feelings and opinions about something that has already occurred. As with all perfect tenses, the present perfect subjunctive is formed with **haber** and the past participle.

PRESENTE PERFECTO DE SUBJUNTIVO

	–AR	–ER	–IR
haya hayas haya hayamos hayáis hayan	trabaj**ado**	com**ido**	viv**ido**

*Me parece fantástico que **hayan ido** de vacaciones a Colombia.*

■ Este tiempo tiene los mismos valores que el presente perfecto de indicativo; cuando el verbo principal se construye con subjuntivo, utilizamos el presente perfecto de subjuntivo:

≫ *¿Has mandado tu solicitud al director?*

≫ *Sí, lo he hecho esta mañana.*

≫ *Ah, pues me parece importante que la **hayas mandado**.*

■ Para **expresar extrañeza**:

- **¡Qué raro / extraño**…
- **Me parece raro / extraño**… } + **que** + subjuntivo
- **Me extraña**…

Me parece rarísimo que no haya llegado.

¡Qué raro que no haya ido a la fiesta!

4 👥 **Reacciona expresando extrañeza.**

Modelo: Eva ha llegado tarde hoy a clase.
Me extraña que **haya llegado** tarde, siempre es muy puntual.

a. Mi mamá no me ha llamado.

b. Siempre dejo las llaves encima de la mesa y no están, ¿las has visto?

c. Me acaba de llamar Pepe y me ha dicho que no viene a la fiesta.

d. ¿Sabes? Tere y Gonzalo se han ido de vacaciones al desierto de Atacama.

e. He ido a ver a tu hermana, ¿sabes que le han regalado un gato?

f. Me he apuntado a un gimnasio y voy a ir todos los días.

5 Estás chateando con tus amigos. ¡Cuántas cosas les han pasado! Responde rápidamente a sus preocupaciones con una expresión de extrañeza u otra expresión impersonal.

Skype

Luisa ¡Qué desesperación! Llevo toda la tarde buscando mi celular, ¿dónde estará? He buscado por todas partes, hasta en el cuarto de baño.
Tú ¡Qué extraño que lo hayas perdido! ¡Si estás todo el día con él!

Jorge Pues yo estaba en casa esperando una llamada muy importante de mi trabajo. Como no llamaban me fui a duchar, y justo cuando salgo, veo que tengo una llamada perdida... Y lo malo es que no sé de quién era...
Tú

Alberto ¡Vaya día! Yo esta mañana me he quedado encerrado en el ascensor. Lleva varios días sin funcionar, pero ayer noche había un cartel que decía: FUNCIONA.
Tú

Luisa ¿Sabes que Juan ya ha recibido noticias de la beca? Parece que han nombrado a los que la han conseguido, pero yo no he podido ir a clase y no sé si me la han concedido o no. Para un día que no voy a clase... ¡Qué rabia!
Tú

Jorge ¿Ya han llegado tus amigos del viaje? Como les retrasaron el vuelo...
Tú

Alberto Por cierto, fuimos a comprar el regalo de cumpleaños de Ángela. No sé si le va a gustar. Es tan rara...
Tú

Carmen Tengo que hablar con Manuel. Lo he estado buscando por todo el campus pero me han dicho que estaba en clase... Cuando he vuelto, ya se había ido a otra clase... Siempre que lo necesito nunca está.
Tú

3. PRONOUN *SE*

The pronoun **se** in Spanish has several functions. How many do you recognize?

- **Reflexivo.** Se usa el pronombre **se** para conjugar los verbos reflexivos en las terceras personas del singular y del plural. Estos verbos comunican que la acción desempeñada sobre el sujeto recae sobre sí mismo (*lavarse, vestirse, parecerse…*):

  *Desde que vive en Buenos Aires **se levanta** muy temprano.*

- **Pasivo.** Se usa **se** + verbo en tercera persona del singular o del plural, y equivale a una oración pasiva cuando consideramos que referirse al sujeto activo no es importante: *se alquila, se vende, se explica, se sabe…*, en lugar de *es alquilado, es vendido, es explicado, es sabido…*:

  *En España **se baila** flamenco.*

- **Recíproco.** Se usa el pronombre **se** para expresar una acción de intercambio mutuo (*escribirse, verse, comunicarse, hablarse…*):

  *Como viven lejos, **se comunican** poco.*

- **Objeto indirecto.** Usamos **se** en lugar de **le** o **les** para referirnos al objeto indirecto cuando en la oración hay también otro pronombre de objeto directo **(lo, la, los, las)**:

  *Este restaurante **se lo recomendé** a mi hermano cuando viajó a Lima.*

6 **Señala a qué uso de *se* corresponde cada frase: reflexivo, pasivo, recíproco u objeto indirecto.**

   a. En mi casa la salsa de tomate se hace con mucho ajo. ➡ Modelo: pasivo

   b. Carlos y Francisco no se hablan desde hace mucho tiempo. ➡

   c. ≫ ¿Le dijiste a Marisa que mañana no hay clase?
   ≫ No, lo siento, no se lo dije. ➡

   d. Después de veinte años, Paula y Juan se vieron, pero no se reconocieron. ➡

   e. Los niños se resfriaron a causa de tantos cambios de temperatura. ➡

   f. La ley se aprobará mañana. ➡

7 Observa las siguientes imágenes y descríbelas usando *se* recíproco en frases afirmativas y negativas. Después, compártelas en grupos pequeños. ¿Cuántas versiones diferentes consiguieron?

8 Lee la convocatoria de la ruta Quetzal del año 2014 e indica las funciones de los pronombres *se* resaltados. Después, compara tus respuestas con tu compañero/a.

PUBLICADA LA LISTA DE TRABAJOS RECIBIDOS PARA OPTAR A SER UNO DE LOS DOSCIENTOS EXPEDICIONARIOS

Ya queda menos para saber quiénes serán los seleccionados que (a) **se** embarcarán en una nueva edición de esta expedición que ofrece la oportunidad de viajar, descubrir otras culturas y conocer a jóvenes de otros países latinoamericanos a lo largo de una ruta por América y España. Este año, la ruta (b) **se** desarrollará del 19 de junio al 23 de julio.

Vista aérea del río Amazonas

Como novedad, el programa Ruta BBVA, CERMI y la Fundación ONCE crearon este año la Embajada de la Discapacidad, a través de la cual (c) **se** abre la participación a dos jóvenes con discapacidad que hayan superado el proceso de preselección.

Tras haber concluido el periodo de inscripción y finalizado el envío de los proyectos y trabajos, queda ahora esperar a la primera quincena de marzo para conocer a los afortunados que, finalmente, (d) **se** convertirán en expedicionarios.

Cañón del Colca

Estos van a ser seleccionados por una comisión elegida por la Universidad Complutense de Madrid, que tiene la responsabilidad de seleccionar los mejores trabajos presentados y, posteriormente, realizar las comprobaciones que crea necesarias, mediante llamada telefónica o videoconferencia, para probar la autoría de los documentos presentados antes de realizar la selección definitiva de candidatos.

Una vez que (e) **se** sepa quiénes serán los participantes, (f) **se** les citará para que (g) **se** conozcan y tengan un primer contacto antes del viaje. (h) **Se** hará entonces una foto de grupo para la prensa y para las familias de los estudiantes. (i) **Se** la enviarán después de la expedición.

EN BUSCA DE LAS FUENTES DEL AMAZONAS

Ya (j) **se** conoce la temática de esta vigésimo novena edición, que viajará a Perú para descubrir las fuentes del río Amazonas, y la historia y las formas de vida del cañón del Colca. Además, los expedicionarios estudiarán las culturas prehispánicas de Paracas y Nazca.

Adaptado de *www.injuve.es/cooperación/noticia/ruta-quetzal-2014*

9 Contesta a estas preguntas sobre las cosas que haces para los demás usando *se lo, se la, se los, se las*. Después, comparte tus respuestas en grupos pequeños. ¿Con quién tienes más en común?

a. ¿Donas la ropa que no usas a alguna organización benéfica? Si no, ¿qué haces con ella?

b. ¿A qué grupo de tu comunidad o escuela le prestas servicio durante el año?

c. ¿A quién de tus compañeros/as de clase le recomendarías hacer la Ruta Quetzal? ¿Por qué?

d. ¿A qué candidato de las próximas elecciones (presidenciales, municipales o de tu escuela) le piensas dar tu apoyo? ¿Por qué?

e. ¿A qué persona en tu vida le prestas atención más horas al día?

GRAMÁTICA

10 👥👥 Busca un/a compañero/a de diferente nacionalidad o que viene de otra parte del país. Habla con él/ella sobre las costumbres de su cultura o zona según el modelo, y completa el cuadro con la información.

Costumbres	Mi zona / familia	La zona / familia de mi compañero/a
Freír los alimentos con mantequilla.	☒	☐

En mi familia no se fríen los alimentos con mantequilla, se fríen con aceite de oliva. ¿Y en la tuya?

Celebrar los quince años de edad.	☐	☐
Comer alimentos picantes.	☐	☐
Viajar mucho al extranjero.	☐	☐
Asistir a eventos culturales, como el teatro y exposiciones de arte.	☐	☐
Intercambiar regalos el veinticinco de diciembre.	☐	☑
Reciclar papel, vidrio y aluminio.	☐	☐
Apreciar los deportes.	☐	☐
Organizar actividades para despertar la conciencia contra el cáncer.	☐	☐
Otras:	☐	☐

11 👥👥👥 **Comparte con el resto de la clase la información de la actividad anterior. ¿Qué te llama más la atención?**

Las consonantes oclusivas: sonidos /k/ y /g/

1 🔊38 **Escucha y repite estas dos series de palabras: la primera con el sonido /k/ y la segunda con el sonido /g/.**

Palabras con /k/				Palabras con /g/			
cuco	caro	cloro	crema	gato	guisante	guerra	airbag
frac	koala	queso	oca	desagüe	regla	globo	tango

- El sonido /k/ se corresponde con las grafías: *ca, co, cu, que, qui* y *k*.
- El sonido /g/ se corresponde con las grafías: *ga, go, gu, gue, gui, güe* y *güi*.

2 🔊39 **Marca la palabra que escuches.**

a. ⬚ gallo / ⬚ callo   c. ⬚ guita / ⬚ quita   e. ⬚ gama / ⬚ cama   g. ⬚ gasa / ⬚ casa

b. ⬚ goma / ⬚ coma   d. ⬚ gana / ⬚ cana   f. ⬚ guiso / ⬚ quiso   h. ⬚ bloc / ⬚ blog

3 **Observa las palabras y complétalas con las grafías *c, q* o *k*.**

a. ___étchup   d. ___oche   g. ___ung-fu   j. ___asa

b. ___ueso   e. ___árate   h. ___ilo   k. ___una

c. ___oala   f. ___uiero   i. ___uemar   l. tan___ue

4 **Señala las palabras en las que la *c* no tiene el sonido /k/.**

a. ⬚ cielo   d. ⬚ ciudad   g. ⬚ cama   j. ⬚ clave

b. ⬚ chino   e. ⬚ cubo   h. ⬚ cuidado   k. ⬚ cronómetro

c. ⬚ Cecilia   f. ⬚ casero   i. ⬚ cemento   l. ⬚ chiste

5 **Señala las palabras en las que la *g* no tiene el sonido /g/.**

a. ⬚ espagueti   g. ⬚ generoso

b. ⬚ girar   h. ⬚ guapo

c. ⬚ cigüeña   i. ⬚ rogar

d. ⬚ guitarra   j. ⬚ gorra

e. ⬚ antiguo   k. ⬚ recoger

f. ⬚ pingüino   l. ⬚ gente

Cigüeñas

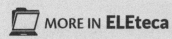
MORE IN ELEteca | EXTRA ONLINE PRACTICE

1 ¿Conoces a Pío Baroja? ¿Qué sabes de él? Lee su biografía.

Pío Baroja nació en San Sebastián (España) en 1872. Estudió Medicina en Madrid y publicó sus primeros libros en 1900. Pertenece a la Generación del 98. Durante la Guerra Civil se exilió a Francia. Murió en España en 1956. Su obra está inscrita dentro de la línea del pesimismo existencial. Entre sus novelas destacan: *Zalacaín el aventurero, Camino de perfección, Las inquietudes de Shanti Andía, Paradox, rey, La busca,* etc.

El texto que presentamos forma parte del libro *El árbol de la ciencia* que pertenece a la trilogía "La Raza", escrita entre 1908 y 1911. La novela es, en parte, una autobiografía de Baroja de cuando este era estudiante de Medicina. El ambiente que se vive en la narración es el mismo que le tocó vivir en ese tiempo: un ambiente marcado por la diferencia de clases, por la pobreza y la enfermedad.

Andrés Hurtado, el protagonista de esta novela, llega a la Universidad de Madrid con ganas de aprender, de que le enseñen la verdad. Como respuesta, sus profesores acuden a dar las clases desganadamente, sin esforzarse lo más mínimo y preocupándose más por quedar como unos sabios que por la educación de sus alumnos. Ante estas circunstancias, Andrés va a tomar una postura pesimista, no solo ante sus estudios, sino ante el mundo en general. Esta actitud la va a mantener durante toda su vida; incluso cuando concluye su carrera y se dedica temporalmente a la medicina, va a sentir antipatía por una buena parte de sus pacientes y compañeros de trabajo.

2 Investiga en Internet y responde a estas preguntas.

    a. ¿Qué otros autores pertenecieron a la Generación del 98?

    b. ¿Dónde está la ciudad donde nació Pío Baroja?

    c. ¿Influyó Pío Baroja en algún autor norteamericano?

    d. ¿Cómo se puede comparar su trabajo con otros autores de la época?

3 Antes de leer un fragmento de *El árbol de la ciencia*, relaciona las palabras con su definición.

1. cucurucho	a. Que tiende a imitar o mantener formas de vida o costumbres arcaicas.
2. jovialidad	b. Ridículo, extravagante, de mal gusto.
3. alarde	c. Especie de gorro de forma cónica hecho de papel.
4. capa	d. Alegría, buen humor, inclinación a la diversión.
5. aprensivo	e. Masa de tejido nervioso contenido en el cráneo.
6. sesos	f. Placer intenso.
7. fruición	g. Prenda de abrigo larga y suelta, sin mangas, que se lleva encima del vestido.
8. desdén	h. Indiferencia y falta de interés que denotan menosprecio.
9. atávico	i. Que siente un miedo excesivo a contagiarse de alguna enfermedad o a sufrir algún daño.
10. grotesco	j. Ostentación o presentación llamativa que hace una persona de algo que tiene.

4 🎧 **40** **Escucha y lee el siguiente fragmento.**

El árbol de la ciencia

El curso siguiente, de menos asignaturas, era algo más fácil: no había tantas cosas que retener en la cabeza. A pesar de esto, solo la anatomía bastaba para poner a prueba la memoria mejor organizada.

Unos meses después del principio de curso, en el tiempo frío, se
5 comenzaba la clase de disección. Los cincuenta o sesenta alumnos se repartían en diez o doce mesas, y se agrupaban de cinco en cinco en cada una. (…)

La mayoría de los estudiantes ansiaban llegar a la sala de disección y hundir el escalpelo en los cadáveres como si les quedara un fondo atávico
10 de crueldad primitiva. En todos ellos se producía un alarde de indiferencia y de jovialidad al encontrarse frente a la muerte, como si fuera una cosa divertida y alegre. Dentro de la clase de disección, los estudiantes encontraban grotesca la muerte, a un cadáver le ponían un cucurucho o un sombrero de papel.

Se contaba de un estudiante de segundo año que le había gastado una broma a un amigo suyo que era
15 un poco aprensivo. Agarró el brazo de un muerto, se tapó con la capa y se acercó a saludar a su amigo. "¡Hola! ¿Qué tal?", le dijo, sacando por debajo de la capa la mano del cadáver.

"Bien. ¿Y tú?", contestó el otro.

El amigo estrechó la mano, se estremeció al notar su frialdad, y quedó horrorizado al ver que por debajo de la capa salía el brazo de un cadáver.
20 De otro caso sucedido por entonces se habló mucho entre los alumnos. Uno de los médicos del hospital, especialista en enfermedades nerviosas, había dado orden de que a un enfermo suyo, muerto en su sala, se le hiciera la autopsia, se le extrajera el cerebro y se lo llevaran a su casa para estudiarlo.

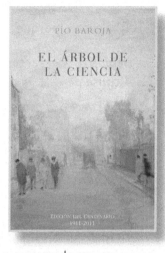

El interno extrajo el cerebro y lo envió al domicilio del médico. La criada de la casa, al ver el paquete, creyó que eran sesos de
25 vaca, y los llevó a la cocina, los preparó, y los sirvió a la familia. Se contaban muchas historias como esta, fueran verdad o no, con verdadera fruición. Existía entre los estudiantes de Medicina una tendencia al espíritu de clase, consistente en un común desdén por la muerte; en cierto entusiasmo por la brutalidad quirúrgica, y
30 en un gran desprecio por la sensibilidad.

Adaptado de El árbol de la ciencia, Pío Baroja

5 👥 **Habla con tus compañeros/as sobre el fragmento que leíste teniendo en cuenta los puntos que te damos a continuación.**

a. ¿Qué tipo de texto crees que predomina en este fragmento literario? ¿Expositivo, narrativo, descriptivo o persuasivo?

b. Interpreta la actitud de los estudiantes de Medicina.

c. Explica cómo se siente el protagonista frente a las reacciones de sus compañeros de clase.

d. ¿Puedes deducir cuáles son o pueden ser los intereses de los profesores?

e. ¿Qué harías tú si estuvieras en su lugar?

PARA ORGANIZAR EL DISCURSO

■ Fíjate en la función de los siguientes **conectores** y trata de incorporar algunos en tu ensayo y presentación oral. Equivalentes a **porque**:

- **Debido a**
  A causa de + | nombre
  | *que* + indicativo ➜ Se usan en un contexto más formal, muchas veces en lengua escrita.

  *Se canceló la póliza de seguro **debido a que** no la habían pagado.*

- **Como** + indicativo ➜ Se usa al principio de la oración para indicar la causa de la oración principal.

  ***Como** puedes imaginar, la crisis no tiene una solución fácil.*

- **Puesto que**
  Dado que + | indicativo ➜ Indican que la causa es conocida por los interlocutores.
  Ya que | Pueden ir delante o detrás de la oración principal.

  ***Puesto que** no trabajas a jornada completa, no vas a poder recibir beneficios.*

ENSAYO PERSUASIVO

◎ **Science and Technology:** Health Care and Medicine.

◎ **Tema del ensayo:** ¿Piensas que hay más ventajas en la sanidad pública o en la privada?

FUENTE 1 - LECTURA

1 **Lee los siguientes textos sobre la seguridad social en México.**

LA SEGURIDAD SOCIAL

La Constitución Política de 1917 establece que: "Se considera de utilidad social el establecimiento de cajas de seguros populares de invalidez, de vida, de cesación involuntaria del trabajo y de otras con fines análogos para lo cual el gobierno deberá difundir la previsión popular".

Hay diversas instituciones como el Instituto Mexicano del Seguro Social (IMSS) que provee servicios de salud a empleados en el sector privado y sus familias, y el Instituto de Seguridad y Servicios Sociales de los Trabajadores del Estado (ISSSTE), que atiende las necesidades sociales y del cuidado a la salud de los empleados por el Estado y sus familias.

El **Instituto Mexicano del Seguro Social (IMSS)** y el **Instituto de Seguridad y Servicios Sociales de los Trabajadores del Estado (ISSSTE)** son los instrumentos básicos de la seguridad social. Se financian con contribuciones provenientes de los patrones, el Estado y los propios trabajadores.

Su misión es brindar servicios de salud y seguridad social a la población que cuente con afiliación. Brinda asistencia a la salud, asistencia médica, protección de los medios de subsistencia y servicios sociales necesarios para el bienestar individual.

Seguro Popular. El Gobierno mexicano continúa los esfuerzos para ampliar el acceso a los servicios de salud y hacerlos universales. En 2003 se creó el Seguro Popular para proporcionar servicios médicos al 50 % de la población que no tenía ninguna protección. Está diseñado específicamente para personas de bajos recursos que no tienen empleo o que trabajan por su cuenta, generalmente en el sector informal, y quienes no tienen acceso a los servicios médicos proporcionados por otras instituciones. El seguro, financiado en gran parte por los gobiernos federal y estatal, proporciona servicios médico-quirúrgicos, farmacéuticos y hospitalarios. Todos los mexicanos y mexicanas que no están cubiertos por las otras instituciones tienen el derecho de afiliarse, ya sea de forma gratuita o mediante una cuota que se fija de acuerdo a las posibilidades económicas de cada persona.

LA MEDICINA PRIVADA

Un sinnúmero de doctores prestan sus servicios en forma privada y hay tres mil hospitales privados con excelentes instalaciones y servicios. Las personas que pueden pagar prefieren recurrir a la medicina privada. El costo de la atención médica privada puede ser muy alto, por lo que se recomienda a los visitantes a México adquirir una póliza que los cubra durante su estancia en el país, ya que su cobertura normal puede no extenderse a México.

FUENTE 2 - GRÁFICO

2 En este gráfico se muestra la tendencia que tuvo la afiliación *(membership)* de 2000 a 2013 en instituciones de seguridad social y de salud en México.

PORCENTAJE DE AFILIACIÓN A INSTITUCIONES DE SEGURIDAD POPULAR Y DE SALUD POR TIPO DE INSTITUCIÓN 2000-2013

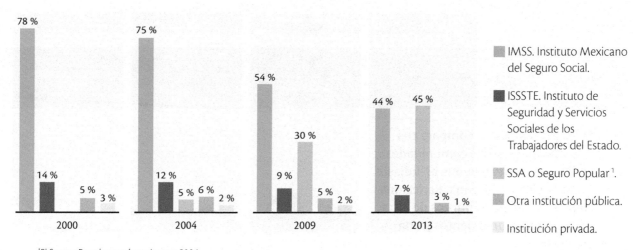

¹El Seguro Popular entró en vigor en 2004.

Instituto Nacional de Estadística y Geografía (INEGI), BOLETÍN DE PRENSA NÚM. 155/14 *http://www.inegi.org.mx/est/ contenidos/proyectos/encuestas/hogares/modulos/eness/eness2013/doc/eness132014_04.pdf*

FUENTE 3 - AUDICIÓN

3 ▐▐▌▌▬41 Vas a escuchar a un funcionario de la Secretaría de Salud, a un derechohabiente (persona que tiene el derecho de recibir servicios del Instituto Mexicano del Seguro Social) y a una ejecutiva de una aseguradora privada. Hablan sobre la seguridad social pública y los seguros privados. Para conocer el punto de vista de cada uno, analiza sus razonamientos según las pruebas que aporta (evidencias) y el lenguaje que utiliza en su discurso (retórica).

4 Ahora escribe un ensayo persuasivo haciendo referencia a las tres fuentes.

PRESENTACIÓN ORAL

◎ **Contemporary Life:** Volunteerism.
◎ **Tema del ensayo:** ¿Qué tipo de actividades solidarias se valoran en tu comunidad?

5 En tu presentación, compara tus observaciones de las comunidades en las que viviste y lo que estudiaste sobre la cultura hispana. Reflexiona sobre los diferentes puntos de vista. Incluye tus razonamientos y una conclusión.

6 ☺☺☺ Presenta tu discurso a la clase.

LA MEDICINA ANTES Y AHORA

La medicina y la higiene en el mundo azteca

1 Lee el texto sobre los antiguos aztecas y subraya qué prácticas o costumbres coinciden con las de la época actual. Coméntalo después con un/a compañero/a.

Según las crónicas, los habitantes de Tenochtitlán, la capital azteca, eran grandes expertos en hierbas medicinales y antídotos, y sabían curar un gran número de dolores y enfermedades.

Cuando los españoles llegaron a esta ciudad en el siglo XVI, una de las cosas que más les sorprendió fue la buena salud y la longevidad de sus habitantes, pues muchos llegaban a los setenta años sin sufrir enfermedades graves. Esto se debía a varios motivos: su dieta (basada en carne de ave, pescado, cereales, vegetales y fruta), su cuidada higiene personal y doméstica, y los conocimientos y la habilidad de sus médicos.

VISIÓN DEL MUNDO

Los aztecas tenían una visión global del mundo y de la vida, que también aplicaban a la salud: magia, religión y medicina estaban estrechamente relacionadas. Para ellos, las enfermedades se explicaban por el desequilibrio de la fuerza vital o *tonallí*, y sus causantes eran principalmente los dioses, las personas que practicaban la magia o las que rompían alguna regla social.

"Tienen sus médicos que saben aplicar muchas hierbas y medicinas, algunos de tanta experiencia que han sanado muchas enfermedades viejas y graves que han padecido los españoles largos días sin encontrar remedio".

Imagen del cronista fray Bernardino de Sahagún

CIENCIA Y CHAMANISMO

Para tratar las enfermedades había distintos profesionales: estaban los médicos "científicos" o *ticitl*, los chamanes-hechiceros o *nahuallis*, que usaban la magia y las plantas alucinógenas, y también los sacerdotes, que con sus oraciones (*prayers*) y las penitencias (*penances*) influían en la salud de los enfermos.

FARMACIAS EN EL MERCADO

Existían "Casas que eran farmacias, donde se podían comprar jarabes preparados, pomadas y apósitos". Las personas que trabajaban en ellas, los *papiani-panamacani*, tenían un enorme conocimiento de las plantas medicinales para asesorar a los clientes.

Escultura de serpiente en el Templo Mayor de Tenochtitlán, Ciudad de México

Uno de los remedios más solicitados eran los "antiofídicos", antídotos contra las picaduras de las serpientes (*snake bites*), elaborados con tabaco y maguey.

(Foto: ChameleonsEye, marzo de 2010)

HIGIENE PÚBLICA Y PRIVADA

Tenochtitlán era bien distinta de las sucias ciudades europeas del siglo XVI. Disponía de un excelente sistema de suministro de agua potable, de "letrinas" (*latrine*) privadas en los palacios y en algunas zonas públicas de la ciudad y de casas para enfermos o *cocaxcalli*.

También reciclaban los residuos orgánicos, construían sus casas de acuerdo a un sistema de ventilación cruzada (*crossed ventilation*) y se bañaban a diario usando como jabón el fruto del *copalxocotl*.

Las invenciones y avances de las civilizaciones mexicanas incluyen templos piramidales, matemáticas, astronomía, medicina y teología.

Fuente: *Historia National Geographic*, España, n. 85, pp. 24-27., adaptación del texto de Isabel Bueno

2 **Como en la actualidad, los aztecas también tenían médicos especializados en diferentes enfermedades o partes del cuerpo. Relaciona a los especialistas de antes y ahora.**

AHORA	ÉPOCA DE LOS AZTECAS
1. cirujanos ☐	**a.** Diagnosticaban las enfermedades a través de su conocimiento de la medicina natural y el uso de objetos sagrados. Con rezos y conjuros (*incantation*) lograban atrapar (*catch*) los malos espíritus causantes de la enfermedad.
2. traumatólogos ☐	**b.** Además de tratar dolores e infecciones dentales, realizaban complejas operaciones estéticas, incrustando turquesas (*embedding turquoises*) y otras piedras en los dientes, signo de distinción social para los nobles.
3. pediatras ☐	**c.** Los *atlan tlachixqui* tenían una forma curiosa de diagnosticar: observaban el reflejo de la cara del niño en un recipiente con agua.
4. cardiólogos ☐	**d.** Tenían un gran conocimiento de la anatomía gracias a su estudio de las víctimas de los sacrificios y las guerras. Para coser (*sew*) las heridas usaban pelo humano o mandíbulas de hormigas (*ant jaws*) a modo de "grapas".
5. dentistas ☐	**e.** Los "componedores de huesos" trataban las fracturas con entablillados (*splints*) y escayolas (*plasters*) y si no eran suficientes, practicaban injertos (*grafts*) de huesos.
6. psicólogos ☐	**f.** Estudiaban las víctimas de sacrificios humanos y distinguían diferentes afecciones del corazón.
7. chamanes ☐	**g.** El *tetonaltih* se ocupaba de las enfermedades anímicas o psicosomáticas, interpretando los sueños para recuperar (*recover*) el equilibrio interior.

3 **¿Qué opinas sobre las prácticas de los médicos aztecas? ¿Cuáles te parecen más ingeniosas (*witty*) u originales? ¿Conoces prácticas similares de otras culturas o civilizaciones? Habla con tu compañero/a.**

CONTRIBUCIONES CIENTÍFICAS A LA MEDICINA

BARUJ BENACERRAF

(Venezuela)

Nobel de fisiología y medicina por sus investigaciones en la genética de las células y su relación con el sistema inmunológico.

Estudió la compatibilidad entre diferentes tipos de sangre.

"La respuesta inmune se hereda y es única e irrepetible en cada persona".

Prácticas como los trasplantes y entender sus rechazos, así como la búsqueda de donantes compatibles se basan en sus descubrimientos.

CÉSAR MILSTEIN

(Argentina)

Nobel de fisiología y medicina por sus investigaciones sobre anticuerpos monoclonales.

Identificó anticuerpos que atacan virus y bacterias para poder inmunizarnos contra determinadas infecciones.

Su determinación del grupo sanguíneo mejoró el diagnóstico clínico y las dificultades a la hora de realizar una transfusión.

No registró sus descubrimientos porque pensaba que eran propiedad intelectual de la humanidad.

CARLOS JUAN FINLAY

(Cuba)

Descubrió que la fiebre amarilla tenía como transmisor un mosquito (*Aedes aegypti*) y solucionó la dolencia del tétanos infantil.

La teoría del mosquito no pudo comprobarse hasta años después del fallecimiento de Finlay. A partir de entonces se dieron las condiciones para erradicar la enfermedad del Caribe, permitiendo además la conclusión del Canal de Panamá.

El 3 de diciembre, fecha de su nacimiento, se celebra el Día Internacional del Médico, en su memoria.

JACINTO CONVIT

(Venezuela)

Denominado "Héroe de la Salud Pública" por la Organización Panamericana de la Salud (OMS), desarrolló la vacuna contra la lepra combinando un tratamiento atacante de la tuberculosis y una bacteria de armadillo.

Entre sus innumerables logros, destacan las vacunas contra la lepra y la leishmaniosis, la creación de la Red Nacional de Dermatología Sanitaria y el Instituto de Biomedicina, además de los avances en una propuesta de inmunoterapia para el cáncer de mama.

"Un médico es un ser que se debe a otro".

BERNARDO ALBERTO HOUSSAY

(Argentina)

Nobel de fisiología y medicina por la investigación sobre las hormonas pituitarias en la regulación de azúcar en sangre.

Analizó el papel de la hipófisis en el metabolismo de los carbohidratos y su vinculación con la diabetes.

Se le concedieron dieciocho doctorados *honoris causa* y ciento veintisiete medallas y condecoraciones.

"La ciencia no es cara, cara es la ignorancia".

Fuentes: www.historyplay.tv; quien.net; *El País, Necrológicas*, Emilio de Benito, agosto de 2011; elintransigente.com, abril de 2013; *La Capital*, Irinia y Solange Houssay, abril de 2018; biografíasyvidas.com; *La Nueva*, Bahía Blanca, octubre de 2018; *Todo Noticias*, José Narosky, marzo de 2019; diariocastellanos.net, diciembre de 2018; *Los Andes, Sociedad*, diciembre de 2018; Fundación Jacinto Convit, mayo de 2018; ACN Agencia Cubana de Noticias, Nayda Sanzo Romero, junio de 2018.

4 Escoge a uno de estos científicos y redacta cómo crees que fue el momento de su descubrimiento.

¿QUÉ HE APRENDIDO?

1 Explica en un pequeño párrafo qué es la Cruz Roja y a qué se dedica, y valora su labor humanitaria.

....

....

2 Contesta a esta opinión expresando acuerdo o desacuerdo: *Las ONG no deberían existir. Los Estados tendrían que hacerse cargo de las necesidades de sus ciudadanos.*

3 Fíjate en las siguientes estructuras y marca la opción correcta.

	Infinitivo	Indicativo	Subjuntivo
a. Creo que...	☐	☐	☐
b. No creo que...	☐	☐	☐
c. Es importante que...	☐	☐	☐
d. Es necesario...	☐	☐	☐
e. Me parece increíble que...	☐	☐	☐
f. Está claro que...	☐	☐	☐

4 Completa las siguientes frases.

a. En esta ciudad no se... ....

b. Se lo dijeron... ....

c. Se busca a personas que... ....

d. Se comunican... ....

e. Desde que se enfadaron... ....

f. Se comenta que... ....

5 Piensa en los diferentes viajes que se presentaron en la unidad (viajes turísticos a países hispanohablantes, viajes por descubrimiento, viajes relacionados con el voluntariado, etc.) y habla con tu compañero/a sobre las ventajas que tiene hacer viajes de este tipo, las precauciones que hay que tomar y los beneficios que pueden resultar después de tener estas experiencias.

AL FINAL DE LA UNIDAD PUEDO...

	☆	☆☆	☆☆☆
a. I can talk about the benefits of travel and volunteering.	☐	☐	☐
b. I can describe what precautions to take when traveling.	☐	☐	☐
c. I can comment on social and health issues worldwide.	☐	☐	☐
d. I can express differents levels of agreement and disagreement.	☐	☐	☐
e. I can confirm and refute information using using indicative and subjunctive.	☐	☐	☐
f. I can express an opinion and make a value judgement using impersonal expressions with subjunctive and indicative.	☐	☐	☐
g. I can express feelings and opinions in the past using the present perfect subjunctive tense.	☐	☐	☐
h. I can read and understand a selection from *El árbol de la ciencia*, Pío Baroja.	☐	☐	☐

MORE IN ELEteca | EXTRA ONLINE PRACTICE

Solidaridad y salud

albergado/a *housed, sheltered*

el apoyo *support*

la asistencia *aid*

la ayuda a domicilio *home help service*

el botiquín *first-aid kit*

la calidad de vida *quality of life*

el centro de desintoxicación *rehab/detox clinic*

la donación de sangre *blood donation*

el/la drogadicto/a *drug addict*

la higiene *hygiene*

la manutención *living expenses, child support*

la movilidad reducida *reduced mobility*

las necesidades *needs*

los primeros auxilios *first aid*

el/la recién nacido/a *newborn*

el/la refugiado/a *refugee*

la reinserción *reintegration*

la salud materna *health of women during pregnancy*

la salud pública *public health*

la seguridad vial *road/traffic safety*

el transporte adaptado *handicapped accessible transportation*

la vacuna *vaccine*

las viviendas tuteladas *sheltered housing*

el voluntariado *voluntary work, service*

Verbos

abstenerse (de) *to abstain, refrain (from)*

colaborar *to cooperate*

desmentir *to refute*

donar *to donate*

mejorar *to improve*

prestar servicio *to provide a service*

Valoraciones

comprobado/a *confirmed, verified*

indiscutible *indisputable*

innegable *undeniable*

saludable *healthy*

Palabras y expresiones

el conjunto de rasgos *combination of characteristics*

desde luego *of course*

la divisa *foreign currency*

el/la patrocinador/a *sponsor*

por supuesto *of course*

sin embargo *nevertheless, however*

Tienes razón. *You are right.*

Conectores del discurso

a causa de *because of, due to*

como *since, because*

dado que *given that, since*

debido a *on account of, owing to*

puesto que *given that, since*

ya que *considering that, now that*

TOMA LA CALLE

⟫⟫ ¿Qué están haciendo estas personas?

⟫⟫ ¿Cómo crees que se sienten?

⟫⟫ ¿Qué crees que significan las bocas tapadas?

⟫⟫ ¿Has ido alguna vez a una manifestación?

⟫⟫ ¿Crees que son útiles?

⟫⟫ ¿Por qué motivos irías a una?

Manifestación de estudiantes

IN THIS UNIT,
YOU WILL LEARN TO:

◎ Discuss historical events in Spain and Latin America and talk about repercussions and collective memory

◎ Talk about what you thought things would be like using the conditional tense

◎ Make formal requests or demands using the imperfect subjunctive tense

◎ Express possible and improbable situations in the past using the past tenses of indicative and subjunctive

◎ Express factual and contrary-to-fact statements with if clauses

◎ Make a comparison with something not real using *como si* + imperfect subjunctive

TALLER DE LITERATURA

◎ *¡Diles que no me maten!*, Juan Rulfo

APRENDE HACIENDO

◎ Global Challenges: Social Conscience
◎ Science and Technology: Effects of Technology on Self and Society

SESIÓN DE CINE

Pilar López de Ayala   Verónica Sánchez   Marta Etura

LAS 13 ROSAS

Dirigida por Emilio Martínez-Lázaro

www.las13rosas.com

CULTURA EN VIVO

DOS PINTORES, DOS MUNDOS

Salvador Dalí

Frida Kahlo

HABLAMOS DE... LA NOSTALGIA

1 👥 **Con un compañero/a, contesten a las siguientes preguntas.**

   a. ¿Has asistido alguna vez a clases de baile?

   b. ¿Qué importancia tiene el baile en tu vida?

   c. ¿Cómo le pedirías bailar a alguien?

   d. ¿Cómo crees que lo pedirían tus abuelos?

   e. ¿Crees que lo pedirían igual en los años cincuenta los jóvenes de España y Latinoamérica?

2 👥 **Relaciona las imágenes con los estilos de baile y comenta las diferencias con tu compañero/a.**

   1. ☐ disco   **3.** ☐ flamenco   **5.** ☐ vals

   2. ☐ tango   **4.** ☐ rock and roll   **6.** ☐ hip hop

a. ◯

c. ◯

e. ◯

b. ◯

d. ◯

f. ◯

3 👥 **¿Con cuál de los estilos anteriores te identificas? ¿Sabes lo que es un bolero? Si no lo sabes, busca la información en Internet.**

4 〰️📶42 **Escucha atentamente la siguiente entrevista que un locutor hace a Miguel sobre sus recuerdos de juventud. Elige el título que mejor exprese la idea principal.**

   a. El tiempo perdido.

   b. La nostalgia de la juventud.

   c. El amor verdadero es para siempre.

5 ⬚⬚⬚42 **Lee y escucha de nuevo la conversación, y completa la información que falta.**

Locutor: Y tenemos hoy en nuestro espacio para la nostalgia a Miguel, español que lleva aquí en México toda una vida y que viene esta tarde a contarnos cómo conoció a su gran amor. Buenas tardes, Miguel, ¿cómo está?

Miguel: Buenas tardes, bien, muy bien… Encantado de estar aquí…

Locutor: Perfecto. Miguel, si me permite, ¿cuántos años tiene usted?

Miguel: Cumpliré ochenta y siete en agosto.

Locutor: ¡Está usted muy bien! Díganos por qué ha venido a contarnos su historia.

Miguel: Muy fácil. Me encanta la música que ponen en este programa. Es una música que me recuerda a otros tiempos, a otras cosas.

Locutor: ¿Sí? Cuéntenos, Miguel, ¿a quién o qué le recuerda?

Miguel: Pues mire, recuerdo cuando era joven y eran las fiestas del pueblo, allá en España, y salíamos a bailar con las muchachas.

Locutor: Pero, Miguel, ¿era un donjuán entonces?

Miguel: Bueno, no podía hacer mucho, pero lo intentaba. Eso sí, hasta que conocí a mi amor. Recuerdo que esa tarde, salí con unos amigos. La orquesta era muy mala y nadie quería bailar. Entonces, la vi y (1) .... conmigo. Le dije: "(2) .... esta fiesta".

Locutor: Por favor, siga, siga, don Miguel. ¿Qué pasó?

Miguel: Pues que aceptó. Cuando me miró, pensé que estaría en mi vida para siempre. Me enamoré de ella al instante y, mientras, la orquesta estaba tocando un bolero. Pero nuestro amor no pudo ser. Ese verano fue la última vez que la vi… hasta hace veinte años.

Locutor: ¡Qué pena! ¿De verdad? ¿Y por qué?

Miguel: Tuve que emigrar y ella se quedó allí… Todos (3) .... de ella. Fue muy duro. (4) .... las cosas de manera diferente. Nunca pensé que la volvería a ver, pero resulta que hace veinte años nos encontramos en los bailes de salón de la Casa de España. La música de esta emisora sonaba en el salón. Nos acercamos, empezamos a bailar (5) ...., sin palabras. Desde entonces ya no nos hemos separado nunca más.

6 **Relaciona el número de las frases que completaste en la actividad anterior con lo que expresan.**

a. ☐ Dar consejo.

b. ☐ Expresar condiciones posibles.

c. ☐ Pedir.

d. ☐ Describir el momento de una situación imaginaria.

e. ☐ Expresar condicionales irreales en el pasado.

¡AHORA TÚ!

7 👥 **Escribe un diálogo similar siguiendo las instrucciones. Después, representa la conversación con tu compañero/a.**

1. Eres un locutor/a y haces una entrevista a un/a inmigrante de tu ciudad. Salúdalo.

2. Responde al saludo y muéstrate contento/a.

3. Pregúntale por el recuerdo más importante de su juventud.

4. Descríbele cómo era tu vida en tu país y los consejos que te dio tu familia cuando decidiste emigrar.

5. Pregúntale qué cambiaría si fuera joven otra vez.

6. Contesta. Despídete.

COMUNICA

TALKING ABOUT WHAT YOU THOUGHT THINGS WOULD BE LIKE

■ Para expresar una **acción futura respecto a otra pasada**, se usa el condicional:

Acción en el pasado		Acción futura dentro de ese pasado
– Nunca **pensé**		**elegiría** la carrera de periodista.
– Mi profesora me **decía**	que	**sería** una buena política.
– **Sabía**		**me interesaría** mucho la historia de Latinoamérica.

Recuerda:

- Para formar el **condicional**: Infinitivos en **–ar, –er, –ir** + *ía, ías, ía, íamos, íais, ían*.
- Algunos irregulares:
  tener ➜ *tendría, tendrías,...*
  poder ➜ *podría, podrías,...*
  hacer ➜ *haría, harías,...*

1 👥 Estos son los comentarios que subieron a Twitter algunas personas sobre la etiqueta **#Cosasquenuncapenséqueharía**. ¿Cómo creen que se sienten? ¿Están satisfechas con lo que consiguieron?

> **Elena** @Elenarv — 1 h
> Nunca **pensé que iría** a Cuba. A mi abuela le gustaba contarme historias de su niñez y del pueblo donde nació. Cuando murió el año pasado, decidí ir y conectar con esa parte de su vida.

> **María** @Marith — 1 h
> Nunca **pensé que podría** viajar sola. Fui el año pasado a ¡¡¡México!!! Allí conocí a la familia de mi tío abuelo que emigró después de la guerra.

> **Juan** @Juangt — 2 h
> Mi madre me **decía que** nunca **aprendería** a bailar. De pequeño no me gustaba. Ahora no solo me gusta, sino que disfruto compitiendo en los concursos de baile.

> **Lucía** @Lucy — 3 h
> De niña odiaba los idiomas, pero **sabía que viajaría** mucho. Ahora soy intérprete de cinco idiomas y viajo continuamente. ¡Estoy encantada!

> **Sandra** @SandraTeruel — 3 h
> Mi maestra me **decía que sería** una buena médica. Al final seguí la carrera de Historia. Es que me pongo nerviosa solo de pensar en la sangre.

> **David** @Davidmk — 5 h
> **Pensaba que** mi profesión **sería** la de periodista de grandes hechos históricos. No soy escritor, pero ahora tengo un blog donde escribo todo lo que me interesa y me gusta.

2 Vuelvan a leer los comentarios de Twitter y completen como en el ejemplo.

Pensaba que

1. Pensaba que nunca iría a Cuba.

2. ....

3. ....

4. ....

5. ....

6. ....

Sin embargo

1. Lo hizo.

2. ....

3. ....

4. ....

5. ....

6. ....

3 ¿Qué crees que dirían las madres de estos famosos sobre sus hijos y lo que ellas pensaban que harían o no harían? Crea una historia para cada uno y compártela en grupos.

FORO: MADRES DE FAMOSOS

#Albert_Einstein._Científico ....

....

....

#Jennifer_Lopez._Cantante_y_actriz ....

....

....

#Barack_Obama._Expresidente_de_los_Estados_Unidos ....

....

....

#Sonia_Sotomayor._Jueza ....

....

....

4 ¿Y tú? ¿Cómo imaginabas que sería tu vida cuando eras niño/a? Escríbelo y luego cuéntaselo al resto de tus compañeros/as de grupo. Comparen lo que pensaban llegar a ser y lo que son. Recuerden que los datos pueden ser inventados.

EXPRESSING POSSIBLE AND IMPROBABLE SITUATIONS

■ Para expresar hipótesis en el pasado, se usa:

- El verbo en condicional simple:
  - *Ese día sería su cumpleaños. Cumpliría dos añitos.*

- **Yo diría que / Igual / A lo mejor**... + tiempo verbal de pasado en indicativo
  - *Jorge siempre llama cuando va a llegar tarde. Yo diría que le pasó algo.*

- **Puede (ser) que**... + tiempo verbal de pasado en subjuntivo
  - *Puede ser que se haya perdido.*

- **Es (im)posible/(im)probable que**... + tiempo verbal de pasado en subjuntivo
  - *Es bastante probable que hayan decidido cambiar la hora de la cena.*

- **Lo más seguro/probable es que**... + tiempo verbal de pasado en subjuntivo
  - *Lo más seguro es que se haya olvidado la fecha.*

5 **La web *Coleccionistas de recuerdos* nos mostró algunos momentos especiales para sus usuarios. ¿Qué momento o situación del pasado creen que reflejan? Comparte tu hipótesis usando el condicional.**

COLECCIONISTAS DE RECUERDOS

6 Algunos estudiantes hicieron suposiciones sobre las imágenes anteriores. Completa las suposiciones con el tiempo correcto. Trabaja con tu compañero/a.

1.
Yo creo que esta fotografía (a) **sería** / **sea** del día de su boda. Este es el momento en el que le tiraban el arroz. Diría que aquel día (b) **fue** / **sea** un día muy especial en su vida, por eso ella lo recuerda con cariño. Lo más seguro es que después de un buen banquete (c) **se han ido** / **se hayan ido** de luna de miel.

2.
Puede que estas personas (d) **han viajado** / **hayan viajado** por primera vez al extranjero. Por eso era un momento muy especial para él. Yo diría que (e) **eran** / **hayan sido** amigos de la infancia y cuando terminaron la universidad decidieron hacer un viaje juntos.

3.
Igual (f) **fue** / **sea** el momento en el que le regalaron el gatito. (g) **Estaría** / **Esté** jugando en el jardín cuando llegaron sus padres con la sorpresa. ¡Qué graciosa foto! Yo tengo una prácticamente igual.

4.
¡Ay, qué recuerdos del día de Reyes! Por su cara, es posible que no le (h) **ha gustado** / **haya gustado** mucho el regalo, je, je. Cuando somos niños, este día no se olvida. Y, de hecho, siempre soñamos con volver a ser niños para tener esta ilusión.

5.
Veo a un grupo de amigos cenando. Lo más probable es que esta persona (i) **ha salido** / **haya salido** con sus compañeros de trabajo para la comida de fin de año. (j) **Tendría** / **Tengan** muy buenos recuerdos. Igual porque en aquella cena (k) **conoció** / **haya conocido** al amor de su vida.

7 Escucha ahora a los propietarios de esos recuerdos y comprueba tus respuestas de la actividad anterior. ¿Coinciden? ¿A qué imagen se refiere cada uno?

8 Estos son los deseos que tienen las personas que subieron las fotos a la web *Coleccionistas de recuerdos*. Lee el recuadro y relaciona los deseos con las imágenes de la actividad 5. Después, crea un deseo más para cada uno y coméntalo en grupos pequeños.

■ Para **expresar un deseo** para el presente o futuro, se usa el condicional:

– *Me gustaría* hablar contigo esta noche.   – *Desearía* vivir en una ciudad con playa.

a. ☐ Me gustaría decirles a los padres que las mascotas forman una parte muy importante en la vida de los niños.

b. ☐ Desearía crear mi propia empresa dedicada a organizar eventos y celebraciones.

c. ☐ Querría hacer, al menos, algo de teatro, para entretener a los niños y crear un mundo mágico para ellos.

d. ☐ Aunque he sido feliz con mi esposo estos últimos quince años, me encantaría tener hijos.

e. ☐ Desearía volver a estudiar y conocer a gente maravillosa.

00:19:24 - 00:20:50
00:25:07 - 00:27:55

Título: Las 13 rosas.

Año: 2007.

País: España.

Género: Drama.

Director: Emilio Martínez Lázaro.

Intérpretes:

Pilar López de Ayala,
Verónica Sánchez,
Marta Etura,
Nadia de Santiago,
Bárbara Lennie,
Goya Toledo,
Gabriella Pession,
Félix Gómez,
Fran Perea,
Enrico Lo Verso,

Miren Ibarguren,
Asier Etxeandía,
Alberto Ferreiro,
Luisa Martín,
Secun de la Rosa,
Adriano Giannini,
Patrick Criado,
Leticia Sabater,
Alberto Chaves.

SINOPSIS

El 1 de abril de 1939 terminó la guerra civil española. Temiendo la sangrienta represión que se acercaba, muchos republicanos huyeron del país, pero otros no pudieron o no quisieron, como las jóvenes muchachas protagonistas de esta historia real.

El dictador Franco prometió que solamente serían castigados los que tenían las manos manchadas de sangre. Y ninguna de esas muchachas las tenía. Como Carmen, por ejemplo, de dieciséis años, que militaba en las Juventudes Socialistas pero que nunca sostuvo un arma. Ni su amiga Virtudes, que servía en casa de unos nuevos ricos franquistas y pasó la guerra dando de comer a ancianos y niños.

Las detuvieron al mes de acabar la guerra. Sufrieron duros interrogatorios policiales y, finalmente, fueron trasladadas a la cárcel de Ventas donde había miles de mujeres. A las trece detenidas, a las que sus compañeras bautizaron como "las menores" por su corta edad, las acusaron de rebelión y de haber planeado un atentado contra Franco, un atentado inexistente pero que fue la base a la acusación y de la posterior condena.

❗ ¿SABÍAS QUE…?

• Las "trece rosas" es el nombre colectivo que se le dio a este grupo de trece jóvenes fusiladas por el régimen franquista en 1939.

LAS JÓVENES LLAMADAS
« LAS TRECE ROSAS »
DIERON AQUÍ SU VIDA POR LA LIBERTAD
Y LA DEMOCRACIA EL DÍA 5 DE AGOSTO DE 1939
EL PUEBLO DE MADRID RECUERDA SU SACRIFICIO
5 DE AGOSTO DE 1988

ANTES DE VER LA SECUENCIA

1 ¿Qué sabes de la guerra civil española? ¿Qué bandos (*sides*) pelearon? Habla con tus compañeros/as.

2 Observa las siguientes escenas y contesta a las preguntas. Trabaja con tu compañero/a.

a. ¿Dónde están Blanca y su familia? ....
b. ¿Qué están haciendo? ....
c. ¿Por qué creen que tienen tanto dinero? ....
....

d. ¿Qué están haciendo estas mujeres? ....
e. ¿Cuál es el estado de ánimo de Juan? ¿Por qué? ....
....
f. ¿Qué relación creen que hay entre ellos? ....

g. ¿Por qué creen que Blanca fue a esta casa? ....
h. ¿Qué le entrega a Juan? ....
i. ¿Qué relación hay entre ellos? ....

3 🔊 **Lee el discurso radiofónico de las autoridades españolas y completa el mensaje.**
00:07 - 00:55

Españoles, ¡alerta!

No todos los enemigos de España han conseguido escapar y la obligación de cada español es (a)..
.... Será un mal español, es decir, no será español
(b)...
...., y que sepan los que callan
que en su día también deberán responder ante la justicia
(c).., enemigos de la patria.

4 👥 **Blanca es una de las "trece rosas". Con el dinero guardado tras la guerra, decide ayudar económicamente a Juan, un músico militante comunista y compañero de orquesta de su marido. Ordena el siguiente diálogo. Después, compáralo con tu compañero/a.**

☐ **a. Cuñada:** ¡Te tienes que ir!

☐ **b. Blanca:** No se preocupe, somos amigos. Soy Blanca, la mujer de Enrique García.

☐ **c. Juan:** ¡Espera! Pasa Blanca, mi suegra y mi cuñada Manuela, ¿qué haces aquí?

☐ **d. Blanca:** Es todo lo que podemos darte.

☐ **e. Blanca:** Buenas tardes, ¿está Juan?

☐ **f. Suegra:** Sí, ¡vete! ¡Vete con tus amigos bolcheviques. Vete y no vuelvas más!

☐ **g. Juan:** Está bien.

☐ **h. Suegra:** ¡Es peligroso! Hasta tus amigos lo dicen.

☐ **i. Cuñada:** No, no, no, lo siento, no... No sabemos nada de él.

☐ **j. Juan:** No se preocupe que en cuanto pueda me iré, pero usted no me puede echar, ¡este también es mi piso, de mi mujer!

☐ **k. Suegra:** No lo ha oído, ¡cierra!

☐ **l. Suegra:** ¡En mala hora os conocisteis! Tú le metiste todas esas ideas en la cabeza.

☐ **m. Blanca:** Adiós.

☐ **n. Blanca:** ¿Dónde vas a estar? Enrique dice que es peligroso que te quedes aquí.

DESPUÉS DE LA SECUENCIA

5 👥 **Contesta a las preguntas con tu compañero/a.**

a. ¿Qué último favor le pide Juan a Blanca?

b. ¿Cómo reacciona Blanca?

c. Juan dice: "Quién puede pensar en eso ahora". ¿Qué quiere decir con eso?

d. ¿Qué consejo le da Juan a Blanca para continuar la vida con su marido?

6 👥 **¿Hiciste alguna vez algo bueno por alguien y tuvo consecuencias negativas en tu vida? Cuéntaselo a tu compañero/a.**

7 👥👥 **Imagínense las siguientes situaciones y digan a sus compañeros/as qué harían ustedes.**

a. Terminó la guerra y crees que estás protegido porque no hiciste nada. Un buen amigo tuyo está en peligro porque es del bando perdedor y hay represalias. ¿Qué harías por él?

b. Estás en peligro porque estabas afiliado al partido que perdió la guerra. ¿Qué harías?

c. Después de una guerra, un familiar tuyo está en grave peligro por sus ideas políticas. No hizo realmente nada malo, pero hay persecuciones y amenazas por parte de las autoridades para las personas que ayuden a los vencidos. ¿Qué harías?

8 👥👥 **¿Qué consejos le darías a una persona que quiere ayudar a otra que se encuentra en un peligro real? Escribe cinco consejos y compáralos con los de tu compañero/a. ¿Coincidieron? ¿Cuáles son los dos mejores? Elijan los mejores consejos de la clase.**

1 **Fíjate en estos momentos de la historia de Latinoamérica y España, y relaciona las palabras en negrita con su definición.**

1. **Guerra** de las Malvinas (Argentina)

2. **Tratado** de Paz, Amistad y Límites (Bolivia y Paraguay)

3. Guerra Civil y **dictadura** de Franco (España)

4. **Inicio** de la Revolución mexicana (México)

5. **Revolución** cubana (Cuba)

6. **Golpe de Estado** y asesinato del presidente Allende (Chile)

a. Acuerdo oficial entre países con la finalidad de establecer normas de relación.

b. Rebelión de militares contra el gobierno legal de un país para hacerse con el control.

c. Acción de protesta ante una situación política o social que quiere cambiarse.

d. Lucha armada entre dos o más países, o entre grupos contrarios de un mismo país.

e. Comienzo, principio de un hecho.

f. Régimen político que concentra todo el poder en una persona.

2 **¿Qué saben sobre estos acontecimientos? ¿A qué dos hechos corresponden estos dos sellos? Habla con tu compañero/a.**

1. ....

2. ....

3 **Lee los textos sobre estos acontecimientos y ordénalos cronológicamente.**

a.

La guerra de las Malvinas se originó cuando Argentina, en 1982, ocupó militarmente estas islas en **poder** del gobierno británico. Inglaterra movilizó su fuerza militar con el **apoyo** de EE. UU. y las tropas argentinas **se rindieron** dos meses y medio después. En el año 1990 empezaron de nuevo las relaciones diplomáticas entre los dos países.

b.

Fidel Castro **lideró** la Revolución cubana que en el año 1959 acabó con la dictadura de Fulgencio Batista. Ernesto "Che" Guevara, que murió ocho años después de la victoria de la Revolución, fue la mano derecha de Fidel en la **lucha**.

c.

El presidente Salvador Allende, elegido democráticamente por el pueblo de Chile, fue asesinado en 1973 en el golpe de Estado liderado por el general Augusto Pinochet, quien **gobernó** los siguientes quince años.

La guerra del Chaco **surgió** entre Bolivia y Paraguay por la posibilidad de encontrar petróleo en esa zona, que no tenía los límites territoriales marcados. El **conflicto** terminó tres años después, en 1935, cuando se firmó en Argentina el Tratado de Paz, Amistad y Límites en el que Paraguay resultó el mayor beneficiado al retener la zona y se estableció la frontera que **actualmente** separa estos dos países.

En el año 1910 comenzó la Revolución mexicana, que surgió por la lucha de los **campesinos** en defensa de las tierras y de una **reforma agraria.** Francisco "Pancho" Villa y Emiliano Zapata (asesinado en 1919) fueron sus dos **líderes** famosos.

En 1936 hubo un **alzamiento** militar liderado por el general Francisco Franco contra la II República española. En ese momento empezó la Guerra Civil, que **duró** tres años y, tras la cual, España permaneció bajo la dictadura de Franco hasta 1975.

4 **Especifica la fecha y ordena cronológicamente los siguientes acontecimientos según la información que tienes.**

a. Comienzo de la guerra del Chaco.

b. Muerte de Ernesto "Che" Guevara.

c. Reanudación de las relaciones entre Argentina e Inglaterra.

d. Finalización de la dictadura de Franco.

e. Año en el que empezó a gobernar Pinochet.

f. Muerte de Emiliano Zapata.

1900 1925 1950 1975 2000

5 **Relaciona las palabras destacadas en los textos anteriores con estas definiciones. Después, crea definiciones para las palabras que no se usaron y compártelas con tu compañero/a. ¿Acertaron los dos?**

a. Tuvo lugar durante un periodo de tiempo. ➡ ....

b. Una rebelión. ➡ ....

c. Comenzó. ➡ ....

d. Protección. ➡ ....

e. Hoy día, ahora. ➡ ....

f. Abandonaron la lucha. ➡ ....

6 🔊 44 **Vas a escuchar a un periodista hablando sobre otro hecho histórico importante. Subraya la opción correcta y comprueba las respuestas con tu compañero/a.**

a. El acontecimiento ocurrió en México en el año 1998 / 1968.

b. El periodista había empezado a trabajar hacía poco tiempo / ese mismo año.

c. Las autoridades censuraron / no censuraron la información.

d. Hoy ya / todavía no se sabe el número exacto de fallecidos.

e. Todo empezó con una pelea entre estudiantes del IPN y del CNH / del IPN y de la UNAM.

f. La manifestación en la Plaza de las Tres Culturas fue el día dos / doce de octubre.

g. Durante los Juegos Olímpicos siguieron / pararon las manifestaciones y protestas.

7 👥 **Lee este texto sobre otro acontecimiento histórico ocurrido en Argentina en los años ochenta. ¿Qué te parece la iniciativa de las Madres de Plaza de Mayo? Coméntalo con tus compañeros/as.**

En Argentina, un 24 de marzo de 1976, una junta militar tomó el poder y lanzó una sistemática persecución y captura de militantes políticos, activistas sociales y ciudadanos que ejercían sus derechos constitucionales y que fueron eliminados sin saber aún hoy su paradero: los desaparecidos. Para miles de familias argentinas, esta palabra se convirtió en símbolo de una prolongada y dolorosa pesadilla.

Con el retorno de la democracia, en 1983, los gobiernos argentinos no reconocieron la tragedia que habían vivido los familiares y amigos de las víctimas. Tan solo la voz de un grupo de mujeres, madres y abuelas se hizo escuchar reclamando saber el destino de sus hijos y nietos. Ellas se fueron levantando, dándose consejos, ideas y fuerza, y comprendieron rápidamente que la lucha individual no daba resultado, así que decidieron trabajar juntas. Fue así como el 30 de abril de 1977 hicieron su primera aparición en la Plaza de Mayo. La lucha iniciada siguió creciendo firme y coherentemente, y sobrevivió a la dictadura misma.

8 👥 **Trabaja con tu compañero/a y busquen en el texto las palabras que se refieren a:**

a. El grupo de militares que gobierna. ➡ ....

b. Las personas a quienes detenía este grupo de militares. ➡ ....

c. La palabra emblemática que define a estas víctimas. ➡ ....

d. Las personas que decidieron no olvidar a sus hijos y nietos. ➡ ....

e. La actitud del gobierno argentino en 1983. ➡ ....

9 👥 **También existen lemas (*slogans*) para defender protestas, revoluciones, manifestaciones, etc. Relacionen estos famosos lemas con el suceso al que creen que corresponden.**

1. Madres de Plaza de Mayo.

2. Revolución cubana.

3. Revolución mexicana.

4. México del 68.

a. Tierra y Libertad.

b. Ni olvido, ni perdón.

c. Patria o muerte.

d. ¡Libertad, libertad! Nuestros hijos, ¿dónde están?

10 ·||||⊩···45 **Escucha y lee este texto que informa sobre los trabajos de la *Asociación para la Recuperación de la Memoria Histórica* y contesta verdadero (V) o falso (F) antes y después de leer el texto.**

	Antes de leer			Después de leer	
	V	**F**		**V**	**F**
a.	☐	☐	El objetivo de la *Asociación para la Recuperación de la Memoria Histórica* es castigar a los responsables de las represalias.	☐	☐
b.	☐	☐	España está dispuesta a descubrir las fosas comunes de la dictadura.	☐	☐
c.	☐	☐	En España hubo campos de concentración que intentaban lograr la depuración ideológica del país.	☐	☐
d.	☐	☐	Los prisioneros ganaban menos de la mitad del salario normal por su trabajo.	☐	☐

Existe en España un grupo dedicado a **preservar** la memoria histórica de las violaciones a los derechos humanos cometidas durante la dictadura franquista. Lleva el nombre de *Asociación para la Recuperación de la Memoria Histórica* (ARMH).

Esperan que la ONU obligue a España a abrir las **fosas comunes** donde se supone que se encuentran los restos de personas desaparecidas durante la Guerra Civil. Pero la petición que realizan incluye la entrega de sus restos a los familiares para que les den digna **sepultura** como en otros países donde ha habido dictaduras, y que se retiren de España todos los símbolos franquistas que "ofenden la dignidad de las víctimas". La Asociación enfatiza que son treinta mil los desaparecidos españoles a lo largo de la Guerra Civil. Será

difícil establecer con exactitud cuántos muertos causó la represión franquista. Según los archivos, sobre todo militares, entre 1936 y 1943 hubo aproximadamente 150 000 víctimas mortales en actos de **represalia**, campos de concentración, trabajos forzados y prisiones.

Según el historiador Javier Rodrigo, del Instituto Universitario Europeo de Florencia, en España funcionaron ciento cuatro **campos de concentración**. Entre 1936 y 1939 pasaron por ellos alrededor de 370 000  personas, muchas de las cuales murieron por las malas condiciones higiénicas y alimentarias. Los campos cumplían la doble función de "**depuración**" y de "clasificación de los **detenidos**". En su interior, los prisioneros podían permanecer por un tiempo indeterminado a la espera de que llegaran cargos en su contra, o hasta ser integrados al ejército a modo de **conscriptos**, enviados a la prisión, a batallones de trabajo o directamente podían ser **fusilados**.

El sistema de campos funcionó hasta 1942, pero las colonias penitenciarias y los batallones de trabajadores continuaron existiendo hasta bien avanzada la década de 1950. Según otros estudios, fueron aproximadamente cuatrocientas mil personas las que se vieron obligadas a estos **trabajos forzados**. Tuvieron a su cargo el levantamiento de más de treinta embalses (*dams*) y canales, prisiones, viaductos y vías de tren. Construyeron fábricas, trabajaron en pozos mineros y fueron explotados por empresas privadas, recibiendo un 25 % del salario que les correspondía.

Asociación para la Recuperación de la Memoria Histórica

11 Discute con tus compañeros/as el significado de los siguientes términos. Después, relacionen las palabras con su significado.

1. preservar
2. fosa común
3. sepultura
4. represalia
5. campo de concentración
6. depuración
7. detenido
8. cargo
9. conscripto
10. fusilado
11. trabajo forzado

a. Arrestado.
b. Ejecutado con un arma.
c. Hoyo en la tierra para enterrar múltiples cadáveres.
d. Infracción de la que se acusa a alguien.
e. Labor que una persona hace por obligación como parte de su sentencia.
f. Limpieza, purificación.
g. Lugar en que está enterrado un cadáver.
h. Lugar en que se obliga a vivir a cierto número de personas como prisioneros, generalmente por razones políticas.
i. Proteger de un daño o peligro.
j. Soldado, recluta.
k. Venganza que se adopta para responder a los actos en contra del Estado.

12 Busca en el texto todos los cognados que encuentras y haz una lista. Después, compártela con tu compañero/a. ¿Quién encontró más palabras? Explica el significado de cada una.

13 ¿Qué piensan que les pasó a los republicanos, a los que perdieron la guerra? Miren las imágenes del texto para darse una idea. Después, léanlo y encuentren la respuesta. ¿Acertaron en sus suposiciones?

EL EXILIO REPUBLICANO
A CAUSA DE LA GUERRA CIVIL ESPAÑOLA (1936-1939)

El capítulo mexicano más conocido es quizás el de los "Niños de Morelia", como se conoce a los cerca de quinientos menores de edad acogidos por las órdenes y generosidad del entonces presidente Lázaro Cárdenas en 1937 durante la guerra civil española.

En México se creó el Comité Técnico de Ayuda a los Refugiados Españoles (CTARE) cuyo objetivo sería recibir, alojar, proporcionar auxilio y distribuir a los inmigrantes por el territorio mexicano. Se estiman en unos seis mil los refugiados llegados a bordo de los buques Sinaia, Ipanema y Mexique en 1939.

Los historiadores calculan que México acogió a cerca de veinticinco mil refugiados españoles entre 1939 y 1942, gran parte durante el gobierno del presidente Lázaro Cárdenas. De estos refugiados se cree que la "inmigración intelectual" o de "élite" componía aproximadamente un 25 % del total. Llegaron además "competentes obreros y campesinos", así como militares, marinos y pilotos, hombres de Estado, economistas y hombres de empresa, todos ellos vinculados al gobierno republicano derrotado en la guerra.

La tarea que hicieron los refugiados fue de un valor absolutamente incalculable para México. Aquella irrepetible generación de intelectuales españoles exiliados que trabajaron hombro con hombro con los mexicanos ayudó enormemente a la consolidación del país después de la Revolución.

Morelia, México

FROM THE corpus En este contexto es frecuente emplear las siguientes colocaciones:
- *refugiar(se) en casa, en la embajada, de la lluvia...*
- *exiliar(se) de / a + nombre país o ciudad, exiliarse al extranjero*
- *acoger inmigrantes, refugiados, damnificados...*

14 **Vuelve a leer el texto y completa la ficha.**

Número de niños acogidos en Morelia, México:
Presidente de México que apoyó la acogida de refugiados políticos:
Número de refugiados llegados a México entre 1939 y 1942:
Ocupación de los refugiados:
Beneficio para México:

15 Con tu compañero/a, busquen ejemplos en el texto para completar el cuadro y formar la familia de las palabras. ¿Pueden añadir algunos ejemplos más?

	Verbo	Sustantivo	Adjetivo
a.		el refugio	
b.		el conocimiento	
c.		la estimación	
e.	exiliar		
f.	consolidar		
g.		la acogida	

16 Escribe los cinco acontecimientos más interesantes que ocurrieron en Estados Unidos en el siglo XX y compártanlos en grupos pequeños. ¿Coinciden?

17 Contesten a las preguntas.

a. ¿Crees que es importante recordar la historia? ¿Por qué?

b. ¿Existe algún movimiento como el de la Asociación para la Recuperación de la Memoria Histórica de España? ¿Te parece útil esta iniciativa?

c. ¿Conoces bien la historia reciente de tu país? ¿Tus padres y abuelos te hablan o te hablaron alguna vez de los acontecimientos históricos más importantes que o vivieron? Cuenta alguno.

 **MORE IN ELEteca** | EXTRA ONLINE PRACTICE

1. IMPERFECT SUBJUNCTIVE

The imperfect or past subjunctive is formed by dropping the **–ron** ending of the third-person plural of the preterite and adding **–ra** or **–se**. The **–se** form is used more often in Spain then elsewhere:

practica**ron** → practica**ra** / practica**se**   fue**ron** → fue**ra** / fue**se**

- Use the imperfect subjunctive much in the same way as you would the present subjunctive (to express speaker's uncertainty, attitudes, emotions, or wishes) but when speaking about the past or hypothetical situations. Compare the following sentences:

  Es importante que **respetes** las normas. → **Sería importante** que **respetaras** las normas.

  No creo que sea buena idea dejar el gimnasio. → **No creía que fuera** buena idea dejar el gimnasio.

–AR PRACTICAR	–ER BEBER	–IR DECIDIR
practic**ara**	beb**iera**	decid**iera**
practic**aras**	beb**ieras**	decid**ieras**
practic**ara**	beb**iera**	decid**iera**
practic**áramos**	beb**iéramos**	decid**iéramos**
practic**arais**	beb**ierais**	decid**ierais**
practic**aran**	beb**ieran**	decid**ieran**

Recuerda:
Este tiempo verbal tiene también esta forma:

Practicar: *practicase, practicases, practicase, practicásemos, practicaseis, practicasen.*

Beber: *bebiese, bebieses, bebiese, bebiésemos, bebieseis, bebiesen.*

Decidir: *decidiese, decidieses, decidiese, decidiésemos, decidieseis, decidiesen.*

■ Los **verbos irregulares** en pretérito de indicativo mantienen la irregularidad en imperfecto de subjuntivo **en todas las personas**:

pu**dieron** → pu**diera**, pu**dieras**, pu**diera**, pu**diéramos**, pu**diérais**, pu**dieran**

pi**dieron** → pi**diera**, pi**dieras**, pi**diera**, pi**diéramos**, pi**dierais**, pi**dieran**

constru**yeron** → constru**yera**, constru**yeras**, constru**yera**, constru**yéramos**, constru**yerais**, constru**yeran**

■ La **correlación de tiempos** en relación al pasado es la siguiente:

Antes **tenía** (imperfecto) *miedo de que las clases* **fueran** *difíciles.*

Raquel me **llamó** (pretérito) *para que la* **acompañara** *a clase.*

Sería (condicional) *genial que todos* **pudiéramos** *pasarlo bien.*

1 **Completa las frases y relaciónalas con lo que expresa.**

	Prohibición	Orden y petición	Consejo
a. El gobierno recomendó que los ciudadanos .... (mantenerse) tranquilos cuando hubo el alzamiento militar.	☐	☐	☐
b. Durante la dictadura chilena no estaba permitido que .... (agruparse, ellos) en partidos políticos.	☐	☐	☐
c. Les agradecería que .... (reconocer, ellos) que se equivocaron privando de libertad a nuestro país.	☐	☐	☐
d. Estaba prohibido que .... (hacerse) apología del terrorismo.	☐	☐	☐
e. Exigiría que .... (descubrir, ellos) las fosas comunes y .... (devolver, ellos) los restos a las familias.	☐	☐	☐

2   Completa los cambios que se produjeron en las leyes de algunos países de América Latina y de España. ¿Y en tu país o estado? Habla con tus compañeros/as y completen el último ejemplo.

Antes estaba **prohibido** en:

- **México** que los matrimonios (a) .... (disolverse) jurídicamente. Solo estaba permitido que las parejas vivieran separadas.
- **Cuba** que los ciudadanos (b) .... (tener) celular. Solo estaban autorizados los oficiales de alto rango.
- **España** que las personas del mismo sexo (c) .... (casarse).
- **Colombia** que se (d) .... (interrumpir) el embarazo en todos los supuestos.
- **EE. UU.** que... ....
....

Ahora está permitido en:

- **México**, a partir de 2008, que los matrimonios (e) .... (divorciarse) sin necesidad de expresar causa alguna.
- **Cuba** que cualquiera (f) .... (tener) celular.
- **España**, desde el 2005, que las personas del mismo sexo (g) .... (contraer) matrimonio.
- **Colombia** que las mujeres (h) .... (abortar) cuando el embarazo es producto de una violación, cuando está en riesgo la vida de la madre y cuando se presentan malformaciones en el feto.
- **EE. UU.** que... ....
....

3   Piensa en otras cuestiones que antes estaban permitidas / prohibidas en tu país o estado e indica cómo es ahora.

Antes estaba permitido / **prohibido**...

Ahora está permitido / **prohibido**...

2. IMPERFECT SUBJUNCTIVE: MAKING FORMAL REQUESTS OR DEMANDS

■ Para **pedir** o **exigir formalmente**, se usa:

- *Me gustaría que* + imperfecto de subjuntivo:
  Me gustaría que los campos de concentración no existieran.

- *Sería conveniente que* + imperfecto de subjuntivo:
  Sería conveniente que las familias de los desaparecidos encontraran a sus familiares.

- *Le(s) pediría / agradecería que* + imperfecto de subjuntivo:
  Pediría que la ONU ayudara a la Asociación de la Memoria Histórica.

- *¿Le importaría que* + imperfecto de subjuntivo?:
  ¿Le importaría que hiciéramos una comparación con otras dictaduras?

4 Lee el testimonio de algunos españoles ante la situación en España que has conocido en esta unidad y completa las frases.

1. ¿Cómo se puede explicar que cuarenta años después de la muerte del dictador sigan todavía en fosas comunes y cunetas unas 130 000 víctimas de aquel régimen? Me gustaría que esta situación (a) .... (cambiar) y se (b) .... (poder) descubrir esas fosas comunes, no con la iniciativa privada sino con la colaboración del gobierno de un país que asume su historia.

¿Para qué resucitar ahora el pasado? El pasado, pasado está. Le pediría a todos que (c) .... (olvidar) el dolor y (d) .... (mirar) hacia delante, para construir un país fuerte.

2.

3. ¿Cómo puede España mantener la cabeza erguida sin hacer nada con respecto a los iconos que apoyan y enaltecen un régimen totalitario? Sería conveniente que (e) .... (desaparecer) los símbolos que alaban un comportamiento tan poco ético, como se ha hecho en otros países de Europa.

Yo agradecería que todos (f) .... (reflexionar) objetivamente y (g) .... (reconocer) que se cometieron injusticias en aquellos campos de concentración. Muchas personas fueron fusiladas y de otras muchas se abusó.

4.

5. En mi opinión, es un tema de justicia para todos los españoles. Somos un pueblo que vive una democracia estable y segura. Todos hemos trabajado mucho para ello. Entonces, ¿a quién le importaría que las autoridades (h) .... (hacer) lo que se ha hecho ya en muchos otros lugares?

5 👥 **La dictadura española no fue la única en el mundo hispanohablante. Comenta con tu compañero/a qué otros países vivieron esta experiencia y cuántos de ellos viven ahora en democracia.**

6 🎵46 **Escucha los testimonios de una chilena y un argentino respecto a la reacción de sus países a los crímenes cometidos durante sus dictaduras. Contesta a las siguientes preguntas.**

a. ¿Qué es Londres 38?

b. ¿Cuál es el propósito del Museo de la Memoria y los Derechos Humanos en Chile?

c. ¿Cuáles eran los objetivos de las organizaciones de las Madres de Plaza de Mayo y las Abuelas de Plaza de Mayo?

d. ¿Qué papel desempeñó Raúl Alfonsín en la memoria histórica de Argentina?

e. ¿Qué son los Juicios de la Verdad?

f. ¿Cuál es la posición de la ONU en el trabajo que está realizando Argentina respecto a su historia?

7 Escribe una carta a la ONU en la que compares la situación de Chile, Argentina y España con respecto a su memoria histórica. Utiliza las estructuras vistas para expresar tus exigencias. Elijan la mejor carta de la clase y envíenla.

8 Discutan y completen los cuadros con temas o situaciones que tienen que mejorar en su estado, en su país y en el mundo. Escriban peticiones formales exigiendo su mejora. Pónganlo en común con la clase y elijan la situación más grave en cada entorno y la petición mejor redactada.

En mi estado	En mi país	En el mundo

Exigimos...

3. IF CLAUSES

You have already learned different ways to express hypotheses in Spanish. In this section you will learn to express factual and contrary-to-fact statements with **si**. Compare the following sentences that illustrate these two types of statements:

Si tengo diez dólares, te los dejo. (It's possible that I have the money.)

Si tuviera diez mil dólares, te los dejaría. (I really don't have the money. Contrary-to-fact statement.)

■ Condicionales probables:

· **Si** + presente de indicativo + futuro / presente / imperativo:

Si gano suficiente dinero este verano, **haré** un viaje por toda Europa.

Si llego pronto a casa, **veo** una serie.

Si te sientes mal, **ve** al médico.

■ Condicionales poco probables o imposibles:

· **Si** + imperfecto de subjuntivo + condicional:

Si tuviera vacaciones, **me iría** a la playa. (En realidad no tengo vacaciones, no me puedo ir).

9  Pregunta a tu compañero/a qué hace o qué haría en estas situaciones. Mientras hablas, escúchate a ti mismo. Si te das cuenta de algún error, tómate el tiempo necesario para corregirte.

Modelo: ¿Qué harías si no pudieras expresar tu opinión?

Si no pudiera expresar mi opinión, lucharía para cambiar las cosas.

a. No puede expresar su opinión.

b. Quiere ir a una manifestación y no está permitida.

c. Es sancionado injustamente.

d. No tiene acceso a información objetiva.

10 Lean las respuestas que dieron algunas personas en una encuesta sobre el tema de la felicidad. ¿Con cuál de ellas se identifican más?

> Si tuviera un buen trabajo, se me acabarían muchos de los problemas que tengo.

a. Si pudiera trasladarme a vivir al campo, estaría tranquila y sería razonablemente feliz.

b. Si tuviera una tarjeta de crédito sin límite, no no tendría tantas preocupaciones. El dinero es indispensable para ser feliz.

c. Si tienes una pareja sólida, entonces eres feliz. El amor lo es todo.

d. Si contara con buena salud, podría hacer de todo para alcanzar la felicidad. Sin salud, nada funciona.

e. Si ayudo a la gente, me siento útil y eso me proporciona bienestar.

f. Si tienes una familia unida, las cosas siempre son más fáciles.

11 Imagina que no tienes ningún tipo de restricciones, ¿qué harías con respecto a...?

- el trabajo / los estudios
- las vacaciones
- tu casa
- el carro
- tus abuelos
- los amigos
- esos amigos de tus amigos a los que no soportas
- el jefe
- tus estudios
- los viajes

Modelo: Si viviera más cerca de mi abuelo, lo visitaría cada semana.

Si los amigos de Carmen vinieran a cenar con nosotros, yo no les hablaría.

12 🔊 47 Hace un tiempo circuló por Internet un falso testamento literario del importante escritor colombiano Gabriel García Márquez, en el que se cuenta cómo se comportaría si la vida le diera otra oportunidad. Relaciona cada frase con el texto correspondiente. Después, escucha y comprueba.

1. Si Dios me obsequiara un trozo de vida, ... ☐

2. ¡Dios mío! Si yo tuviera un corazón, ... ☐

3. ¡Dios mío! Si yo tuviera un trozo de vida, ... ☐

4. Si supiera que hoy fuera la última vez que te voy a ver dormir, ... ☐

5. Si supiera que esta fuera la última vez que te vea salir por la puerta, ☐

6. Si supiera que esta fuera la última vez que voy a oír tu voz, ... ☐

7. Si supiera que estos son los últimos minutos que te veo, ... ☐

---

a. te abrazaría fuertemente y rezaría al Señor para poder ser el guardián de tu alma.

b. diría "te quiero" y no asumiría, tontamente, que ya lo sabes.

c. escribiría mi odio sobre el hielo y esperaría a que saliera el sol. Pintaría con un sueño de Van Gogh sobre las estrellas un poema de Benedetti, y una canción de Serrat sería la serenata que le ofrecería a la Luna. Regaría con mis lágrimas las rosas, para sentir el dolor de sus espinas y el encarnado beso de sus pétalos.

d. vestiría sencillo, me tiraría de bruces al sol, dejando descubierto, no solamente mi cuerpo, sino mi alma.

e. no dejaría pasar un solo día sin decirle a la gente que quiero que la quiero. Convencería a cada mujer u hombre que son mis favoritos y viviría enamorado del amor.

He aprendido que un hombre solo tiene derecho a mirar a otro hacia abajo, cuando ha de ayudarle a levantarse. Son tantas cosas las que he podido aprender de ustedes; pero realmente de mucho no habrán de servir, porque cuando me guarden dentro de esa maleta, infelizmente me estaré muriendo.

Siempre di lo que sientes y haz lo que piensas.

f. te daría un abrazo, un beso y te llamaría de nuevo para darte más.

g. grabaría cada una de tus palabras para poder oírlas una y otra vez indefinidamente.

---

13 👥 Lean esta nota. ¿En qué circunstancias escribirían ustedes una nota semejante?

Mucha suerte y presta mucha atención a todo lo que ocurra a tu alrededor; ya sabes que no hay nada mejor que la prudencia. Aquí todos estamos contigo.

Pues, no sé. Yo escribiría algo así si un amigo mío fuera a pasar una entrevista de trabajo, para darle ánimos y, de paso, algunos consejos sobre la observación y la prudencia, que nunca vienen mal.

4. *COMO SI* + IMPERFECT SUBJUNCTIVE

14 Mira la fotografía, lee la conversación entre Rosa y Julia, fíjate en la frase resaltada y contesta a las preguntas. Trabaja con tu compañero/a. Luego, lean la explicación y comprueben sus respuestas.

Rosa: Mira esta foto que encontré de antes de la guerra. Creo que es la abuela de mi madre con sus amigas en la playa.

Julia: ¡Qué trajes de baño llevan! **Están vestidas como si fueran a una fiesta** y no a bañarse.

Rosa: Es verdad. ¡O como si tuvieran frío!

Julia: Yo nunca iría así a la playa, ¡ni que estuvieran en el Polo Norte!

a. ¿Van a una fiesta realmente?
b. ¿Qué parte de la frase es la real y qué parte es imaginaria?
c. ¿Qué tiempo verbal acompaña a *como si*? ¿Por qué?
d. Es una comparación o una condición?

You have been using **como** to mean as, *like*, and *since*. The expression **como si** means *like* or *as if*. It is used to make a comparison with something not real.

- Para describir algo o una situación, se puede **comparar** con **ideas o situaciones** que no han pasado, que son **imaginarias**, pero que sirven de ayuda para explicarse mejor. Para ello se usa **como si** + imperfecto de subjuntivo. También sirve para hacer una **suposición**, algo que se cree, pero que no se sabe si es cierto o no. El imperfecto de subjuntivo en estos casos tiene el valor de un **presente** o **futuro irreal**, no es pasado:

  *Estás comiendo la tarta **como si tuvieras** seis años.* (No tienes seis años).
  *Camina **como si fuera** un avestruz, ¡qué gracioso!* (No es un avestruz).
  *Tiene mala cara, **como si estuviera** enfermo.* (Quizá está enfermo, pero no lo sé).

- ***Ni que*** + imperfecto de subjuntivo, sirve para comparar una acción con otra que se sabe que es imposible. Es sinónimo de *como si*, pero es **más enfático**, tiene más fuerza:

  *No sé por qué estás tan nervioso, **¡ni que fuera** la primera vez que tienes un examen!*
  (Un estudiante de universidad ha pasado muchos exámenes).

15 Observa las imágenes y completa las frases utilizando *como* si. Utiliza como modelo la actividad 14 para escribir una conversación similar. Represéntenla ante clase.

Duerme…

Baila…

Se ríen…

 **MORE IN ELEteca** | EXTRA ONLINE PRACTICE

La grafía *h* y las palabras homófonas

La grafía *h*

■ En español la *h* es una letra muda, es decir, que no tiene sonido: *hola, huelga, hambre*.

■ A veces el contacto de la *h* con algún grupo vocálico produce un sonido, como es el caso del grupo *hi + e*, que lo podemos pronunciar como /ye/: *hielo, hierba, hierro*.

1 **¿Cómo se pronuncian las siguientes palabras? Por turnos, léanlas en voz alta.**

haber	habitante	hoja	helado	hospital	himno
hecho	hiena	historia	Honduras	hueco	hierro

2 **Analiza las palabras *tuvo / tubo* en las siguientes frases. Después, lee el cuadro y elige la opción correcta en cada caso.**

a. ***Tuvo*** *mucha suerte.*   b. *El* ***tubo*** *de pasta de dientes se terminó.*

> **Las palabras homófonas**
>
> Las palabras homófonas son palabras con ☐ distinto / ☐ el mismo significado que suenan ☐ diferente / ☐ igual, pero que se escriben de forma ☐ diferente / ☐ igual.

3 ☐☐ **En español hay palabras homófonas a causa de la *h*. Expliquen qué significan y pongan un ejemplo contextualizándolas.**

a. Ola: onda del mar. *Hay unas olas estupendas para hacer surf.*

   Hola: ....

b. Abría: ....

   Habría: ....

c. Haber: ....

   A ver: ....

4 **Elige la palabra adecuada para cada frase.**

a. La Sagrada Familia es un edificio muy **bello / vello**.

b. Tengo muy poco **bello / vello** en los brazos.

c. Espero que Juan **vaya / valla** a la fiesta.

d. La casa tiene una bonita **vaya / valla** blanca.

e. Eso tienes que **votarlo / botarlo** en el contenedor verde.

f. ¿A quién vas a **votar / botar** para delegado de clase?

g. Le pregunté a Juan, pero no dijo nada, se **calló / cayó**.

h. La niña se **calló / cayó** de la bicicleta.

i. Es importante reciclar los **desechos / deshechos**.

j. Tengo los pies **desechos / deshechos** de tanto andar.

1 **¿Conoces a Juan Rulfo? ¿Qué sabes de él? Lee los siguientes datos biográficos de este autor.**

Juan Nepomuceno Carlos Pérez Rulfo Vizcaíno, más conocido como **Juan Rulfo**, nació en Apulco, estado de Jalisco, el 16 de mayo de 1917. Murió en Ciudad de México, el 7 de enero de 1986. Fue escritor, guionista y fotógrafo perteneciente a la generación del 52.

La reputación de Rulfo se asienta en dos pequeños libros: *El llano en llamas*, publicado en 1953, y la novela *Pedro Páramo*, publicada en 1955.

Juan Rulfo fue uno de los grandes escritores latinoamericanos del siglo XX, que pertenecieron al movimiento literario denominado "realismo mágico". En sus obras se presenta una combinación de realidad y fantasía, cuya acción se desarrolla en escenarios americanos, y sus personajes representan y reflejan el tipismo del lugar, con sus grandes problemáticas socioculturales, entretejidas con el mundo fantástico.

2 **Busca en Internet y amplía tu información contestando a estas preguntas.**

a. ¿Asistió a la universidad? ¿Por qué temas sentía gran curiosidad y en cuáles se especializó?

b. ¿Fueron importantes sus fotografías? ¿De qué trataban?

c. ¿Tiene repercusión internacional o solo es conocido en el mundo hispano?

d. ¿Leíste algún libro suyo?

3 **Van a leer el comienzo del cuento de Juan Rulfo llamado ¡*Diles que no me maten!*, que habla sobre la vida de los campesinos durante la Revolución mexicana. ¿Lo conoces? ¿De qué crees que trata?**

4 ◁▯▯▯▯48 **Escucha y lee el fragmento. Después, responde a las preguntas.**

   a. ¿Por qué Juvencio le pide a Justino que no lo maten?   b. ¿Quién quiere matarlo?

¡Diles que no me maten!

Juvencio: ¡Diles que no me maten, Justino! Anda, vete a decirles eso. Que por caridad. Así diles. Diles que lo hagan por caridad.

Justino: No puedo. Hay allí un sargento que no quiere oír hablar nada de ti.

Juvencio: Haz que te oiga. Date tus mañas y dile que para sustos ya ha estado
5 bueno. Dile que lo haga por caridad de Dios.

Justino: No se trata de sustos. Parece que te van a matar de a de veras. Y yo ya no quiero volver allá.

Juvencio: Anda otra vez. Solamente otra vez, a ver qué consigues.

Justino: No. No tengo ganas de ir. Según eso, yo soy tu hijo. Y, si voy mucho
10 con ellos, acabarán por saber quién soy y les dará por afusilarme a mí también. Es mejor dejar las cosas de ese tamaño.

Juvencio: Anda, Justino. Diles que tengan tantita lástima de mí. Nomás eso diles. (*Justino apretó los dientes y movió la cabeza*). No. (*Y siguió sacudiendo la cabeza durante mucho rato*). Dile al sargento que te deje
15 ver al coronel. Y cuéntale lo viejo que estoy. Lo poco que valgo. ¿Qué ganancia sacará con matarme? Ninguna ganancia. Al fin y al cabo él debe de tener un alma. Dile que lo haga por la bendita salvación de su alma.

Justino: (*Se levantó de la pila de piedras en que estaba sentado y caminó hasta la puerta del corral. Luego se dio vuelta*). Voy, pues. Pero si me afusilan
20 a mí también, ¿quién cuidará de mi mujer y de los hijos?

Juvencio: La Providencia, Justino. Ella se encargará de ellos. Ocúpate de ir allá y ver qué cosas haces por mí. Eso es lo que urge.

                                    Diles que no me maten, Juan Rulfo

5 👥 **De acuerdo con lo que leyeron, ¿podrían describir un poco a los dos personajes? ¿Podrían calcular sus edades? ¿En qué tiempos creen que tuvo lugar?**

6 👥 **Con lo que leyeron del cuento traten de construir su propia versión de la historia. ¿Qué es lo que creen que pasó para estar en esta situación?**

7 ◁▯▯▯▯49 **Escucha ahora el argumento del cuento y contesta a las siguientes preguntas. Luego, usa tus respuestas y tu propia investigación para hacer una presentación oral formal de esta obra literaria. Recuerda emplear un lenguaje adecuado y mantener el contacto visual con el público.**

   a. ¿Quiénes estaban enemistados?

   b. ¿Cuál era la causa de esta pelea?

   c. Por último, ¿cuál fue el dramático final?

   d. ¿Cómo vivió Juvencio?

   e. ¿Le sirvió para algo la decisión que tomó de cómo vivir su vida?

   f. ¿Coincide el argumento real del cuento con lo que habían imaginado?

PARA ORGANIZAR EL DISCURSO

■ Fíjate en la función de los siguientes **conectores discursivos** y trata de incorporar algunos en tu ensayo y presentación oral.

- Para introducir un nuevo argumento o idea: *referente a, con respecto a, en relación con, en cuanto a, por otra parte*...

- Para expresar un inconveniente u obstáculo que no impide que la acción principal se cumpla: *aunque, a pesar de que*...

- Para concluir: *por último, finalmente, para terminar, en conclusión*...

ENSAYO PERSUASIVO

◎ **Global Challenges:** Social Conscience.

◎ **Tema del ensayo:** ¿Crees que es necesario recobrar la memoria histórica para el bienestar social y político?

FUENTE 1 - LECTURA

1 **Lee este artículo sobre la desaparición de cuarenta y tres estudiantes universitarios que ocurrió el 26 de septiembre de 2014 en México.**

¿Dónde están los 43 estudiantes desaparecidos de Ayotzinapa?

El veintiséis de septiembre de 2014, estudiantes universitarios de la Escuelã Normal Rural de Ayotzinapa, México, fueron secuestrados. Los cuarenta y tres estudiantes están desaparecidos y se teme que estén muertos.

Su desaparición se convirtió en el detonante de las manifestaciones nacionales. El procurador general de México dice que fueron capturados por la policía por órdenes del alcalde, entregados a una banda de narcotraficantes y ejecutados. Las autoridades dicen que creen que los restos quemados de los estudiantes fueron arrojados a un río, pero muchos familiares dicen que aún mantienen las esperanzas hasta que exista una prueba de ADN.

Además de formar maestros, a la universidad rural para maestros del estado de Guerrero se le conoce por su activismo político. Se sabe que la policía discutió con los manifestantes estudiantiles en el pasado.

A medida que el controvertido caso acapara los titulares mundiales, los familiares y compañeros de clase de los estudiantes marchan en manifestaciones y llevan grandes fotos de sus rostros, comparten sus historias y exigen justicia.

Carmelita Cruz llora mientras describe a su hijo menor, Jorge Aníbal Cruz Mendoza, de diecinueve años. Cuando los investigadores comenzaron a investigar la desaparición de los estudiantes, algunos sugirieron que podrían estar relacionados con las pandillas. No es cierto, dice Cruz. "Creo que el gobierno es culpable. Pero, obviamente, quieren lavarse las manos y culpar a los que no son responsables", dice.

José Ángel "Pepe" Navarrete, de dieciocho años, se inscribió en la conocida escuela rural para maestros con un objetivo claro, dice su padre: trabajar con las comunidades marginadas. Es un objetivo común de muchos que asisten a la pequeña escuela, financiada por el Gobierno, la cual les ofrece a los estudiantes que se forman la oportunidad de trabajar en algunas de las comunidades más pobres y remotas de Guerrero. Su padre, como muchos padres de los estudiantes desaparecidos, dice que él cree que todavía están vivos. Emiliano Navarrete dice que quienes sean los que se hayan llevado a los estudiantes, también deben ser seres humanos. "También tienen hijos y no les gustaría que les ocurriese lo mismo a ellos".

En un cuaderno de espiral que todavía permanece en su dormitorio universitario, Julio César López Patolzin, de veinticinco años, documentó sus primeros días en la universidad. Escribió: "Ingresé a esta universidad por la sencilla razón de que mis padres son campesinos con pocos recursos y también tengo que ser responsable académicamente". Menos de un mes más tarde, desapareció. Ahora solo queda un estudiante en ese piso de la residencia de estudiantes. El último estudiante que queda viviendo allí dice que no se irá porque está esperando que sus compañeros regresen.

Adaptado de *http://cnnespanol.cnn.com/2014/11/14/quienes-son-los-43-estudiantes-desaparecidos-de-mexico/*

FUENTE 2 - GRÁFICO

2 **Este gráfico representa el informe de Amnistía Internacional sobre los abusos contra los derechos humanos en ciento sesenta países y territorios del mundo.**

Los derechos humanos: cifras básicas 2014/2015

Casi tres de cada cuatro Gobiernos (119 de 160) restringió la libertad de expresión de manera arbitraria. Hubo restricciones a la libertad de prensa en muchos países que fueron testigos de clausuras de periódicos y amenazas a periodistas.

Más de un tercio de los gobiernos (62 de 160) encarcelaron a presos de conciencia, personas que simplemente ejercían sus derechos y libertades.

El 58 % de los países (93 de 160) sometieron a personas a juicios injustos. Cuando a una persona se la somete a un juicio injusto, no se imparte justicia ni al acusado, ni a la víctima, ni a la sociedad.

El 82 % de los países (131 de 160) sometieron a personas a tortura u otros malos tratos.

www.amnesty.org

APRENDE HACIENDO

3 🔊50 Esta grabación trata el tema de mirar hacia delante y dejar de confrontar el pasado por el bien de todos. Escucha las declaraciones a la prensa del comandante de la FARC-EP (Fuerzas Armadas Revolucionarias de Colombia-Ejército del Pueblo) durante la firma de acuerdos para la paz en Colombia.

4 Ahora escribe un ensayo persuasivo haciendo referencia a las tres fuentes.

PRESENTACIÓN ORAL

◎ **Science and Technology:** Effects of Technology on Self and Society.
◎ **Tema del ensayo:** ¿De qué manera ha influido la tecnología en la comunicación entre culturas y países?

5 Busca información en Internet sobre un tipo específico de tecnología de la comunicación y haz una presentación explicando cómo su invención cambió la interacción entre diferentes culturas. Debes incluir ejemplos de lo que viste y experimentaste en tu comunidad y de lo que aprendiste sobre la cultura hispana.

6 🔊 Presenta tu discurso a la clase. Luego, busca una oportunidad para presentar tu discurso en una feria de ciencias local.

DOS PINTORES, DOS MUNDOS

¿Saben qué museos son?

1 Observen estos lugares. ¿Saben en qué países están? ¿Saben a qué pintores están dedicados? ¿Qué personalidades creen que tienen estos artistas?

Con originalidad

Autorretrato con el pelo suelto, 1947

Frida Kahlo

☐ ☐ ☐

2 Ahora observa con atención los autorretratos de estos dos pintores y relaciona cada una de las siguientes frases con uno de ellos.

a. "Alguna vez salí a la calle totalmente de azul o con un geranio tras la oreja".

b. "Dicen que mi pintura es surrealista, pero no es cierto. Yo siempre pinto mi propia realidad".

c. "Recibí muchos mensajes del espacio a través de mis largos bigotes".

d. "Soñé con montar mi propio museo y lo hice en mi ciudad natal".

e. "A mi matrimonio lo definen como la unión entre una paloma y un elefante".

f. "Pinto autorretratos porque paso la mayor parte del tiempo en soledad".

Autorretrato con cuello rafaelesco, 1920-21

Salvador Dalí

☐ ☐ ☐

3 Lean las biografías de los dos pintores y comprueben sus respuestas anteriores.

SALVADOR DALÍ

Pintor español que nació en 1904 en Figueras (Gerona). Sus veranos en Cadaqués, un pequeño pueblo de pescadores, fueron lo mejor de su infancia y a menudo reflejó su paisaje y recuerdos en sus cuadros. De 1929 a 1936 fue la etapa más fructífera de su vida, donde pintó cualquier "pensamiento automático" que le pasaba por la cabeza. Encontró su propio estilo, el "método paranoico-crítico", y conoció al amor de su vida: Gala. Diseñó escaparates y decorados, creó sus primeros objetos surrealistas y salió a la calle pintado de azul o con un geranio tras la oreja. Durante la Segunda Guerra Mundial se exilió con Gala a Estados Unidos durante ocho años y conquistaron Nueva York. El estallido de la bomba atómica sobre Hiroshima le impresionó tanto que los fenómenos científicos y la física nuclear ocuparon el centro de su atención. Sus largos bigotes, a través de los que recibía mensajes desde el espacio, y sus bastones alcanzaron fama mundial. A partir de 1970 se dedicó a su último gran sueño: montar su propio museo en el edificio del antiguo teatro de Figueras. Diseñó el museo como una gran autobiografía: una especie de cueva de "Dalí-Babá" que narra sus distintas visiones del mundo a lo largo de su vida. Murió en 1989 y fue enterrado en su museo de Figueras.

Teatro-Museo Dalí,
Figueras, Gerona, España

FRIDA KAHLO

Pintora mexicana que nació en Coyoacán en 1907, aunque Frida siempre dijo que nació en 1910, año de la Revolución mexicana. En 1925, un grave accidente de tranvía la dejó con lesiones permanentes durante toda su vida y tuvo que someterse a treinta y dos operaciones quirúrgicas. El aburrimiento y la soledad de la época de su recuperación la llevaron a pintar numerosos autorretratos. Años más tarde, en 1929, se casó con Diego Rivera, con el que mantuvo una relación basada en el amor, la infidelidad, el vínculo creativo y el odio. Se divorciaron para volverse a casar un año después. Al matrimonio lo llamaron la unión entre un elefante y una paloma, porque Diego era enorme y obeso, y Frida pequeña y delgada.

Autorretrato con collar
de espinas y colibrí, 1940

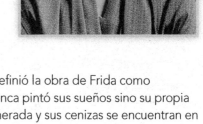

El poeta y ensayista surrealista André Bretón definió la obra de Frida como surrealista, pero ella lo negó afirmando que nunca pintó sus sueños sino su propia realidad. Murió en Coyoacán en 1954, fue incinerada y sus cenizas se encuentran en la Casa Azul de Coyoacán.

ARTE

4 Lee la descripción de estas obras y responde a las preguntas.

Galatea de las Esferas (1952)

Salvador Dalí reflejó en este cuadro tres de sus obsesiones: su mujer Gala, la ciencia y el misticismo. Dalí se sintió muy atraído por la ciencia: primero, por la teoría de la relatividad de Einstein y, después, por los experimentos nucleares, los avances en el estudio del ADN, la naturaleza de la luz o la física cuántica. En 1951 publicó el *Manifiesto místico*, donde expresó su interés por los fenómenos nucleares. En esta pintura combinó la vertiente espiritual, mediante el retrato místico de Gala, y la ciencia, reflejada en las esferas como pequeñas partículas que componen la materia y forman el universo.

Diego y yo (1949)

Frida Kahlo pintó este autorretrato cuando su marido, Diego Rivera, mantenía una aventura con la estrella de cine María Félix, que además era amiga íntima de Frida. La pintora bromeó muchas veces sobre este romance. Sin embargo, esta pintura revela sus sentimientos: Frida llora porque está rota de dolor; su larga melena que se enreda en el cuello simboliza el fuerte dolor que la está estrangulando; la obsesión que siente por su marido se refleja en la imagen de Diego en su frente al que, a pesar del dolor que le ocasionan sus infidelidades, sigue amando.

a. ¿Cuáles son las obsesiones de Dalí representadas en este cuadro?

b. ¿Cuáles son las vertientes que se combinan en el cuadro? ¿Cómo se reflejan?

c. ¿Qué acontecimientos científicos influyeron en la obra de Dalí?

d. ¿En qué se basa su *Manifiesto místico*?

a. ¿En qué momento pintó Frida este autorretrato?

b. ¿Quién fue María Félix?

c. ¿Qué simboliza el largo cabello rodeando el cuello de Frida?

d. ¿Cómo se refleja en el cuadro la obsesión de Frida por su marido?

5 Elige a Dalí o a Kahlo e investiga en qué museos de EE. UU. hay obras suyas en sus colecciones permanentes. Después habla con tus compañeros/as de cómo sus obras influyeron en al arte y la cultura americana.

CINE

6 Busca en Internet el fime *Frida* y observa un fragmento. ¿Cómo refleja el filme la personalidad de Frida Kahlo?

Salma Hayek representó el papel de la famosa pintora mexicana en el filme *Frida*, que estuvo nominado a seis Premios Óscar. Madonna y Jennifer Lopez también estuvieron interesadas en protagonizar este filme.

Frida, Miramax, 2002

¿QUÉ HE APRENDIDO?

1 **Relaciona estas frases con su función correspondiente.**

	Prohibición	Orden y petición	Consejo
a. Yo en tu lugar sería prudente.	☐	☐	☐
b. Estaba prohibido que visitaran a los prisioneros.	☐	☐	☐
c. El juez me pidió que hablara con más claridad.	☐	☐	☐

2 **Completa estas frases.**

a. Sería aconsejable que… ....

b. Les agradecería a las autoridades que… ....

c. Estaba prohibido que… ....

d. El juez me pidió que… ....

3 **Escribe una frase para cada situación.**

a. Da un consejo para mejorar las condiciones sociales de tu barrio. ....

b. Pide consejo a un amigo para superar los problemas de desigualdad en tu trabajo. ....

c. Exige ciertas condiciones para elegir al alcalde de una ciudad. ....

4 **Completa las siguientes frases.**

a. Si vienes ....

b. .... tendría más dinero.

c. Si viviera en otro país ....

5 **Completa las siguientes frases.**

a. Estás viviendo la vida como si ....

b. Disfrutaba de sus vacaciones como si ....

c. Se comió él solo todos los pasteles, ¡ni que .... !

AL FINAL DE LA UNIDAD PUEDO...

	☆	☆☆	☆☆☆
a. I can discuss historical events in Spain and Latin America and talk about repercussions and collective memory.	☐	☐	☐
b. I can talk about what you thought things would be like using the conditional tense.	☐	☐	☐
c. I can express possible and improbable situations in the past using the past tenses of indicative and subjunctive.	☐	☐	☐
d. I can make formal requests or demands using the imperfect subjunctive tense.	☐	☐	☐
e. I can express factual and contrary-to-fact statements with if clauses.	☐	☐	☐
f. I can make a comparison with something not real using *como si* + imperfect subjunctive.	☐	☐	☐
g. I can read and understand a selection from *¡Diles que no me maten!*, Juan Rulfo.	☐	☐	☐

MORE IN ELEteca | EXTRA ONLINE PRACTICE

Historia social y política

el acontecimiento *event, occurrence*

el alzamiento *uprising, revolt*

el apoyo *support*

el/la campesino/a *farmer, peasant*

el campo de concentración *concentration camp*

el cargo *charge*

el/la conscripto/a *draftee*

la depuración *filtering, purification*

el/la detenido/a *detainee*

la dictadura *dictatorship*

la fosa común *mass grave*

el golpe de Estado *coup*

la guerra *war*

el inicio *beginning, start*

la junta militar *millitary junta*

el/la líder/lideresa *leader*

la lucha *fight, battle*

la manifestación *demonstration, protest*

el poder *power*

la reforma agraria *land reform*

el/la refugiado/a *refugee*

la represalia *reprisal, retaliation*

la sepultura *burial*

el trabajo forzado *forced labor*

el tratado *treaty*

Verbos

agruparse *to form a group*

censurar *to censor, denounce*

contraer *to contract*

durar *to last*

exigir *to demand*

fusilar *to execute by firearm*

liderar *to lead*

mantenerse *to stay, keep*

obsequiar *to reward*

preservar *to preserve*

prestar atención *to pay attention*

reconocer *to recognize*

rendirse *to give up, surrender*

surgir *to arise, emerge*

tomar medidas *to take measures*

Palabra y expresiones útiles

actualmente *at present, currently*

Conectores del discurso

a pesar de que *despite the fact that*

aunque *even though*

en conclusión *in short, to sum up*

en cuanto a *regarding, with regard to*

en relación con *in relation to/with*

finalmente *finally*

para terminar *in closing*

por otra parte *on the other hand*

por último *lastly*

referente a *concerning*

respecto a *with respect to*

1 👥👥 Mira la imagen. ¿Qué crees que está pasando? Discútelo con tus compañeros/as.

2 Completa estas frases con el verbo en su forma correcta y marca la que mejor describe el problema de la imagen, según tu opinión.

    a. Es evidente que en el mundo .... (haber) problemas sociales serios.

    b. No es cierto que los gobiernos .... (tener) soluciones para todo.

    c. Es indudable que .... (ser) necesarias las iniciativas solidarias.

    d. Está claro que el problema de la emigración .... (afectar) a todos los países.

3 👥👥 Comenta tu respuesta anterior con tus compañeros/as. ¿Eligieron la misma frase? Justifiquen sus respuestas.

4 👥👥 Mira estas imágenes. ¿En qué otros problemas sociales intervienen las ONG? ¿Qué ONG conoces?

5 ¿Qué piensas de las situaciones y de las organizaciones anteriores? Haz valoraciones positivas o negativas con las siguientes expresiones.

    a. Me parece fantástico que...

    b. Es horrible que...

    c. Es innegable que...

    d. Es importante que...

    e. No me parece normal...

6 🔊51 Escucha esta entrevista a una voluntaria y compara sus respuestas con tus valoraciones anteriores.

7 🔊—51 **Vuelve a escuchar y completa el cuadro de los usos del pronombre *se* con ejemplos del dialogo.**

a. *Se* reflexivo: ....

b. *Se* pasivo: ....

c. *Se* recíproco: ....

d. *Se* objeto indirecto: ....

8 👥 **¿Cómo crees que pensaban nuestros abuelos y abuelas del futuro cuando eran jóvenes? ¿Qué aspectos del presente crees que nunca imaginaron que cambiarían tanto? Habla con tus compañeros/as.**

Modelo: Ellos no pensaban que las comunicaciones serían tan rápidas hoy en día.

9 **Elige el tiempo correcto para terminar las siguientes las frases.**

1. Cristina no ha llegado, a lo mejor…
 a. ☐ ha perdido el tren.
 b. ☐ haya perdido el tren.

2. Jesús y Rosa no están en clase, puede ser que…
 a. ☐ están enfermos.
 b. ☐ estén enfermos.

3. No encuentro mi celular, igual lo…
 a. ☐ he olvidado en casa.
 b. ☐ haya olvidado en casa.

4. Los invitados se lo comieron todo, lo más probable es que les…
 a. ☐ ha gustado la comida.
 b. ☐ haya gustado la comida.

10 👥 **Contesta a estas preguntas razonando tus respuestas. Después hazle el cuestionario a tu compañero/a y muestra tu acuerdo o desacuerdo.**

a. ¿Te gustaría que la gente no tuviera que trabajar?
....

b. ¿Crees que sería bueno que se prohibiera gritar en el futbol?
....

c. ¿Piensas que la sociedad sería mejor sin televisión?
....

d. ¿Qué sería lo primero que harías si fueras el/la presidente/a del Gobierno?
....

Gracias al estudio del español, tienes una mente más abierta. Por eso, en la universidad, y en la vida en general, serás una persona más tolerante con otras culturas y podrás entender otros modos de ver la vida. Una mente abierta te hace flexible, por lo que también podrás hacer los cambios necesarios para mejorar tu futuro. El Sello de Alfabetización Bilingüe te ayudará, sin duda, a realizar estos cambios. Es un premio del que debes sentirte muy orgulloso/a.

INVENTOS COTIDIANOS

¿Cómo podemos hacer nuestra vida más fácil?

¿Cuántas veces has dicho a alguien que conoces: "¿No habrá una forma más fácil de hacer esto?" ¿Cómo podrías ser más productivo y eficiente en tu vida diaria? Con tu compañero/a, investiga sobre videos de inventos cotidianos y elijan uno para mostrárselo a la clase. El invento que elijan debe incluir instrucciones técnicas sobre una de las siguientes opciones:

- un producto familiar
- un servicio familiar
- una solución a un problema de la vida real

Encuentra la manera de superar un obstáculo o dificultad del día a día y de simplificar tu vida. Luego, comparte tu solución con otras personas tanto dentro como fuera del aula.

PRIMER PASO

Investigación (Tarea interpretativa)

1 **En parejas, hagan una lluvia de ideas sobre algo en su vida que sea molesto o ineficaz y para lo que desearían encontrar una solución que les ahorrara tiempo. Hagan una lista de sus ideas y compártanlas con su profesor/a. Luego, con su aprobación, reduzcan su lista a un solo problema que quieran resolver.**

No volverás a tropezarte por las noches.

Olvídate del incómodo paraguas.

Aprovecharás la pasta de dientes hasta el final.

Ideas inspiradas en *www.labrujulaverde.com* y *www.upsocl.com*

2 **Comiencen su investigación identificando los videos sobre inventos cotidianos que usarán. Creen una bibliografía de estas fuentes.**

Es fácil citar videos en una bibliografía. Pregunta a tu profesor/a qué estilo bibliográfico debes seguir.

APA Style
Sargent, Sharon. (6 June 2019) *ELEteca Tutorial - 2019* Retrieved from vimeo.com/338005582.

MLA Style
Sargent, Sharon. "ELEteca Tutorial - 2019." *Vimeo*, uploaded by Edinumen, 6 June 2019, vimeo.com/338005582.

Chicago Style
"ELEteca Tutorial - 2019." posted by Edinumen, June 6, 2019, vimeo.com/338005582

3   Después de analizar los videos, tomen las instrucciones técnicas que se dan en estos como modelo para crear sus propias instrucciones técnicas del invento cotidiano elegido sintetizando la información del video.

SEGUNDO PASO

Presentación en clase (Tarea de presentación)

4   Muestren a la clase su propia versión del video de su invento cotidiano con sus instrucciones sintetizadas o hagan una presentación en clase. Mientras miran el video o durante la presentación, asegúrense de que sus compañeros/as sigan sus instrucciones. Traigan a clase los accesorios o material necesario para ello.

TERCER PASO

Comprobación y aclararaciones (Tarea interpersonal)

5   Mientras la clase sigue sus instrucciones, verifiquen su comprensión y aclaren la información. Prepárense para:

- Dar más explicaciones cuando se soliciten.
  Modelo:
  Gracias por esa pregunta...
  Esa es una buena apreciación...

- Responder cuando el lenguaje corporal y las expresiones faciales de sus compañeros/as muestren que se necesita una aclaración.
  Modelo:
  Puedo ver por tu cara que no me expliqué bien.

- Preguntar si se entienden las instrucciones técnicas.
  Modelo:
  ¿Está claro hasta ahora?

CUARTO PASO

Alcance comunitario

6   Con el permiso de su profesor/a y de sus padres, publiquen su video en línea para que la comunidad tenga acceso a su tutorial o bien compartan sus presentaciones en persona con otras clases de español de su escuela, o con un grupo o en un evento comunitario.

7   REFLEXIÓN Reflexiona sobre este proyecto y discute estas cuestiones en clase.

a. ¿Cuál fue el mayor reto de este proyecto?

b. ¿Qué parte del proyecto te gustó más?

c. ¿Qué consejo puedes dar a los profesores para hacer este proyecto con sus estudiantes?

APÉNDICES

- Resumen y expansión gramatical
- Tabla de verbos
- Glosario
  - Glosario gramatical
  - Glosario de vocabulario

RESUMEN GRAMATICAL

PRESENT PERFECT

■ The present perfect tense is used for past actions occurring in a period of time that is still current (*hoy, esta mañana, en mi vida*, etc.):

Esta semana he tenido un problema con mi carro.

■ Additionally, the present perfect expresses an action completed prior to a point in the present:

He estado en Londres.

■ The tense is formed using the present tense of the auxiliary verb **haber** plus the past participle of the main verb.

	Present tense of *haber*	Regular past participles		
		TRABAJAR	BEBER	VIVIR
yo	**he**			
tú	**has**			
usted/él/ella	**ha**			
nosotros/as[1]	**hemos**	trabaj**ado**	beb**ido**	viv**ido**
vosotros/as	**habéis**			
ustedes/ellos/ellas	**han**			

[1] Remember that **vosotros/as** form is used only in Spain.

Irregular past participles include:

poner ➡ **puesto**	hacer ➡ **hecho**	escribir ➡ **escrito**	descubrir ➡ **descubierto**
volver ➡ **vuelto**	decir ➡ **dicho**	abrir ➡ **abierto**	componer ➡ **compuesto**
morir ➡ **muerto**	romper ➡ **roto**	ver ➡ **visto**	deshacer ➡ **deshecho**

■ Remember, the past participle in all compound tenses does not vary in number and gender:

Pedro ha **venido** ya.
Luisa y Susana han **venido** ya.

■ Common time expressions used with the present perfect:

– **Hoy**	– **Todavía no, ya**	– **Esta/e mañana, mes, año**
– **Hasta ahora**	– **Últimamente**	– **Nunca**
– **Siempre**	– **¿Alguna vez ...?**	– **¿Cuántas veces ...?**

The present perfect is commonly used with *ya, todavía no, alguna vez, nunca*, etc. to ask and talk about personal experiences:

¿Has estado alguna vez en Perú?

■ Remember that in Latin America the present perfect is used much less frequently than in Spain. The preterite is used instead.

PRETERITE

- The preterite tense is used to express competed actions that began and ended at a fixed point in the past (*ayer, el año pasado, en 2007*, etc.):

  Ayer fui a clase.

  - The preterite is also used when talking about the number of times an action took place in the past:

    El año pasado fui varias veces al teatro.

  - The preterite interrupts ongoing actions in the past:

    Estábamos comiendo en casa cuando llamó mi madre por teléfono.

- The preterite tense is commonly used with the following time expressions:

  - **Ayer**
  - **El otro día**
  - **El mes, año, semana pasado/a**
  - *En* + mes, año
  - **Anteayer**
  - **Anoche**

Regular verbs

	TRABAJAR	BEBER	VIVIR
yo	trabaj**é**	beb**í**	viv**í**
tú	trabaj**aste**	beb**iste**	viv**iste**
usted/él/ella	trabaj**ó**	beb**ió**	viv**ió**
nosotros/as	trabaj**amos**	beb**imos**	viv**imos**
vosotros/as	trabaj**asteis**	beb**isteis**	viv**isteis**
ustedes/ellos/ellas	trabaj**aron**	beb**ieron**	viv**ieron**

- Spelling changes occur before the vowel **e** in verbs ending in **–car**, **–gar**, and **–zar**:

  - **car** > **qué**: suplicar ➡ *supliqué, suplicaste, suplicó…*
  - **gar** > **gué**: cargar ➡ *cargué, cargaste, cargó…*
  - **zar** > **cé**: utilizar ➡ *utilicé, utilizaste, utilizó…*

Irregular verbs

- These verbs have irregular stems and share the same set of irregular endings.

- Irregular verbs do not have written accents.

- Verbs formed from irregular verbs will also be irregular in the preterite:

  proponer ➡ *propuse, propusiste, propuso…*

ESTAR	TENER	PODER	SABER	HABER
estuve	**tuve**	**pude**	**supe**	**hube**
estuviste	**tuviste**	**pudiste**	**supiste**	**hubiste**
estuvo	**tuvo**	**pudo**	**supo**	**hubo**
estuvimos	**tuvimos**	**pudimos**	**supimos**	**hubimos**
estuvisteis	**tuvisteis**	**pudisteis**	**supisteis**	**hubisteis**
estuvieron	**tuvieron**	**pudieron**	**supieron**	**hubieron**

PONER	ANDAR	HACER	VENIR	QUERER
puse	anduve	hice	vine	quise
pusiste	anduviste	hiciste	viniste	quisiste
puso	anduvo	hizo	vino	quiso
pusimos	anduvimos	hicimos	vinimos	quisimos
pusisteis	anduvisteis	hicisteis	vinisteis	quisisteis
pusieron	anduvieron	hicieron	vinieron	quisieron

Irregular verbs: *ir*, *ser*, and *dar*

SER/IR	DAR
fui	di
fuiste	diste
fue	dio
fuimos	dimos
fuisteis	disteis
fueron	dieron

- The verb **dar** uses regular **–er** endings in the preterite.

- Both **ir** and **ser** share the same preterite forms. The context will help to determine which verb is being used:
  Ramón fue a la fiesta.
  Fue el primero en llegar.

- These verbs do not have written accents.

Verbs with irregular stems and 3rd person plural endings

DECIR	TRAER
dije	traje
dijiste	trajiste
dijo	trajo
dijimos	trajimos
dijisteis	trajisteis
dijeron	trajeron

- In this group, the **–ieron** ending becomes **–eron** after the **j** in the stem.

- These verbs do not have written accents.

- Other verbs include: *producir, reducir, conducir...*

Other irregular verbs

PEDIR	DORMIR	LEER
pedí	dormí	leí
pediste	dormiste	leiste
pidió	durmió	leyó
pedimos	dormimos	leímos
pedisteis	dormisteis	leísteis
pidieron	durmieron	leyeron

- Verbs ending in **–ir** that stem change in the present tense will stem change in the preterite in 3rd person singular and plural as follows: **e > i, o > u**.

- Other verbs like **pedir** include: *repetir, sentir, servir, divertirse, medir, preferir, corregir, seguir, mentir...*

- Other verbs like **dormir** include: *morir(se)*.

- Some verbs ending in **–eer** and **–uir** change from **i** to **y** in 3rd person singular and plural endings: **ió > yó** and **ieron > yeron**.

- Other verbs like **leer** include: *construir, caer, oír, creer, destruir*.

Note: This change does not occur in verbs ending in **–guir** such as *seguir, conseguir, distinguir...*

IMPERFECT

- The imperfect tense is used to refer to habitual or repeated actions in the past:

  Estudiaba en una escuela a las afueras de mi ciudad.
  De joven practicaba algunos deportes acuáticos.

- It is used to describe people or circumstances in the past:

  Su padre era moreno y tenía los ojos negros.
  Hacía un día estupendo, así que decidí pasar el día en la ciudad.

- It also describes both ongoing and simultaneous actions in the past:

  Estábamos comiendo cuando se apagó la luz.
  Siempre que nos hacía una visita, nos traía un regalo.
  Mientras Ana se duchaba, Iván preparaba la cena.

- The imperfect is commonly used with the following time expressions:

  - **Esa noche**   - **Ese día**   - **Antes... ahora**
  - **Porque**   - **Cuando**   - **Siempre que**
  - **Mientras**

Regular verbs

	TRABAJAR	BEBER	VIVIR
yo	trabaj**aba**	beb**ía**	viv**ía**
tú	trabaj**abas**	beb**ías**	viv**ías**
usted/él/ella	trabaj**aba**	beb**ía**	viv**ía**
nosotros/as	trabaj**ábamos**	beb**íamos**	viv**íamos**
vosotros/as	trabaj**abais**	beb**íais**	viv**íais**
ustedes/ellos/ellas	trabaj**aban**	beb**ían**	viv**ían**

Irregular verbs

	SER	IR	VER
yo	era	iba	veía
tú	eras	ibas	veías
usted/él/ella	era	iba	veía
nosotros/as	éramos	íbamos	veíamos
vosotros/as	erais	ibais	veíais
ustedes/ellos/ellas	eran	iban	veían

PLUPERFECT

- The pluperfect or past perfect is used:

  - To talk about an action that ended before another past action. Note the use of **todavía** and **ya**:
    Cuando llegué al cine el filme no había comenzado todavía / el filme todavía no había comenzado.
    (Llegué al cine a las seis menos un minuto; el filme comenzó a las seis).

    Cuando llegué al cine, el filme había comenzado ya / el filme ya había comenzado.
    (Llegué al cine a las seis y cinco; el filme comenzó a las seis).

  - To talk about an action that took place before another past action, but with a sense of immediacy:
    Le compré un juguete y al día siguiente ya lo había roto.
    Para mi cumpleaños me regalaron una novela y a la semana siguiente ya la había leído.

  - To talk about an action that we had never done before. Note the use of **nunca** and **nunca antes**:
    Nunca/Nunca antes había estado aquí / No había estado aquí nunca/nunca antes.
    Nunca/Nunca antes habíamos viajado en globo / No habíamos viajado en globo nunca/nunca antes.

  - To ask if a person had ever done something before. Note the use of **antes** and **alguna vez**:
    ¿Habías estado en Madrid alguna vez/antes?
    ¿Habías estado alguna vez/antes en Madrid?

- The pluperfect is commonly used with the following time expressions:

  - **Ya**   – **Al rato**   – **Al momento**
  - **Hasta ahora**   – **Nunca**

	Imperfect form of *haber*	Regular past participles			Irregular past participles
		TRABAJAR	BEBER	VIVIR	poner → **puesto**
yo	había				volver → **vuelto**
tú	habías				morir → **muerto**
usted/él/ella	había				hacer → **hecho**
nosotros/as	habíamos	trabaj**ado**	beb**ido**	viv**ido**	decir → **dicho**
vosotros/as	habíais				romper → **roto**
ustedes/ellos/ellas	habían				escribir → **escrito**
					abrir → **abierto**
					ver → **visto**
					descubrir → **descubierto**
					componer → **compuesto**
					deshacer → **deshecho**

SER AND ESTAR (review)

- The verb **ser** is used to:

  - Specify origin, nacionality:
    Soy de Praga.

  - Identify a person's profession, religion, ideology:
    Eres científico.

  - Describe what an object is made of:
    La mesa es de hierro y madera.

  - State where an event takes place:
    La boda es en un castillo medieval.

- Describe what a person or object is like:
  Marta es morena y alta.

- Make value judgements using *ser* + adjetivo + verbo:
  Es normal que llueva en otoño.
  Es necesario ir a verlo.

- Express time, parts of the day and the date:
  Son las cuatro y media pasadas.

- State the price or cost of something:
  Las galletas son sesenta céntimos.

- Indicate ownership, possession and recipient:
  Esta canción es para mi madre.

■ The verb **estar** is used to:

- State where someone or something is located:
  El restaurante está en el número sesenta y cinco..

- Describe people or things from a subjective point of view:
  Marta está un poco más simpática ahora.

- Describe temporary conditions:
  Laura está enferma y Luis está muy preocupado.

- Identify temporary professions or situations:
  Está de recepcionista pero es músico.
  La biblioteca está cerrada los fines de semana.

- Talk about fluctuating prices:
  Las fresas están a dos euros el kilo.

- Say that something is done:
  Ya está todo preparado.

- Describe a continuous action in the present:
  Estamos buscando información en Internet.

UNIDAD 2

PRESENT SUBJUNCTIVE

■ In general, the subjunctive is used in Spanish to express wishes, emotions, and purpose. The present subjunctive refers to a present or future time.

Regular verbs

■ The present subjunctive is formed by dropping the **o** in the **yo** form of the present indicative, and using the opposite endings:

−ar verbs use: **−e, −es, −e, −emos, −éis, −en**.

−er / **−ir** verbs use: **−a, −as, −a, −amos, −áis, −an**.

- Note that the first and third person are the same in all conjugations.

	HABLAR	COMER	VIVIR
yo	habl**e**	com**a**	viv**a**
tú	habl**es**	com**as**	viv**as**
usted/él/ella	habl**e**	com**a**	viv**a**
nosotros/as	habl**emos**	com**amos**	viv**amos**
vosotros/as	habl**éis**	com**áis**	viv**áis**
ustedes/ellos/ellas	habl**en**	com**an**	viv**an**

Irregular verbs

■ Almost all verbs that are irregular in the present indicative will be irregular in the present subjunctive.

■ Verbs that stem change in the present indicative, **e > ie**, **o > ue**, and **u > ue**, will have the same stem change in the present subjunctive in all forms except **nosotros** and **vosotros**.

■ Verbs that change to **i** and **y** in the present indicative will change to **i** and **y** respectively in the present subjunctive for all forms.

	E > IE	O > UE	U > UE	E > I	I > Y
	QUERER	PODER	JUGAR	PEDIR	CONSTRUIR
yo	quiera	pueda	juegue	pida	construya
tú	quieras	puedas	juegues	pidas	construyas
usted/él/ella	quiera	pueda	juege	pida	contruya
nosotros/as	queramos	podamos	juguemos	pidamos	construyamos
vosotros/as	queráis	podáis	juguéis	pidáis	construyáis
ustedes/ellos/ellas	quieran	puedan	jueguen	pidan	construyan

■ Note the following spelling changes:

ga/go/gu/gue/gui: jugar ➡ *juegue, juegues…*

ge/gi/ja/jo/ju: recoger ➡ *recoja, recojas…*

za/zo/zu/ce/ci: gozar ➡ *goce, goces…*

■ Exceptions:

• The verbs **sentir** and **dormir** have two stem changes in the present subjunctive: **e > ie** and **e > i** ; **o > ue** and **o > u**.

	E > IE	O > UE
	SENTIR	DORMIR
yo	sienta	duerma
tú	sientas	duermas
usted/él/ella	sienta	duerma
nosotros/as	sintamos	durmamos
vosotros/as	sintáis	durmáis
ustedes/ellos/ellas	sientan	duerman

• Other verbs:

Sentir: *consentir, disentir, mentir, divertirse, advertir…*

Dormir: *morir.*

■ Verbs with irregular **yo** forms:

	1.ª persona presente de indicativo	Raíz verbal presente subjuntivo	Terminaciones presente subjuntivo	Ejemplo
TENER	tengo	**teng–**		
VENIR	vengo	**veng–**		
PONER	pongo	**pong–**	a	tenga
HACER	hago	**hag–**	as	tengas
SALIR	salgo	**salg–**	a	tenga
DECIR	digo	**dig–**	amos	tengamos
OÍR	oigo	**oig–**	áis	tengáis
TRAER	traigo	**traig–**	an	tengan
CONOCER	conozco	**conozc–**		
VALER	valgo	**valg–**		

■ Verbs that are completely irregular:

SER	ESTAR	IR	HABER	SABER	VER	DAR
sea	**esté**	**vaya**	**haya**	**sepa**	**vea**	**dé**
seas	**estés**	**vayas**	**hayas**	**sepas**	**veas**	**des**
sea	**esté**	**vaya**	**haya**	**sepa**	**vea**	**dé**
seamos	**estemos**	**vayamos**	**hayamos**	**sepamos**	**veamos**	**demos**
seáis	**estéis**	**vayáis**	**hayáis**	**sepáis**	**veáis**	**déis**
sean	**estén**	**vayan**	**hayan**	**sepan**	**vean**	**den**

USES OF THE PRESENT SUBJUNCTIVE: GIVING ADVICE AND MAKING RECOMMENDATIONS

■ The present subjunctive is used to:

• Give someone advice or make recommendations.

Me / Te / Le / Nos / Os / Les + aconsejar / recomendar + que + subjunctive:

El médico me ha recomendado que haga ejercicio.
Yo les aconsejo que sigan por este camino y que no se salgan de la ruta.
Un compañero de trabajo me ha recomendado que venga a este restaurante. ¿Quieres que entremos?

• If it is a general advice or recommendation, the infinitive is used:

Te aconsejo ir en transporte público si quieres llegar antes al centro.

■ Other ways to express recommendations or give advice:

- **Imperative**:

  Póngase esta pomada tres veces al día.

- **Tienes que / Debes / Puedes** + infinitive:

  Si no quieres quedarte sin ellas, tienes que comprar las entradas con antelación.

- **Tendrías que / Deberías / Podrías** + infinitive:

  Deberías leer más si quieres ampliar tu vocabulario.

- **Hay que** + infinitive:

  Hay que ir pensando qué le vamos a regalar a mamá por su cumpleaños.

USES OF THE PRESENT SUBJUNCTIVE: MAKING REQUESTS

■ The present subjunctive is used to make requests or give orders with **pedir, rogar, exigir, mandar, ordenar,** etc.: *Te pido que hables con ella antes de sacar tus propias conclusiones.*

UNIDAD 3

THE INDICATIVE AND SUBJUNCTIVE AFTER *QUE* AND *DONDE*

■ Relative clauses function as adjectives in that they identify or describe people and things. The person or thing being described in a relative clause is called the antecedent. The pronoun that replaces the antecedent can be **que** (for people and things) or **donde** (for places):

La camiseta que tiene más colores es mía. = La camiseta colorida es la mía.

La mujer que tiene el pelo negro es mi mamá. = La mujer morena es mi mamá.

El restaurante donde comimos ayer es muy bueno.

EXPANSIÓN GRAMATICAL

■ **Que** is the most commonly used pronoun. It is preceded by an article. It is used as follows:

- If the antecedent is not expressed: *Los que se cuidan viven más.*
- In emphatic statements with **ser**: *Él es el que me insultó.*
- After prepositions: *Ese es el joven con el que te vi.*

■ **Donde** is used when the antecedent is a place:
Esa es la escuela donde estudio.

■ **Lo que** is used when the antecedent refers to a concept or idea:
No entiendo lo que dices.

■ **Quien / Quienes** refer only to people. It is equal to: **el / la / los / las que**:
Quienes se cuidan viven más.   *Ese es el joven con quien te vi.*

- It is also used after **haber** and **tener**:

  No hay quien te entienda.

- **Cual** is used with an article and must also have an antecedent:

  Estuvimos estudiando, hecho lo cual, nos fuimos a tomar algo.

  - It can also be used after prepositions:

    En mi habitación hay un mueble en el cual guardo mi patinete.

- **Cuyo**, **cuya**, **cuyos**, **cuyas** is a relative adjective meaning *whose*:

  Esa es la casa cuyo propietario es famoso. = El propietario de la casa es famoso.

- **Relative clauses** use the following construction:

  antecedent + relative pronoun + indicative / subjunctive

  Los muchachos que hablan español pueden participar en el club de conversación.
  Busco una persona que hable español.

  - The **indicative** is used when what is expressed about the antecedent is certain or known:

    La ciudad donde nací está cerca de Madrid.
    El libro que se compró Fernando es muy entretenido.

  - The **subjunctive** is used:

    - When the antecedent is unknown, undefined, or can not be identified with certainty:

      Fernando está buscando un libro que sea muy entretenido.

    - When asking whether something or someone exists and uses the following construction:

      ¿**Hay** / **Conoces** (a) / **Sabes si hay** + indefinite pronoun / adjective + relative pronoun + subjunctive?:

      ¿Hay alguna persona que sepa explicarme por qué aquí se usa el subjuntivo?
      ¿Conoces a alguien que sea políglota?
      ¿Hay algo en la tienda que te quieras comprar?

    - When the existence of a person or thing is denied and uses the following construction:

      No hay + indefinite pronoun / adjective + relative pronoun + subjunctive:

      En esta clase no hay nadie que sea capaz de hacer esta actividad.
      No hay ninguna zapatería cerca que venda botas de piel.

    - When expressing a lack of or shortage of something:

      Hay poco, **−a**, **−os**, **−as** + noun + relative pronoun + subjunctive:

      En esta ciudad hay poca gente que conozca a este político.

    - When requesting something that is just imagined, but may not exist:

      Necesito / **Quiero** + person / thing + relative pronoun + subjunctive:

      Necesito a alguien que sea capaz de traducir chino.
      Quiero algo que me haga juego con estos zapatos.

INDEFINITE PRONOUNS AND ADJECTIVES

■ The following indefinite pronouns do not vary in form.

	People	Things
Existence	alguien	algo
Non existence	nadie	nada

» *¿Alguien te ha enviado un mensaje al celular?*
» *No, no me ha escrito nadie.*

» *Tengo hambre, necesito comer algo.*
» *No, gracias, no quiero nada ahora, acabo de tomar un refresco.*

• The following pronouns agree in number and gender, and can replace both people and things.

	Singular	Plural
Existence	alguno/a	algunos/as
Non existence	ninguno/a	ningunos/as

■ The following indefinite adjectives can modify both people and things.

	Singular	Plural
Existwence	algún/alguna	algunos/as
Non existence	ningún/ninguna	ningunos/as

» *Perdone, ¿tiene alguna camiseta verde?* (adjective)
» *Sí, tenemos algunas en la estantería del fondo.* (pronoun)

■ **Ningunos/as** are seldomly used, and then, only with plural nouns: *ningunas tijeras, ningunos pantalones…*:
» *Compraste los pantalones que necesitabas?*
» *No, no compré ningunos porque eran muy feos.*

VERBS OF EMOTION WITH SUBJUNCTIVE AND INFINITIVES

■ To express emotions that may be negative in nature, the following expressions are used:

• When there is no change in subject, the infinitive is used:

Me irrita / molesta / indigna / fastidia / da rabia **No soporto / odio** **Es una vergüenza / una pena / inadmisible / intolerable** **Estar + harto-a / cansado-a / aburrido-a… + de**	+ infinitive

Me molesta ser yo el que siempre tira la basura en mi casa.
No soporto madrugar.
Estoy aburrida de repetirle a mi hijo que limpie su habitación.

• When there is a change in subject, the subordinate clause is introduced with **que** + subjunctive:

A mí me indigna que algunos gamberros rompan el mobiliario urbano.
Me irrita que algunos conductores no respeten a ciclistas ni peatones.
Es intolerable que en las ciudades no se tomen medidas más drásticas contra la polución.

• Remember that with verbs similar to **gustar** (*me irrita / me molesta…*) the subject can be plural and must agree:

Me irrita / me molesta / me fastidia… + singular noun:
A mí me indigna la gente que rompe el mobiliario urbano.

Me fastidian / dan rabia / indignan… + plural noun:
Me irritan los conductores que no respetan a ciclistas ni peatones.

EXPANSIÓN GRAMATICAL

Expressions that refer to negative emotions can be classified according to the degree of intensity and emotion they express and their degree of formality.

	High degree of intensity	Neutral / Standard
Formal	es intolerable; es inadmisible	me indigna
Informal	es una vergüenza; odio; me irrita; estoy harto/a; me da rabia; no soporto	es una pena; estoy cansado/a de; me fastidia; estoy aburrido/a de; me molesta

Other verbs of emotion follow the same grammatical structure:

- *Me alegra / hace feliz*
- *Me entristece / da pena*
- *Me da envidia / miedo / vergüenza*
- *Me decepciona / preocupa / enorgullece*

+ infinitive (if there is no change of subject)

+ *que* + subjunctive (with a change of subject)

Me da vergüenza hablar delante de muchas personas.
Me da pena que no puedas venir al viaje con nosotros.

As with verbs that express negative emotions, the subject of the verb can also be a noun.

- *Me hace feliz / da pena / da rabia / decepciona*... + singular noun:
  Me hace feliz un buen paseo por el campo un día soleado.

- *Me alegran / entristecen / dan envidia / preocupan*... + plural noun:
  Me dan envidia las personas que están todo el día viajando.

UNIDAD 4

POR AND PARA

■ **Para** is used to express the purpose or objective of an action:
Estoy ahorrando para hacer un viaje por Asia.
Compré estos aguacates para hacer guacamole.

- Other uses of **para** include:
  - Destination:
    Yo me voy ya para casa. La verdad es que estoy un poco cansado.
    Yo voy para el centro. ¿Quieres que te acerque a tu casa?

  - Point in time:
    Esta tarea es para la semana que viene, no para mañana.
    ¿Para cuándo dijiste que necesitas el informe?

  - Opinion:
    Para mí, esta no es la solución al problema. Algo arregla, sí, pero el problema sigue existiendo.
    Para mí que Pedro y Juan se enfadaron, ya nunca los veo bromear juntos.

– Recipient:

La escuela celebra una fiesta de despedida para todos los estudiantes que finalizan sus clases.

– Comparison:

Para ciudad bonita, Granada. No te puedes ir de España sin visitarla.
A mí me sale muy bueno el gazpacho, pero para gazpacho bueno, el de mi abuela.

– Asking about purpose and what something is for:

¿Para qué + indicativo?
¿Para qué me llamaste esta tarde?

■ **Por** is used to express the cause or motive for an action:

No pudo entrar a la fiesta porque llevaba tenis.

• Other uses of **por** include:

– Price:

Ya no quedan entradas por menos de ochenta pesos.

– Exchange:

Creo que voy a cambiar esta falda por el vestido, me lo voy a poner más.
Yo no puedo ir a la conferencia, así que le dije a Pedro que vaya por mí.

– Means:

Estuve toda la tarde hablando con mi madre por Skype.
Disculpe, pero todas las reclamaciones deben hacerse por escrito.

– Approximate time:

Yo creo que fue por junio o julio cuando vinieron a visitarnos, ¿no?

– Express by with an undetermined location:

Esta mañana pasé por tu barrio, pero como sabía que estabas trabajando, no te llamé.
Si pasas por una ferretería, ¿te importa comprar una bombilla? Esta se acaba de fundir.

■ Both **por** and **para** are followed by an infinitive when there is no change in subject and by ***que*** + subjunctive when there is a change in subject:

Estoy acá para preguntar por los cursos de español.
Estoy acá para que me informen sobre los cursos de español.

EXPANSIÓN GRAMATICAL

▦ The following expressions also denote purpose and can be followed by an infinitive when there is no change of subject and by ***que*** + subjunctive when there is a change of subject: **a fin de, con el fin de, con el objeto de**:

Los enfermos crónicos deben vacunarse a fin de evitar complicaciones posteriores.
El ayuntamiento aumentó la frecuencia de trenes en el metro durante las fiestas con el fin de evitar aglomeraciones.
La empresa realizó un exhaustivo estudio de mercado con el objeto de conocer los intereses de los potenciales clientes.

SUBJUNCTIVE AND INDICATIVE AFTER *CUANDO*

■ **Cuando** used to introduce a subordinate clause and can be followed by indicative or subjunctive.

- The indicative is used when the action refers to the present or past.

  – **Cuando** + present + present (habitual action in the present):
  Cuando llego al trabajo, me preparo un café.

  – **Cuando** + preterite or imperfect + preterite or imperfect:
  Cuando llegué al trabajo, me preparé un café.

  – **Cuando** + imperfect + imperfect (habitual action in the past):
  Cuando llegaba de trabajar, siempre me preparaba un café.

  – **Cuando** + preterite / imperfect + imperfect / preterite (past action interrupted by another action):
  Cuando llegué al trabajo, Ana estaba preparándose un café.
  Cuando estaba durmiendo, sonó el teléfono y me asusté.

- The subjunctive is used after **cuando** when referring to an action in the future:

  – **Cuando** + present subjunctive + future or expression denoting future (*ir a / querer / pensar* + infinitive) or imperative:
  Cuando seas mayor, podrás salir hasta tarde.
  Cuando te mudes, vas a necesitar muebles nuevos.
  Cuando me gradúe, quiero ir a Inglaterra para mejorar el inglés.
  Cuando salga del trabajo, pienso ir al centro.
  Cuando llegues a casa, pon la lavadora, por favor.

SUBJUNCTIVE AND INDICATIVE AFTER OTHER CONJUNCTIONS OF TIME

■ Usage:

- To express an action that immediately follows another:
  Tan pronto como / en cuanto / nada más
  Tan pronto como vengan, ponemos la mesa.
  En cuanto termines de estudiar, llamamos a los abuelos.
  Nada más levantarme, sonó el teléfono.

- To set up an action that will not occur until another one takes place:
  Hasta que (no)
  Hasta que no termine los exámenes, no puedo salir de fiesta.

- To express an action that take place before or after another one:
  Antes / después de (que)
  Antes de usarlo, hay que leer bien las instrucciones.
  Después de que terminen de pintar, saldremos de compras.

  – **Antes / después de** can be followed by a noun when referring to dates, periods of time, or events such as a test, a wedding, a trip, etc.:
  Antes del examen tengo que repasar un poco.

- To express an action that is repeated each time another one takes place:
  Cada vez que
  Cada vez que se ducha, deja el piso mojado.

■ These expression can be followed by an infinitive, indicative, or subjunctive as indicated:

- Time expression + infinitive. The subject in both clauses is the same:
  Antes de terminar la carrera, empecé a trabajar.
  Después de viajar a Sevilla, le cambió la vida.

  – Only **antes de**, **después de**, **hasta**, and **nada más** can be followed by an infinitive when there is no change in subject and **nada más** can only be followed by an infinitive:
  Nada más entrar en la fiesta, vio a su exnovia.

- Time expression + indicative. Expresses an action in the present or past:
  En cuanto llegan a casa, escriben mensajes a sus amigos.
  Después de que llegamos a Barcelona, nos fuimos a ver la Sagrada Familia.

- Time expression + subjunctive. When referring to a future action:
  En cuanto termino de estudiar, ceno.
  En cuanto termine de estudiar, cenaré.

UNIDAD 5

IMPERSONAL EXPRESSIONS WITH SUBJUNCTIVE AND INDICATIVE

■ Constructed as follows:

Es (un/una) + noun / adjective **Está** + adverb **Me parece** + adjective / adverb	+ **que** +	indicative subjunctive	*Es verdad que el clima está cambiando.* *Es una pena que no puedan venir.*

■ Expressions that state facts are followed by the indicative:

Es seguro **Es obvio** **Es cierto** **Es indudable** **Está claro** **Está comprobado** **Me parece evidente**	+ **que** + indicative	*Está claro que esto tiene que cambiar.*

- When these same expressions are negative, the subjunctive is used:
  No es cierto que viva en Mallorca.

■ Expressions that present information as a value judgement are followed by the subjunctive:

Es normal **Es lógico** **Es horrible** **Es increíble** **Está bien** **Me parece intolerable**	+ **que** + subjunctive	*Es increíble que tenga miedo.*

PRESENT PERFECT SUBJUNCTIVE

■ The present perfect subjunctive is a compound tense formed by the present subjunctive of **haber** plus the past participle of the main verb.

	Present subjunctive of *haber*	Regular past participles			Irregular past participles
yo	**haya**				poner → **puesto**
tú	**hayas**				volver → **vuelto**
usted/él/ella	**haya**				morir → **muerto**
nosotros/as	**hayamos**	trabaj**ado**	beb**ido**	viv**ido**	hacer → **hecho**
vosotros/as	**hayáis**				decir → **dicho**
ustedes/ellos/ellas	**hayan**				romper → **roto**
					escribir → **escrito**
					abrir → **abierto**
					ver → **visto**
					descubrir → **descubierto**
					componer → **compuesto**
					deshacer → **deshecho**

■ Remember: the past participle in compound tenses does not vary in number and gender:
*Es probable que **Pedro** haya **venido**. / Es probable que **Luisa y Susana** hayan **venido**.*

■ The present perfect subjunctive has the same qualities relating to time as the present perfect indicative. It is used to express wishes, opinions or doubts about what has happened:
» *¿Sabes si **han salido** ya las notas del examen?*
» *No sé, <u>no creo que</u> **hayan salido** todavía, lo hicimos hace menos de una semana...*
» *¡Qué nervios! <u>Espero que</u> **hayamos aprobado**.*

PRONOUN *SE*

■ As a reflexive pronoun, **se** replaces *himself, herself, yourself* (formal), *themselves*, and *yourselves* in reflexive constructions. These verbs describe actions that people do to or for themselves (*lavarse, vestirse, parecerse...*):
Yo me ducho por las mañanas, pero mi hermano se ducha por las noches.
Mi hijo se viste tan despacio que después tenemos que correr para no llegar tarde a la escuela.
Este bolso se parece a uno que tienes tú, ¿no?

■ **Se** + verb in 3rd person singular or plural is equivalent in meaning to passive voice when the agent of the action is not important: *se alquila, se vende, se explica, se sabe...* en lugar de *es alquilado, es vendido, es explicado, es sabido...*:
Esta semana se inaugura una nueva sala de conciertos en la capital.
Los primeros resultados de las votaciones se conocerán una vez cerrados los colegios electorales.
Se produjeron algunos destrozos en el mobiliario urbano después de la manifestación.

■ With plural verbs, **se** can be used to express reciprocal actions in that the action is done to or for one another (*escribirse, verse, comunicarse, hablarse...*):
Laura y Nacho se conocieron cuando tenían veinte años, pero nunca se han casado.
Mis hijos, con el celular, solo se comunican por WhatsApp. Creo que solo hablan por teléfono cuando yo los llamo.

■ **Se** replaces indirect objects **le** or **les** before direct objects **lo, la, los, las**:

≫ *¿Tienes mis entradas?*

≫ *Sí, se las di a Marta, las tiene ella.*

Me alegro mucho de que te hayan ascendido, ¿se lo has dicho ya a los demás?

UNIDAD 6

IMPERFECT SUBJUNCTIVE

■ The imperfect subjunctive is formed by dropping the **–ron** from the 3rd person plural of the preterite tense and adding the following set of endings: **–ra, –ras, –ra, –ramos, –rais, –ran**.

Regular verbs in the preterite	Imperfect subjunctive
viajar ➡ **viajaron**	viajara, viajaras, viajara, viajáramos, viajarais, viajaran
beber ➡ **bebieron**	bebiera, bebieras, bebiera, bebiéramos, bebierais, bebieran
vivir ➡ **vivieron**	viviera, vivieras, viviera, viviéramos, vivierais, vivieran
Irregular verbs in the preterite	
tener ➡ **tuvieron**	tuviera, tuvieras, tuviera, tuviéramos, tuvierais, tuvieran
ser ➡ **fueron**	fuera, fueras, fuera, fuéramos, fuerais, fueran
poder ➡ **pudieron**	pudiera, pudieras, pudiera, pudiéramos, pudierais, pudieran
dormir ➡ **durmieron**	durmiera, durmieras, durmiera, durmiéramos, durmierais, durmieran
construir ➡ **construyeron**	construyera, construyeras, construyera, construyéramos, construyerais, construyeran
decir ➡ **dijeron**	dijera, dijeras, dijera, dijéramos, dijerais, dijeran

■ The imperfect subjunctive can also be formed using the **–se** endings although the **–ra** form is more commonly used.

–AR	–ER	–IR
habla**ra** / habla**se**	comie**ra** / comie**se**	escribie**ra** / escribie**se**
habla**ras** / habla**ses**	comie**ras** / comie**ses**	escribie**ras** / escribie**ses**
habla**ra** / habla**se**	comie**ra** / comie**se**	escribie**ra** / escribie**se**
hablá**ramos** / hablá**semos**	comié**ramos** / comié**semos**	escribié**ramos** / escribié**semos**
habla**rais** / habla**seis**	comie**rais** / comie**seis**	escribie**rais** / escribie**seis**
habla**ran** / habla**sen**	comie**ran** / comie**sen**	escribie**ran** / escribie**sen**

■ The imperfect subjunctive is used when the verb in the main clause requires a subjunctive and is in the past or conditional tense.

Tense of verb in main clause	Tense of the subjunctive verb
Present, Present perfect, Future, Imperative	Present
Preterite, Imperfect, Pluperfect, Conditional	Imperfect

IF CLAUSES

To express the condition that has to be met in order for an action to take place, the following constructions can be used:

- To express possible or probable situation:
  - **Si** + present indicative + future:
    Si sales ahora, llegarás a tiempo.
  - **Si** + present indicative + present:
    Si quieres, nos tomamos un café.
  - **Si** + present indicative + imperative:
    Si recibes el documento, mándame una copia.

- To express an improbable or false (contrary to fact) situation:
  - **Si** + imperfect subjunctive + conditional:
    Si fuera rica, viajaría por todo el mundo.
  - **De** + infinitive + conditional:
    De ser rica, viajaría por todo el mundo.

COMO SI + IMPERFECT SUBJUNCTIVE

- **Como si** + imperfect subjunctive compares two actions (a real one and an imaginary one) that are simultaneous:
  Andas por la calle como si estuvieras perdido.

  (Real action: actually walking)   (Imaginary action: being lost which is not true)

  Como si is always followed by the imperfect subjunctive as it signals improbability.

- **Ni que** + imperfect subjunctive compares an action with another one we know to be impossible. Like **como si**, it is always followed by the imperfect subjunctive, but conveys a stronger sense of improbability:
  ¡Qué cara! ¡Ni que hubieras visto al diablo!

TABLA DE VERBOS

Preterite

Regular verbs

−AR CANTAR	−ER COMER	−IR VIVIR
canté	comí	viví
cantaste	comiste	viviste
cantó	comió	vivió
cantamos	comimos	vivimos
cantasteis	comisteis	vivisteis
cantaron	comieron	vivieron

Irregular verbs

ANDAR	CAER	COMENZAR	CONCLUIR
anduve	caí	comencé	concluí
anduviste	caíste	comenzaste	concluiste
anduvo	cayó	comenzó	concluyó
anduvimos	caímos	comenzamos	concluimos
anduvisteis	caísteis	comenzasteis	concluisteis
anduvieron	cayeron	comenzaron	concluyeron

CONSTRUIR	CONTRIBUIR	DAR	DECIR
construí	contribuí	di	dije
construiste	contribuiste	diste	dijiste
construyó	contribuyó	dio	dijo
construimos	contribuimos	dimos	dijimos
construisteis	contribuisteis	disteis	dijisteis
construyeron	contribuyeron	dieron	dijeron

DESTRUIR	DORMIR	EMPEZAR	ELEGIR
destruí	dormí	empecé	elegí
destruiste	dormiste	empezaste	elegiste
destruyó	durmió	empezó	eligió
destruimos	dormimos	empezamos	elegimos
destruisteis	dormisteis	empezasteis	elegisteis
destruyeron	durmieron	empezaron	eligieron

ESTAR	HACER	IR	JUGAR
estuve	hice	fui	jugué
estuviste	hiciste	fuiste	jugaste
estuvo	hizo	fue	jugó
estuvimos	hicimos	fuimos	jugamos
estuvisteis	hicisteis	fuisteis	jugasteis
estuvieron	hicieron	fueron	jugaron

LEER	MEDIR	MORIR	OÍR
leí	medí	morí	oí
leíste	mediste	moriste	oíste
le**yó**	m**i**dió	m**u**rió	o**yó**
leímos	medimos	morimos	oímos
leísteis	medisteis	moristeis	oísteis
le**yeron**	m**i**dieron	m**u**rieron	o**yeron**

PEDIR	PESCAR	PODER	PONER
pedí	pes**qué**	**pude**	**puse**
pediste	pescaste	**pudiste**	**pusiste**
p**i**dió	pescó	**pudo**	**puso**
pedimos	pescamos	**pudimos**	**pusimos**
pedisteis	pescasteis	**pudisteis**	**pusisteis**
p**i**dieron	pescaron	**pudieron**	**pusieron**

QUERER	SABER	SER	SERVIR
quise	**supe**	**fui**	serví
quisiste	**supiste**	**fuiste**	serviste
quiso	**supo**	**fue**	s**i**rvió
quisimos	**supimos**	**fuimos**	servimos
quisisteis	**supisteis**	**fuisteis**	servisteis
quisieron	**supieron**	**fueron**	s**i**rvieron

SONREÍR	TENER	TRADUCIR	TRAER
sonreí	**tuve**	**traduje**	**traje**
sonreíste	**tuviste**	**tradujiste**	**trajiste**
sonr**i**ó	**tuvo**	**tradujo**	**trajo**
sonreímos	**tuvimos**	**tradujimos**	**trajimos**
sonreísteis	**tuvisteis**	**tradujisteis**	**trajisteis**
sonr**i**eron	**tuvieron**	**tradujeron**	**trajeron**

VENIR	VER	HABER	
vine	**vi**	**hubo**	
viniste	**viste**		
vino	**vio**		
vinimos	**vimos**		
vinisteis	**visteis**		
vinieron	**vieron**		

Imperfect

Regular verbs

−AR CANTAR	−ER COMER	−IR VIVIR
cant**aba**	com**ía**	viv**ía**
cant**abas**	com**ías**	viv**ías**
cant**aba**	com**ía**	viv**ía**
cant**ábamos**	com**íamos**	viv**íamos**
cant**abais**	com**íais**	viv**íais**
cant**aban**	com**ían**	viv**ían**

Irregular verbs

SER	IR	VER
era	**iba**	**veía**
eras	**ibas**	**veías**
era	**iba**	**veía**
éramos	**íbamos**	**veíamos**
erais	**ibais**	**veíais**
eran	**iban**	**veían**

Present perfect

Regular verbs

−AR CANTAR	−ER COMER	−IR VIVIR
he cant**ado**	he com**ido**	he viv**ido**
has cant**ado**	has com**ido**	has viv**ido**
ha cant**ado**	ha com**ido**	ha viv**ido**
hemos cant**ado**	hemos com**ido**	hemos viv**ido**
habéis cant**ado**	habéis com**ido**	habéis viv**ido**
han cant**ado**	han com**ido**	han viv**ido**

Irregular past participles

abrir ➡ **abierto**	freír ➡ **frito**	resolver ➡ **resuelto**
absolver ➡ **absuelto**	hacer ➡ **hecho**	revolver ➡ **revuelto**
cubrir ➡ **cubierto**	imprimir ➡ **impreso**	romper ➡ **roto**
decir ➡ **dicho**	morir ➡ **muerto**	ver ➡ **visto**
escribir ➡ **escrito**	poner ➡ **puesto**	volver ➡ **vuelto**

Affirmative commands

Regular verbs

CANTAR	COMER	VIVIR
canta	come	vive
cante	coma	viva
canten	coman	vivan

Irregular verbs

CAER	CONDUCIR	CONOCER	CONSTRUIR	CONTAR
cae	conduce	conoce	construye	cuenta
caiga	conduzca	conozca	construya	cuente
caigan	conduzcan	conozcan	construyan	cuenten

DECIR	DORMIR	ELEGIR	EMPEZAR	HACER
di	duerme	elige	empieza	haz
diga	duerma	elija	empiece	haga
digan	duerman	elijan	empiecen	hagan

HUIR	IR	JUGAR	LLEGAR	OÍR
huye	ve	juega	llega	oye
huya	vaya	juegue	llegue	oiga
huyan	vayan	jueguen	lleguen	oigan

PEDIR	PENSAR	PONER	SABER	SALIR
pide	piensa	pon	sabe	sal
pida	piense	ponga	sepa	salga
pidan	piensen	pongan	sepan	salgan

SER	TENER	VENIR	VESTIR	VOLVER
sé	ten	ven	viste	vuelve
sea	tenga	venga	vista	vuelva
sean	tengan	vengan	vistan	vuelvan

Note: The **vosotros/as** form ends in **-d** and is always regular: *cantad, comed, vivid, caed, tened, volved...*
Remember that **vosotros/as** form is used only in Spain.

Future tense

Regular verbs

CANTAR	COMER	VIVIR
cantaré	comeré	viviré
cantarás	comerás	vivirás
cantará	comerá	vivirá
cantaremos	comeremos	viviremos
cantaréis	comeréis	viviréis
cantarán	comerán	vivirán

Irregular verbs

CABER	DECIR	HABER	HACER
cabré	diré	habré	haré
cabrás	dirás	habrás	harás
cabrá	dirá	habrá	hará
cabremos	diremos	habremos	haremos
cabréis	diréis	habréis	haréis
cabrán	dirán	habrán	harán

PODER	PONER	QUERER	SABER
podré	pondré	querré	sabré
podrás	pondrás	querrás	sabrás
podrá	pondrá	querrá	sabrá
podremos	pondremos	querremos	sabremos
podréis	pondréis	querréis	sabréis
podrán	pondrán	querrán	sabrán

SALIR	TENER	VALER	VENIR
saldré	tendré	valdré	vendré
saldrás	tendrás	valdrás	vendrás
saldrá	tendrá	valdrá	vendrá
saldremos	tendremos	valdremos	vendremos
saldréis	tendréis	valdréis	vendréis
saldrán	tendrán	valdrán	vendrán

Pluperfect (past perfect)

		Regular past participles		Irregular past participles	
yo	había			abrir → abierto	escribir → escrito
tú	habías	–ado		hacer → hecho	ver → visto
usted/él/ella	había	(–ar verbs)	llegado	decir → dicho	poner → puesto
nosotros/as	habíamos	–ido	comido	romper → roto	volver → vuelto
vosotros/as	habíais	(–er / –ir verbs)	vivido	resolver → resuelto	revolver → revuelto
ustedes/ellos/ellas	habían			deshacer → deshecho	componer → compuesto

Conditional

Regular verbs

	HABLAR	COMER	ESCRIBIR
yo	hablaría	comería	escribiría
tú	hablarías	comerías	escribirías
usted/él/ella	hablaría	comería	escribiría
nosotros/as	hablaríamos	comeríamos	escribiríamos
vosotros/as	hablaríais	comeríais	escribiríais
ustedes/ellos/ellas	hablarían	comerían	escribirían

Irregular verbs

caber ➜ **cabr–**	tener ➜ **tendr–**	hacer ➜ **har–**		ía
haber ➜ **habr–**	poder ➜ **podr–**	decir ➜ **dir–**		ías
saber ➜ **sabr–**	poner ➜ **pondr–**			ía
querer ➜ **querr–**	venir ➜ **vendr–**		+	íamos
	salir ➜ **saldr–**			íais
	valer ➜ **valdr–**			ían

Present subjunctive

Regular verbs

	HABLAR	COMER	ESCRIBIR
yo	hable	coma	escriba
tú	hables	comas	escribas
usted/él/ella	hable	coma	escriba
nosotros/as	hablemos	comamos	escribamos
vosotros/as	habléis	comáis	escribáis
ustedes/ellos/ellas	hablen	coman	escriban

Irregular verbs. Stem-changing verbs

	QUERER e ➜ ie	VOLVER o ➜ ue	JUGAR u ➜ ue	PEDIR e ➜ i (en todas las personas)
yo	quiera	vuelva	juegue	pida
tú	quieras	vuelvas	juegues	pidas
usted/él/ella	quiera	vuelva	juegue	pida
nosotros/as	queramos	volvamos	juguemos	pidamos
vosotros/as	queráis	volváis	juguéis	pidáis
ustedes/ellos/ellas	quieran	vuelvan	jueguen	pidan

■ The verbs **dormir** and **morir** have two stem changes in the present subjunctive: **o ➜ ue** and **o ➜ u**:
- d**ue**rma, d**ue**rmas, d**ue**rma, d**u**rmamos, d**u**rmáis, d**ue**rman
- m**ue**ra, m**ue**ras, m**ue**ra, m**u**ramos, m**u**ráis, m**ue**ran

Verbs with irregular *yo* forms

poner ➡ **pong–**	traer ➡ **traig–**	a
tener ➡ **teng–**	hacer ➡ **hag–**	as
salir ➡ **salg–**	caer ➡ **caig–**	a
venir ➡ **veng–**	construir ➡ **construy–**	amos
decir ➡ **dig–**	conocer ➡ **conozc–**	áis
		an

Verbs that are completely irregular

HABER	IR	SABER	ESTAR	SER	VER	DAR
haya	vaya	sepa	esté	sea	vea	dé
hayas	vayas	sepas	estés	seas	veas	des
haya	vaya	sepa	esté	sea	vea	dé
hayamos	vayamos	sepamos	estemos	seamos	veamos	demos
hayáis	vayáis	sepáis	estéis	seáis	veáis	deis
hayan	vayan	sepan	estén	sean	vean	den

Other verbs with irregular forms in the subjunctive

e ➡ ie (except in the **nosotros/as** and **vosotros/as** forms)

cerrar ➡ c**ie**rre	encender ➡ enc**ie**nda	mentir ➡ m**ie**nta
comenzar ➡ com**ie**nce	encerrar ➡ enc**ie**rre	querer ➡ qu**ie**ra
despertarse ➡ se desp**ie**rte	entender ➡ ent**ie**nda	recomendar ➡ recom**ie**nde
divertirse ➡ se div**ie**rta	gobernar ➡ gob**ie**rne	sentarse ➡ se s**ie**nte
empezar ➡ emp**ie**ce	manifestar ➡ manif**ie**ste	sentir ➡ s**ie**nta

o ➡ ue (except in the **nosotros/as** and **vosotros/as** forms)

acordarse ➡ se ac**ue**rde	rogar ➡ r**ue**gue
acostarse ➡ se ac**ue**ste	soler ➡ s**ue**la
contar ➡ c**ue**nte	sonar ➡ s**ue**ne
llover ➡ ll**ue**va	soñar ➡ s**ue**ñe
probar ➡ pr**ue**be	volar ➡ v**ue**le
resolver ➡ res**ue**lva	volver ➡ v**ue**lva

e ➡ i (en todas las personas)

competir ➡ comp**i**ta
despedir ➡ desp**i**da
despedirse ➡ se desp**i**da
impedir ➡ imp**i**da
medir ➡ m**i**da
repetir ➡ rep**i**ta

Present perfect subjunctive
Regular verbs

−AR CANTAR	−ER COMER	−IR VIVIR
haya cant**ado**	**haya** com**ido**	**haya** viv**ido**
hayas cant**ado**	**hayas** com**ido**	**hayas** viv**ido**
haya cant**ado**	**haya** com**ido**	**haya** viv**ido**
hayamos cant**ado**	**hayamos** com**ido**	**hayamos** viv**ido**
hayáis cant**ado**	**hayáis** com**ido**	**hayáis** viv**ido**
hayan cant**ado**	**hayan** com**ido**	**hayan** viv**ido**

Irregular verbs

abrir ➡ **abierto**	freír ➡ **frito**	resolver ➡ **resuelto**
absolver ➡ **absuelto**	hacer ➡ **hecho**	revolver ➡ **revuelto**
cubrir ➡ **cubierto**	imprimir ➡ **impreso**	rompe ➡ **roto**
decir ➡ **dicho**	morir ➡ **muerto**	ver ➡ **visto**
escribir ➡ **escrito**	poner ➡ **puesto**	volver ➡ **vuelto**

Imperfect subjunctive
Regular verbs

−AR CANTAR	−ER COMER	−IR VIVIR
habla**ra** / habla**se**	comie**ra** / comie**se**	vivie**ra** / vivie**se**
habla**ras** / habla**ses**	comie**ras** / comie**ses**	vivie**ras** / vivie**ses**
habla**ra** / habla**se**	comie**ra** / comie**se**	vivie**ra** / vivie**se**
hablá**ramos** / hablá**semos**	comié**ramos** / comié**semos**	vivié**ramos** / vivié**semos**
habla**rais** / habla**seis**	comie**rais** / comie**seis**	vivie**rais** / vivie**seis**
habla**ran** / habla**sen**	comie**ran** / comie**sen**	vivie**ran** / vivie**sen**

Irregular verbs

Preferir ➡ prefirieron ➡ prefiriera / prefiriese   Tener ➡ **tuvieron** ➡ **tuviera** / **tuviese**
Dormir ➡ durmieron ➡ durmiera / durmiese   Poner ➡ **pusieron** ➡ **pusiera** / **pusiese**
Seguir ➡ siguieron ➡ siguiera / siguiese   Ir / Ser ➡ **fueron** ➡ **fuera** / **fuese**
Leer ➡ leyó ➡ leyera / leyese   Caber ➡ **cupieron** ➡ **cupiera** / **cupiese**

GLOSARIO GRAMATICAL

GLOSARIO DE VOCABULARIO

a causa de (5)	*because of, due to*
a fin de (que) (4)	*in order to*
a pesar de que (6)	*despite the fact that*
abstenerse (de) (5)	*to abstain, refrain (from)*
acabar (1)	*to end, finish*
acercarse (1)	*to get close, approach*
acogedor/a (3)	*cozy*
aconsejar (2)	*to advise*
el acontecimiento (6)	*event, occurrence*
actualmente (6)	*at present, currently*
el adelanto (3)	*advance*
además (3)	*besides, in addition*
la Administración y Dirección de Empresas (4)	*business administration*
el agobio (3)	*stress*
agruparse (6)	*to form a group*
Ah, ¿sí? (1)	*Oh, really?*
ahorrar (1) (3)	*to save*
al cabo de (4)	*after + a period of time*
al final (1)	*at the end, in the end*
albergado/a (5)	*housed, sheltered*
algo (3)	*something, anything*
alguien (3)	*someone, anyone*
algún (+ nombre masc. sing.) (3)	*some, any*
alguno/a/os/as (3)	*some, any*
el alojamiento (3)	*lodging, accomodation*
el alzamiento (6)	*uprising, revolt*
ampliar (4)	*to expand, increase*
amplio/a (3)	*spacious*
amueblado/a (3)	*furnished*
analizar un tema (2)	*analize a topic or theme*
la anécdota (1)	*story, anecdote*
antes de (4)	*before*
apagar (1)	*to switch off*
el aparador (3)	*store window*
aparecer (1)	*to appear, show up*
aportar (4)	*to provide*
el apoyo (6)	*support*
el aprendizaje (2)	*learning*
aprobar (o > ue) (2)	*to pass, to approve*
el aprovechamiento (4)	*use (beneficial)*
aprovechar el tiempo (2)	*to take advantage of time*
aprovecharse de (2)	*to take advantage of someone*
la aproximación (12)	*approach*
arrojar(se) (1)	*to hurl (yourself)*
así que (4)	*consequently, so much so*
la asignatura obligatoria (2)	*required course*
la asignatura optativa (2)	*optional course*
la asistencia (5)	*aid*
el/la asistente (4)	*attendee*
aunque (6)	*even though*
la ayuda a domicilio (5)	*home help service*

el bachillerato (2)	*high school diploma*
la beca (2)	*scholarship*
el botiquín (5)	*first-aid kit*
buscar (1)	*to look for*

cada vez (4)	*each time*
caerse (1)	*to fall*
la calidad (3)	*quality*
la calidad de vida (5)	*quality of life*
la calificación (4)	*grade*
el/la campesino/a (6)	*farmer, peasant*
el campo de concentración (6)	*concentration camp*
capacitar (4)	*to train, teach skills*
el cargo (6)	*charge*
la carrera (1) (4)	*race, career, degree, major*
la carta de motivación (4)	*letter of intent*
la carta de presentación (4)	*cover letter*
censurar (6)	*to censor, denounce*
el centro de desintoxicación (5)	*rehab/detox clinic*
los chapulines (1)	*grasshopper*
chismoso/a (1)	*gossipy*
las Ciencias Ambientales (3)	*environmental science*
las Ciencias de la Educación (4)	*education (major)*
la clase práctica (2)	*lab, workshop*
la clase presencial (2)	*face-to-face class*
la clase teórica (2)	*theory class*
clásico/a (3)	*classic*
colaborar (5)	*to cooperate*
combinado/a (3)	*matched (as in goes together)*
el comentario de texto (2)	*text analysis*
el comité de empresa (4)	*committee of workers that discusses company relations*
como (5)	*since, because*
la comodidad (3)	*convenience*
comprobado/a (5)	*confirmed, verified*
con el fin de (que) (4)	*as long as*
el conjunto de rasgos (5)	*combination of characteristics*
conocer (1)	*to know, be familiar with*
el/la conscripto/a (6)	*draftee*
conseguir (1) (4)	*to get, obtain, achieve (goal)*
consultar un libro/una enciclopedia/ Internet (2)	*to look up information in a book/an enciclopedia/ on the Internet*
contraer (6)	*to contract*
el contrato (4)	*contract*
el/la coordinador/a (4)	*manager, organizer*
el corbatín (3)	*bow tie*

cuando... (1)	*when*
Cuenta, cuenta. (1)	*Do tell.*
cumplir (4)	*to accomplish, fulfill*
el currículum (4)	*resume*
el curso de perfeccionamiento (2)	*continuing education*
el curso escolar (2)	*school year*
el curso intensivo (2)	*intensive course*
el curso virtual (2)	*online course*

dado que (5)	*given that, since*
dar envidia (3)	*to envy*
dar miedo (3)	*to fear*
dar pena (3)	*to feel shame, sadness*
dar vergüenza (3)	*to be embarrassed*
darse cuenta de algo (1)	*to realize, to become aware of*
de esta manera (4)	*in this way*
debatir un tema (2)	*to debate a topic*
debido a (5)	*on account of, owing to*
dejar (1)	*to allow, leave behind, abandon*
dejar de (+ infinitivo) (1)	*to stop, to quit (doing something)*
el Departamento de Recursos Humanos (4)	*Human Resources Department*
el Departamento Financiero (4)	*Finance Department*
la depuración (6)	*filtering, purification*
el Derecho (4)	*law*
desconectar (3)	*to disconnect*
desde (4)	*since*
desde luego (5)	*of course*
el desfile (3)	*fashion show, parade*
deslavado/a (3)	*faded, washed out*
desmentir (e > ie; e > i) (5)	*to refute*
el desplazamiento (3)	*trip, journey*
después de (4)	*after*
destacar (4)	*to stand out*
el destino (3)	*destination*
el/la detenido/a (6)	*detainee*
la dictadura (6)	*dictatorship*
Dime, dime. (1)	*Tell me.*
el diseñador/a (3)	*designer*
disfrazarse (1)	*to put on a costume*
la divisa (5)	*foreign currency*
la donación de sangre (5)	*blood donation*
donar (5)	*to donate*
el drogadicto/a (5)	*drug addict*
durar (6)	*to last*

el otro día (1)	*the other day*
eliminar (1)	*to eliminate*
en conclusión (6)	*in short, to sum up*
en cuanto (4)	*as soon as*
en cuanto (6)	*a regarding, with regard to*
en definitiva (2)	*ultimately, in the end*

en fin que (1)	*in the end*	las horas extras (4)	*overtime*	las necesidades (5)	*needs*
en primer lugar (1)	*first of all, in the first place*	el/la huésped (3)	*guest, lodger*	ningún (+ nombre masc. sing.)	*sing. none, not one*
en relación con (6)	*in relation to/with*	**I**		ninguno/a (3)	
en segundo lugar (1)	*secondly, in the second place*	igualmente (3)	*equally, by the same token*	No digas esas cosas. (2)	*Don't say those things.*
encender (e > ie) (1)	*to switch on*	incluso (3)	*even, including*	¡No te olvides de nada! (1)	*Don't forget any part of it/anything!*
encima (3)	*not only that*	incómodo/a (1)	*uncomfortable*	No te pongas así. (2)	*Don't get like that.*
el enfoque (2)	*approach, focus*	indiscutible (5)	*indisputable*	la nómina (4)	*pay slip*
es decir (4)	*that is to say, meaning*	la Ingeniería Civil (4)	*civil engineering*	la nota alta/baja (2)	*high/low grade*
es más (3)	*furthermore*	el/la ingeniero/a industrial (4)	*industrial engineer*	la nota media (2)	*grade point average*
es que (2)	*it's just that, the thing is therefore*	iniciar (4)	*to start, begin*	¡Nunca había oído nada parecido! (1)	*I have never heard of such a thing!*
la escalada (3)	*climb*	el inicio (6)	*beginning, start*	**O**	
el escote (3)	*neckline*	innegable (5)	*undeniable*	o sea (2) (4)	*in the other words, or rather, that is,*
la escuela bilingüe (2)	*bilingual school*	insólito/a (1)	*unbelievable, unusual*	odiar (3)	*to hate*
la escuela de idiomas (2)	*language school*	el instituto (2)	*high school (Spain)*	ojalá (2)	*I hope*
la escuela privada (2)	*private school*	el instituto tecnológico (2)	*institute of technology*	olvidar (1)	*to forget*
la escuela secundaria (2)	*high school*	el intercambio (2)	*exchange*	ordenar (2)	*to order*
estampado/a (3)	*print*	irritar (3)	*to irritate*	orientar (4)	*to guide, direct*
estresado/a (3)	*stressed*	**J**		**P**	
los estudios primarios (2)	*primary education*	la jornada (3)	*day trip*	para empezar (4)	*for starters, to start with*
la etiqueta (3)	*label, tag*	las joyas (3)	*jewelry*	para terminar (6)	*in closing*
exagerar (3)	*to exaggerate*	la junta militar (6)	*millitary junta*	el paracaídas (1)	*parachute*
exigir (2) (6)	*to demand*	**L**		parecer (1)	*to seem, appear*
expediente (2)	*academic transcript*	las letras (4)	*language arts*	el parque de atracciones (3)	*amusement park*
extrañar (2)	*to surprise, to puzzle, to miss*	el/la líder/esa (6)	*leader*	pasar lista (2)	*to take attendance*
F		liderar (6)	*to lead*	el/la patrocinador/a (5)	*sponsor*
fastidiar (3)	*to irritate, annoy*	el logro (4)	*achievement*	el payaso (1)	*clown*
fijarse en (3)	*to pay attention to*	la lucha (6)	*fight, battle*	perder (e > ie) (1)	*to lose*
el/la filósofo/a (4)	*philosopher*	luego (2)	*therefore*	perderse (3)	*to lose oneself*
finalmente (1) (6)	*finally*	luminoso/a (3)	*bright (with light)*	pero (1)	*but*
la firma (3)	*business*	la luna de miel (1)	*honeymoon*	pintoresco/a (3)	*colorful, picturesque*
el/la físico/a (4)	*physicist*	**M**		el piropo (1)	*flirtatious remark*
la formación profesional (4)	*professional training*	el malentendido (1)	*misunderstanding*	placentero/a (1)	*pleasant*
formarse (4)	*to train, educate (oneself)*	mandar (2)	*to order, to send*	plantear una duda (2)	*to lay out a problem*
la fosa común	*mass grave*	la manifestación (6)	*demonstration, protest*	la plantilla (4)	*staff, workforce*
la funeraria (1)	*funeral home*	mantener (la calma) (2)	*to maintain (calm)*	pleno/a (3)	*in the middle of*
fusilar (6)	*to execute by firearm*	mantenerse (6)	*to stay, keep*	el poder (6)	*power*
G		la manutención (5)	*living expenses, child support*	ponerse de pie (1)	*to stand up*
el gasto (3)	*expense*	la marca (3)	*brand*	por esa razón (4)	*for that reason, that's why*
el golpe de Estado (6)	*coup*	más aún (3)	*even more*	por otra parte (6)	*on the other hand*
la gorra (3)	*cap*	el máster (2)	*masters*	por otro (lado) (1)	*on the other hand, what's more*
la guerra (6)	*war*	mejorar (5)	*to improve*	por supuesto (5)	*of course*
H		memorizar (2)	*to memorize*	por último (6)	*lastly*
hace unos meses (1)	*some months ago*	el mercado laboral (4)	*job market*	por un lado (1)	*on the one hand*
hacer feliz (3)	*to make happy*	la metodología (2)	*methodology*	el preescolar (2)	*preschool*
hacer un experimento (2)	*to do an experiment*	mientras (4)	*while*	la prenda (3)	*article of clothing*
hacerse cargo de (10)	*to be responsible for*	molestar (3)	*to bother, annoy*	preservar (6)	*to preserve*
hallar (1)	*to find*	el montañismo (3)	*mountain climbing*	prestar atención (6)	*to pay attention*
hasta (3)	*even*	la movilidad reducida (5)	*reduced mobility*	prestar servicio (5)	*to provide a service*
hasta que (4)	*until*	**N**		primeramente (1)	*in the first place*
la higiene (5)	*hygiene*	nada (3)	*nothing, not anything*	los primeros auxilios (5)	*first aid*
la higiene (5)	*hygiene*	nada más (4)	*as soon as*	la prisa (3)	*rush, hurry*
el/la historiador/a (4)	*historian*	nadie (3)	*no one, not anyone*	el probador (1)	*fitting room*
				profundizar (4)	*to go in depth*

el programa *au pair* (2)	*program for studying abroad while working as a live-in nanny*	la reforma agraria (6)	*land reform*	surgir (6)	*to arise, emerge*
(Pues) Resulta que (1)	*It turns out that*	el/la refugiado/a (5) (6)	*refugee*	suspender (2)	*to fail (a course, test, etc.)*
puesto que (5)	*given that, since*	la reinserción (5)	*reintegration*	el susto (1)	*fright, scare*
		reír (e > i) (1)	*to laugh*		

Q

Que cumplas más años. (2)	*Many happy returns.*	rendirse (e > i) (6)	*to give up, surrender*	**T**	
		la represalia (6)	*reprisal, retaliation*	tan pronto como (4)	*as soon as*
Que sean muy felices. (2)	*(I hope) you will be very happy.*	rescatar (1)	*to rescue*	la taquilla (7)	*box office*
		respecto a (4) (6)	*regarding, with respect to*	la temporada (3)	*season*
Que sueñes con los angelitos. (2)	*(I hope) you dream with angels.*			el tenedor (9)	*fork*
		el reto (4)	*challenge*	Tengo que contarte una cosa. (1)	*I have something to tell you.*
Que te diviertas. (2)	*(I hope) you have fun.*	rogar (o > ue) (2)	*to beg*		
¿Qué te pasa/pasó? (1)	*What's wrong?/What happened to you?*			Tienes razón. (5)	*You are right.*
		S		tirar(se) (1)	*to throw (yourself)*
Que te vaya bien. (2)	*(I hope) it goes well for you.*	¿Sabes qué pasó ayer? (1)	*Do you know what happened yesterday?*	tomar medidas (6)	*to take measures*
				total que (1)	*in short*
Que tengas buen provecho. (2)	*(I hope) you enjoy the meal.*	el sabor	*taste*	el trabajo forzado (6)	*forced labor*
		la salud materna (5)	*health of women during pregnancy*	el transporte adaptado (5)	*handicapped accesible transportation*
Que tengas suerte. (2)	*I wish you luck.*				
(Que) sí, hombre, (que) sí. (2)	*Yes, of course, of course.*	la salud pública (5)	*public health*	el tratado (6)	*treaty*
		saludable (5)	*healthy*		
¡Quiero saberlo con todo lujo de detalles! (1)	*I want to know/hear every detail about it!*	seguir (e > i) (1)	*to follow*	**U**	
		la seguridad vial (5)	*road/traffic safety*	un día (1)	*one day*
		el senderismo (3)	*hiking*	una vez (1)	*one time*
R		sentarse (e > ie) (1)	*to sit*		
reaccionar (2)	*to react*	la sepultura (6)	*burial*	**V**	
el recién nacido/a (5)	*newborn*	ser un referente para alguien (4)	*to be a mentor*	la vacuna (5)	*vaccine*
recomendar (e > ie) (2)	*to recommend*			las viviendas tuteladas (5)	*sheltered housing*
reconocer (1) (6)	*to recognize*	la sierra (3)	*mountain range*		
recordar (o > ue) (1)	*to remember*	sin embargo (1) (5)	*however, nevertheless*	la vocación (4)	*vocation*
el referente (4)	*mentor*	solicitar (4)	*to apply for, request*	el voluntariado (5)	*voluntary work, service*
referente a (6)	*concerning*	sonreír (e > i) (1)	*to smile*		
reflexionar (2)	*to reflect*	soportar (3)	*to put up with*	**Y**	
		sorprender (3)	*to surprise*	ya que (5)	*considering that, now that*
		el sueldo (4)	*salary*		
		¡Sueñas! (informal) (2)	*You're dreaming!*		

CREDITS

The authors wish to thank to many peoples who assisted in the photography used in the textbook. Credit is given to photographers and agencies below.

We have made every effort to trace the ownership of all copyrighted material and to secure permission from copyright holders. In the event of any question arising as to the use of any material, please let as now and we will be pleased to make the corresponding corrections in future printings.

Pavel L Photo and Video, Col. Shutterstock) | **Page 97** (Malgorzata Drewniak, Col. Shutterstock / charles taylor, Col. Shutterstock / Simon Dannhauer, Col. Shutterstock) | **Page 98** (fizkes, Col. Shutterstock / John Wollwerth, Col. Shutterstock / Photographee. eu, Col. Shutterstock) | **Page 99** (lzf, Col. Shutterstock / Petrenko Andriy, Col. Shutterstock) | **Pages 100-103** (Por cortesía de EGEDA, Sociedad de Servicios para los Productores Audiovisuales) | **Page 104** (Catwalk Photos, Col. Shutterstock / photobank.ch, Col. Shutterstock / bloom, Col. Shutterstock / Matusciac Alexandru, Col. Shutterstock) | **Page 105** (Sam Aronov, Col. Shutterstock / Andresr, Col. Shutterstock) | **Page 106** (Duct, Col. Shutterstock / HighKey, Col. Shutterstock / Dean Drobot, Col. Shutterstock / Yeko Photo Studio, Col. Shutterstock) | **Page 107** (Volt Collection, Col. Shutterstock / Daniel M Ernst, Col. Shutterstock / Pablo Rogat, Col. Shutterstock / Fotoluminate LLC, Col. Shutterstock) | **Page 108** (Rafael Franceschini, Col. Shutterstock / romakoma, Col. Shutterstock) | **Page 109** (Hugo Felix, Col. Shutterstock) | **Page 110** (Gerain0812, Col. Shutterstock) | **Page 111** (Monkey Business Images, Col. Shutterstock) | Page 112 (PathDoc, Col. Shutterstock) | **Page 113** (Jacob Lund, Col. Shutterstock) | **Page 114** (worldswildlifewonders, Col. Shutterstock / Botond Horvath, Col. Shutterstock / StrahilDimitrov, Col. Thinkstock / vicuschka, Col. Thinkstock / Maxim Zarya, Col. Thinkstock / Anna Bizoń, Col. Thinkstock / Chagin, Col. Thinkstock / David De Lossy, Col. Thinkstock) | **Page 115** (Flying Colours Ltd, Col. Thinkstock / massimofusaro, Col. Thinkstock / Syda Productions, Col. Shutterstock / Aaron Amat, Col. Shutterstock / racorn, Col. Shutterstock / Rawpixel.com, Col. Shutterstock / The_Molostock, Col. Shutterstock) | **Page 116** (AT Production, Col. Shutterstock / Aleksandra Nadeina, Col. Shutterstock / PathDoc, Col. Shutterstock / Elena Elisseeva, Col. Shutterstock / PumpizoldA, Col. Shutterstock / Gemenacom, Col. Shutterstock / kosmos111, Col. Shutterstock) | **Page 118** (Por cortesía de Leandro Oroz Lacalle en Creative Commons) | **Page 119** (fongbeerredhot, Col. Shutterstock) | **Page 120** (Nixx Photography, Col. Shutterstock) | **Page 121** (vita khorzhevska, Col. Shutterstock / RyFlip, Col. Shutterstock) | **Page 122** (Rawpixel.com, Col. Shutterstock / Elnur, Col. Shutterstock) | **Page 124** (Fernando Macías Romo, Col. Shutterstock / Dmytro Zinkevych, Col. Shutterstock / Daniel M Ernst, Col. Shutterstock / Billion Photos, Col. Shutterstock) | **Page 126** (Mara008, Col. Shutterstock) | **Page 127** (Creative Travel Projects, Col. Shutterstock / wavebreakmedia, Col. Shutterstock / Kudla, Col. Shutterstock / VolNa69, Col. iStock) | **Page 128** (blvdone, Col. Shutterstock / Sherry V Smith, Col. Shutterstock / MIA Studio,Col. Shutterstock / Rawpixel.com, Col. Shutterstock / Gemenacom, Col. Shutterstock / skrotov, Col. Shutterstock / Tino Adi P, Col. Shutterstock) | **Page 129** Rawpixel. com, Col. Shutterstock / Banana Oil, Col. Shutterstock) | **Page 130** (Africa Studio, Col. Shutterstock) | **Page 131** (Golden Pixels LLC, Col. Shutterstock / Misha Shiyanov, Col. Hemera) | **Page 132** (Matej Kastelic, Col. Shutterstock / wellphoto, Col. Shutterstock) | **Page 133** (Ljupco Smokovski, Col. Shutterstock, Aila Images, Col. Shutterstock) | **Page 134** (www.BillionPhotos.com, Col. Shutterstock) | **Page 135** (Cristovao, Col. Shutterstock / kurhan, Col. Thinkstock / Antonio_Diaz, Col. Thinkstock / Galyna Andrushko, Col. Shutterstock / luanateutzi, Col. Shutterstock / Bacho, Col. Shutterstock / CREATISTA, Col. Shutterstock) | **Page 136** (Monkey Business Images, Col. Shutterstock / Mike Watson Images, Col. Moodboard / Hugo Felix, Col. Shutterstock)

| **Page 137** (GaudiLab, Col. Shutterstock / Koldunova Anna, Col. Shutterstock) | **Pages 138-141** (Por cortesía de EGEDA, Sociedad de Servicios para los Productores Audiovisuales) | **Page 142** (Jacomo, Col. Shutterstock / 9387388673, Col. Shutterstock / Goodluz, Col. Shutterstock) | **Page 143** (Monkey Business, Col. Thinkstock) | **Page 144** (Monkey Business Images, Col. Shutterstock) | **Page 145** (ESB Professional, Col. Shutterstock) | **Page 148** (Sean Pavone, Shutterstock.com / Moises Fernandez Acosta, Col. Shutterstock) | **Page 149** (Poike, Col. iStock / Ljupco Smokovski Col,. Shutterstock) | **Page 150** (Monkey Business Images, Col. Shutterstock / Andrey Popov, Col. Shutterstock) | **Page 151** (Brand X Pictures, Col. Stockbyte / LittleStocker, Col. Shutterstock / Pressmaster, Col. Shutterstock / Daxiao Productions, Col. Shutterstock) | **Page 153** (bikeriderlondon, Col. Shutterstock) | **Page 154** (moodboard, Col. moodboard / Henrik Winther Andersen, Col. Shutterstock / Fuse, Col. Thinkstock) | **Page 156** (Mario Tama, Col. Getty Images News) | **Page 157** (Mikadun, Col. Shutterstock) | **Page 158** (cristovao, Col. Shutterstock) | **Page 160** (Diego Cervo, Col. Shutterstock / Andresr, Col. Shutterstock) | **Page 161** (Blend Images, Col. Shutterstock / David Sacks, Col. DigitalVision) | **Page 162** (Estela de Carlotto, Creative Commons / Lourdes Tibán, Flickr) | **Page 165** (Matej Kastelic, Col. Shutterstock / Minerva Studio, Col. Shutterstock / Anastasios71, Col. Shutterstock / GaudiLab, Col. Shutterstock) | **Page 166** (nata-lunata, Col. Shutterstock / Diego Grandi, Col. Shutterstock) | **Page 167** (Monkey Business Images, Col. Shutterstock) | **Page 168** (Asia Images, Col. Shutterstock) | **Page 169** (Dmitry Mayatsky, Col. Shutterstock) | **Page 170** (fatchoi, Col. iStock / Mike Powell, Col. Digital Vision) | **Page 172** (Photographee.eu, Col. Shutterstock / Pop Paul-Catalin, Col. Shutterstock) | **Page 173** (fizkes, Col. Shutterstock) | **Page 174** (Filipe Frazao, Col. Shutterstock) | **Page 175** (Fotos593, Shutterstock.com / F. A. Alba, Shutterstock. com) | **Pages 176-179** (Por cortesía de EGEDA, Sociedad de Servicios para los Productores Audiovisuales) | **Page 180** (Free Wind 2014, Shutterstock.com) | **Page 181** (Rawpixel.com, Col. Shutterstock / Zoltan Major, Shutterstock.com) | **Page 182** (Raquel Pedrosa, Shutterstock.com / Goodluz, Col. Shutterstock / Matej Kastelic, Col. Shutterstock / Mila Supinskaya, Col. Shutterstock / addkm, Col. Shutterstock / Blend Images, Col. Shutterstock) | **Page 183** (urosr, Col. Shutterstock) | **Page 184** (zeljkodan, Col. Shutterstock) | **Page 185** (Daniel M Ernst, Col. Shutterstock) | **Page 186** (Michaelpuche, Col. Shutterstock.com) | **Page 187** (Purestock, Col. Thinkstock / AndreyPopov, Col. iStock / gawriloff, Col. iStock / Kichigin, Col. iStock) | **Page 188** (bibiphoto, Shutterstock.com / lisafx, Col. iStock / hjalmeida, Col. iStock) | **Page 189** (Celig, Col. Shutterstock / Fuse, Col. Thinkstock / Aila Images, Col. Shutterstock.com / Dann Tardif/Fuse, Col. Thinkstock / SanneBerg, Col. iStock) | **Page 190** (bokan, Col. Shutterstock / Chendongshan, Col. Shutterstock / Daniel Korzeniewski, Col. Shutterstock) | **Page 191** (Dr. Morley Read, Col. Shutterstock / sunsinger, Col. Shutterstock) | **Page 192** (Riccardo Piccinini, Col. Shutterstock) | **Page 193** (Ronald Wittek, Col. Shutterstock) | **Page 194** (Ramon Casas - MNAC- Pío Baroja) | **Page 197** (Leonardo da, Col. Shutterstock) | **Page 198** (R. Gino Santa Maria, Col. Shutterstock / Natasha Ramenskaya, Col. Shutterstock / Andresr, Col. Shutterstock) | **Page 199** (Lunov Mykola, Col. Shutterstock / gary yim, Col. Shutterstock) | **Page 203** (Alena Brozova, Col. Shutterstock / wavebreakmedia, Col. Shutterstock / Zurijeta, Col. Shutterstock / JPC-PROD, Col. Shutterstock / Asia Images,

Shutterstock.com / Rido, Col. Shutterstock) | **Page 204** (zixia / Shutterstock.com) | **Page 205** (Carl Van Vechten and one more author - Van Vechten Collection at Library of Congress / Goran Bogicevic, Shutterstock.com / Frida Kahlo, 1932. Fotografía de Guillermo Kahlo, Dominio público) | **Page 206** (APavlov, Col. Shutterstock / photo-nuke, Col. Shutterstock / Andy-pix, Col. Shutterstock / catalin eremia, Col. Shutterstock / Konstantin Chagin, Col. Shutterstock) | **Page 209** (Olga Popova, Col. Shutterstock / DFree, Col. Shutterstock / Barack Obama, 2012. Fotografía de Pete Souza. Dominio público) | **Page 210** (KUCO, Col. Shutterstock / Archivos Edinumen) | **Pages 212-215** (Por cortesía de EGEDA, Sociedad de Servicios para los Productores Audiovisuales) | **Page 216** (Olga Popova, Shutterstock.com / Neftali, Shutterstock.com / Adwo, Col. Shutterstock / gary yim, Shutterstock.com / Anton_Ivanov, Shutterstock.com) | **Page 217** (Everett Historical, Col. Shutterstock / Emiliano Zapata, 1915. Center for the Study of Mexican History, autor desconocido. Dominio público / darkbird77, Col. iStock) | **Page 218** (Colman Lerner Gerardo, Shutterstock.com) | **Page 219** (Everett Historical, Col. Shutterstock) | **Page 220** (AlbertoLoyo, Col. iStock) | **Page 221** (catwalker, Shutterstock.com / Brendan Howard, Shutterstock.com / Olga Popova, Shutterstock.com / chrisdorney, Shutterstock.com / wantanddo, Shutterstock.com) | **Page 224** (El Nariz, Col. Shutterstock / Monkey Business Images, Col. Shutterstock / Nadino, Col. Shutterstock / Fotoluminate LLC, Col. Shutterstock / PathDoc, Col. Shutterstock) | **Page 225** (Everett Historical, Col. Shutterstock / meunierd, Shutterstock.com) | **Page 226** (Marcos Mesa Sam Wordley , Col. Shutterstock / imtmphoto, Col. Shutterstock / Daniel M Ernst, Col. Shutterstock) | **Page 227** (Syda Productions, Col. Shutterstock) | **Page 228** (Everett Collection, Col. Shutterstock / Art of Photos, Col. Shutterstock / Syda Productions, Col. Shutterstock / Rido, Col. Shutterstock) | **Page 229** (Africa Studio, Shutterstock.com) | **Page 230** (photomatz, Col. Shutterstock) | **Page 231** (ChameleonsEye, Shutterstock.com) | **Page 232** (betto Rodrigues, Col. Shutterstock) | **Page 234** (Jess Kraft, Col. Shutterstock) | **Page 235** (Colman Lerner Gerardo, Shutterstock.com / MPanchenko, Shutterstock.com) | **Page 236** (Frida Kahlo, 1932. Fotografía de Guillermo Kahlo, Dominio público / Carl Van Vechten and one more author - Van Vechten Collection at Library of Congress / Goran Bogicevic, Shutterstock.com) | **Page 239** (naran-ho, Col. Shutterstock / Dimitra Merziemekidou, Col. Shutterstock / Procyk Radek, Col. Shutterstock) | **Page 240** (Janossy Gergely, Col. Shutterstock / BalkansCat, Shutterstock.com / addkm, Col. Shutterstock / Yakobchuk Viacheslav, Shutterstock.com) | **Page 241** (Monkey Business Images, Shutterstock.com) | **Page 243** (Antonio Díaz, Shutterstock.com)